Kohlhammer | *Pflege*

Wissen und Praxis

Die Autorin:

Annette Kulbe, Dipl.-Pädagogin mit Ausbildung zur Gestalt-
psychotherapeutin, Dozentin im Gesundheits- und Pflegebereich,
Krankenschwester, Kiel

Annette Kulbe

Grundwissen Psychologie Soziologie Pädagogik

Lehrbuch für Krankenpflegeberufe

Verlag W. Kohlhammer

Die Deutsche Bibliothek – CIP-Einheitsaufnahme

Kulbe, Annette:
Grundwissen Psychologie, Soziologie, Pädagogik :
Lehrbuch für Krankenpflegeberufe / Annette Kulbe. –
Stuttgart ; Berlin ; Köln : Kohlhammer 2001
 (Kohlhammer Pflege : Wissen und Praxis
 ISBN 3-17-016223-3

1. Auflage 2001

Alle Rechte vorbehalten
© 2001 W. Kohlhammer GmbH
Stuttgart Berlin Köln
Verlagsort: Stuttgart
Umschlag: Data Images GmbH
Gesamtherstellung:
W. Kohlhammer Druckerei GmbH + Co. Stuttgart
Printed in Germany

Vorwort

Liebe Leserinnen, liebe Leser – liebe Pflegekräfte!

Dieses Buch richtet sich gleichermaßen an examinierte, bereits berufserfahrene Krankenschwestern/-pfleger sowie an PflegeschülerInnen.

Sein Ziel ist es, durch die Gebiete Psychologie, Soziologie und Pädagogik eine ganzheitliche Krankenpflege, die über die alleinige medizinisch-pflegerische Grund-, Behandlungs- und Fachpflege hinausgeht, sinnvoll zu ergänzen. Pflegekräfte stehen heutzutage den erhöhten Anforderungen der neuen „Qualität in der Krankenpflege" gegenüber und sind damit vor völlig neue Aufgaben gestellt:

Qualifizierte Krankenpflege erfordert es, auch psychosoziale und gesundheitspädagogische Aspekte des heutigen Pflegealltags in Theorie und Praxis mit zu berücksichtigen.

Der Pflegeberuf beinhaltet mittlerweile so viel mehr als „reine Krankenpflege". Denn Schwestern und Pfleger sind neben medizinisch-pflegerischem Fachpersonal zum Teil Berater, Tröster, Psychologen, Pädagogen, Sozialarbeiter uvm. – sie sind in der Betreuung des heutigen Patienten in allen diesen Gebieten gefragt. Aus diesem Grund sind Kenntnisse aus Psychologie, Soziologie und Pädagogik inzwischen unabdingbar geworden.

Die Absicht dieses Buches ist es deshalb, Pflegekräften auf anschauliche und anwendungsorientierte Weise Basiswissen aus diesen Bereichen zu vermitteln, um die psychologische, soziologische und pädagogische berufliche Kompetenz zu erhöhen.

Mein Anliegen als Autorin besteht darin, einen sinnvollen Beitrag für die moderne, qualifizierte Krankenpflege zu leisten. Sinnvoll bedeutet für mich, unverzichtbares Sachwissen auf lebendige Weise an interessierte Pflegekräfte zu vermitteln – zu zeigen, dass Wissen erwerben und Lernen interessant sein und Spaß machen kann. Ich wünsche mir, dass Sie als LeserInnen das theoretische Know-how dieses Buches für die Pflegepraxis auch (be)nutzen und anwenden können. Wenn es Spaß macht, Gelerntes im Pflegealltag auszuprobieren, erweitert das nicht nur die berufliche Kompetenz, es erhöht die berufliche Zufriedenheit bei der täglichen Pflegetätigkeit.

Danke – allen, die mich bei der Arbeit an diesem Buch unterstützt haben!

Annette Kulbe
Kiel, im Februar 2001

Inhalt

1 Krankenpflege *und* Psychologie, Soziologie und Pädagogik

1.1 Entwicklungstendenzen und Veränderungen in der Pflege

In den letzten Jahren hat sich einiges im Pflegebereich verändert. Die Krankenpflege wird in vielen Bereichen verbessert, modernisiert und gewinnt durch neue Erfahrungen, Forschungen und Ergebnisse aus zahlreichen Gebieten zunehmend an Qualität – für Pflegepersonal und Patienten gleichermaßen.

Kombination von Natur- und Sozialwissenschaften

Neben Fortschritten aus Medizin (neue Forschungsergebnisse über Krankheiten), Technik (bessere medizinische Geräte, EDV in der Pflege u. a.), Biochemie, Pharmazie oder neuen Therapiemethoden wird der Pflegebereich darüber hinaus verstärkt durch die Kenntnisse aus Psychologie, Soziologie und Pädagogik in sinnvoller Weise ergänzt.

Krankenpflege und Medizin sind auf dem Weg zu einem ganzheitlichen Verständnis über Gesundheit, Krankheit und der Krankheitssituation des Patienten: Man geht heute nicht mehr vorwiegend nur von gezielter Krankheitsbekämpfung aus, der Schwerpunkt liegt vielmehr in der Gesundheitserhaltung und der Prävention von Krankheit. Die Frage ist nicht mehr, wie besiegen wir Krankheit, sondern was können wir für unsere Gesundheit tun (**Gesundheitsprävention/Krankheitsverhütung**).

Ganzheitliches Verständnis

Aufgrund dieses Verständnisses werden heutzutage vermehrt auch andere therapeutische Heilungsverfahren als **Ergänzung zur Klassischen Schulmedizin** für den Genesungsprozess bei Patienten angewandt (Homöopathie, Akupunktur, Entspannungsverfahren, Psychotherapie, Hausmittel u. a.). Tendenziell entwickelt sich bei Ärzten und Patienten eine gewisse **Offenheit/Bereitschaft** gegenüber ergänzenden, alternativen Möglichkeiten der Heilung. Die Erkenntnis, dass Krankheit nicht immer nur die Folge von einer bestimmten, berechenbaren Ursache allein sein kann, wie im Falle des Grippevirus, der eine Grippe nach sich zieht, zeigen die deutlich ansteigenden psychosomatischen Erkrankungen (Asthma, Allergien, Gastritis), oder die Zivilisationskrankheiten (Herzinfarkt, Stresskrankheiten, Rückenprobleme). Auch die Tatsache, dass beispielsweise zunehmend mehr Patienten aus dem Krankenhaus als „geheilt" entlassen werden – medikamentös richtig eingestellt sind oder chi-

Auswirkungen auf Medizin und Pflege

rurgisch therapiert – sich aber dennoch nicht gesund fühlen, beweist, dass „gesund sein" nicht gleich „geheilt sein" bedeuten muss. Diese Erfahrungen haben schließlich zum **multikausalen** (mehrere Ursachen) oder **multifaktoriellen** (mehrere Faktoren umfassenden) **Gesundheits- bzw. Krankheitsverständnis** geführt.

Wichtig

> Durch unsere veränderten Umweltbedingungen (Stress, Lärm, Ozon, Luftverschmutzung) und Lebensverhältnisse (Leistungsdruck, Arbeitslosigkeit, Zeitnot) spielen zunehmend mehrere verschiedene Ursachen zusammen eine Rolle bei der Krankheitsentstehung. Neben biomedizinischen Krankheitserregern finden sich vermehrt psycho-soziale Krankheitsursachen. Psychische Probleme und soziale Umstände sind immer häufiger Auslöser für (chronische) Krankheiten oder eine gewisse Resistenz gegenüber der gängigen medizinischen Therapie.

Rollen von Pflegekräften und Ärzten

Diese Faktoren- und Ursachenvielfalt der Krankheitsentstehung verlangen deshalb auch in den Bereichen Medizin und Pflege nach Alternativen im Umgang mit dem Patienten, seiner Krankheitssituation und seiner Genesung. Die enge Verbindung vorwiegend zwischen Krankenpflege und Medizin ist nicht mehr ausreichend. Krankenschwestern und Ärzte sind genau genommen noch viel mehr. Beruflich gesehen sind sie zum Teil auch Psychologen, Therapeuten, Pädagogen, Sozialpsychologen, Berater, Betreuer und Pastoren. Sie sind in der Betreuung des Patienten in all diesen Gebieten gefragt. Die Bedürfnisse, Fragen und Probleme des heutigen Patienten gehen über die ursprüngliche pflegerische Grundversorgung weit hinaus. Deshalb sind Kenntnisse aus Psychologie, Soziologie und Pädagogik für Ärzte und Pflegekräfte inzwischen unabdingbar. Die Notwendigkeit, die Theorie und Praxis der Krankenpflege durch anwendbares Wissen aus diesen Bereichen dringend zu ergänzen, zeigt auch der inzwischen erweiterte Ausbildungsstundenanteil innerhalb der Krankenpflegeausbildung. Die reine Krankenpflegeausbildung, die sich hauptsächlich auf die medizinisch-pflegerischen Fächer konzentrierte, gilt deshalb als überholt. Sie erweist sich als nicht mehr ausreichend für die tägliche, immer anspruchsvollere Pflegepraxis.

Auch berufserfahrene Krankenschwestern und Krankenpfleger fühlen sich mittlerweile überfordert, um den Patienten gezielter zu versorgen und eine ganzheitliche Pflege, die über die allgemeine Grundversorgung hinaus geht, leisten zu können. Krankenpflege im Sinne von alleiniger medizinisch-pflegerischer Grund-, Behandlungs-, und Fachpflege ist für Patienten und Personal im zunehmenden Maße höchst unbefriedigend geworden. Es zeigt sich ein deutlicher Trend nach spezieller Weiterbildung in Pflegethemen, welche sich auch mit der psychosozialen und (gesundheits-)pädagogischen Seite von Gesundheit/Krankheit, Patient und Personal auseinandersetzt.

Modernes Krankenpflegepersonal sucht nach Antworten, Handlungsmöglichkeiten und praktisch anwendbaren Wissen aus Psychologie, Soziologie und Pädagogik für ihren Berufsalltag: Einerseits im **Umgang mit Patienten** und deren Krankheitsbewältigung, um Erlebens- und Verhaltensweisen – einfach ausgedrückt: die Welt des Patienten – besser verstehen und einordnen zu können. Andererseits für sich selbst, um **Berufsanforderungen**, wie beispielsweise Konflikte **im Stationsteam**, das Anleiten von Pflegeschülern oder der Gesprächsführung mit Patienten, Mitarbeitern und Schülern, besser gerecht werden zu können.

Anwendungsbereiche sozialwissenschaftlicher Kenntnisse

1.2 Ergänzung des Fachwissens

Um eine sinnvolle Kombination zwischen verschiedenen Fachbereichen, wie zum Beispiel zwischen Krankenpflege/Medizin oder Krankenpflege/Psychologie zu erreichen mit dem Ziel, die unterschiedlichen Kenntnisse zu ergänzen, bedarf es einiger Überlegungen. Für die Anwendbarkeit in der Praxis sollte Folgendes bedacht werden:

1. Jeder Bereich ist ein eigenständiges Spezialgebiet.
2. Was für einen Nutzen können andere Fachgebiete/fremdes Fachwissen für meinen Beruf mit sich bringen? Was kann ich von den neuen Erkenntnissen für meinen Beruf nutzen? Was könnte eine sinnvolle Ergänzung für mich sein?
3. Wie kann ich in meiner Berufspraxis neue Kenntnisse anwenden?
4. Die Kunst, vorhandenes und neues Wissen zu kombinieren und anwenden zu können.

Wichtige Problemstellungen

Häufig begegnen wir fremden oder neuen Wissen, Möglichkeiten, Gedanken oder Ideen mit Skepsis, Misstrauen – Widerstand. Neues, Unbekanntes verunsichert und/oder macht Angst. Das ist völlig normal. Wir streben eher nach Sicherheit, Routine und Orientierung, um uns im Alltag oder Beruf zurecht zu finden. Wenn wir eine neue Stelle antreten, macht das erst mal Angst: Wir wissen nicht, was uns erwartet. Wir kennen die neuen Kollegen nicht, wissen nicht, ob wir den neuen Arbeitsaufgaben gerecht werden. Wir leben in so genannten „Gewohnheits- oder Bequemlichkeitszonen", die wir nur selten und ungern verlassen. Ihnen entstammen die Aussagen: „Da weiß ich, was ich habe, das kenne ich/da kenne ich mich aus, dann weiß ich genau, was ich zu tun habe, ich braue keine Veränderungen, ich bleib in meinem alten Job, woanders ist es auch nicht besser" u.s.w. Wir suchen oft genug nach Rechtfertigungen, uns gerade nicht mit Neuem auseinandersetzen zu müssen.

Sicherheitsbedürfnis und Routine

In der heutigen Zeit sind jedoch Flexibilität, Mobilität, Bereitschaft zu Veränderungen, Neues auszuprobieren, sich beruflich neu zu

Notwendigkeit der Flexibilität

orientieren oder zu verbessern gefordert. In diesem Kontext spricht die Soziologie auch von der Risikogesellschaft (BECK 1986). Wir leben im Zeitalter der Unsicherheit, der Veränderungen – nur wenig ist stabil und beständig. So erlernen Menschen heute im Durchschnitt 2–3 Berufe im Gegensatz zum immer seltener werdenden „Beruf für's Leben", wie wir ihn aus den vorigen Generationen noch kennen. Nur einen Beruf zu erlernen und in diesem ein Leben lang zu arbeiten, genießt heute Seltenheitswert. Kündigungen, Sparmaßnahmen und Arbeitslosigkeit kennzeichnen die heutige Arbeitswelt. Um beruflich qualifiziert zu sein und zu bleiben, müssen zunehmend mehr Zusatzausbildungen oder Fortbildungen absolviert werden. Leben und Arbeiten bedeutet heute die **Bereitschaft zu lebenslangem Lernen** (*siehe Kapitel 14*) und zu Veränderung.

In diesem Zusammenhang wird Wissen aus den unterschiedlichsten Gebieten immer häufiger miteinander verknüpft und auf sinnvolle Weise ergänzt. So auch vermehrt im Bereich der Krankenpflege. Diese wird zunehmend mit anderen Wissensgebieten vernetzt.

Am Beispiel von Psychologie, Soziologie und Pädagogik sollen nun die eben genannten wichtigen Problemstellungen beispielhaft erläutert werden.

Erläuterung der Problemstellung 1 (*Seite 15*)

Problembereich 1: Jeder Bereich ist ein eigenständiges Spezialgebiet.

Bei jeder Kombination oder Ergänzung verschiedener Wissensgebiete muss zuvor deutlich sein, dass dennoch jedes Fachgebiet ein Spezialbereich für sich ist. So ist die Psychologie, Medizin oder Pädagogik jeweils allein genommen eine eigenständige Disziplin, d. h. ein Fachgebiet, mit eigener Fachsprache, mit eigenen Forschungsfragen, mit speziellen Fragestellungen, die bestimmte Ziele verfolgen. So befasst sich die Krankenpflege mit der qualifizierten Pflege, Betreuung und Versorgung von Patienten. Sie verfügt über spezielle Pflegemethoden, Pflegetechniken, Wissen aus Theorie und Praxis für den Umgang mit Krankheiten, Therapieverfahren u. a. Das Ziel besteht darin, durch qualifizierte Fachpflege kranke Menschen in ihrem Krankheitsprozess kompetent unterstützen und versorgen zu können. Mit Hilfe der Krankenpflege soll der Patient auf dem Weg zur Gesundheit fachlich begleitet werden.

Die Krankenpflege wird zunehmend durch die einzelnen Fachgebiete Psychologie, Soziologie und Pädagogik sinnvoll ergänzt. Deshalb sollen die drei Bezugsbereiche kurz dargestellt, im Einzelnen definiert und im Hinblick auf ihre spezifischen Aufgaben und Fragestellungen erklärt werden.

1.2.1 Psychologie

> Die Psychologie erforscht menschliches Verhalten und Erleben.
> Sie geht Fragen nach, warum und wie sich Menschen verhalten;
> warum Menschen lernen, motiviert sind; wie sie wahrnehmen;
> wie sie Dinge erleben.

Wichtig

Verhalten bezieht sich auf die Bereiche Gestik, Mimik, Körperhaltungen, Körperausdruck und physiologische Vorgänge im Zusammenhang mit inneren Prozessen (Stimmungen, Gefühle). Wenn beispielsweise jemand an etwas Unangenehmes denkt und daraufhin schwitzt oder zittert; wenn jemand sich freut und rot wird; wenn jemand Angst hat und ihm übel wird vor einer Prüfung.

Definitionen

Erleben umfasst die Vielzahl von Gefühlen, inneren Stimmungen und Gedanken zu oder über etwas (Menschen, Situationen, Erinnerungen, Sehnsüchte, Ängste). Jeder Mensch erlebt die Welt, Situationen oder andere Menschen auf seine individuelle Weise. Deshalb können auch zwei Menschen ein und dieselbe Situation ganz verschieden wahrnehmen, und beide haben auf ihre Weise recht in dem, wie sie etwas erleben. Es entspricht ihrem Erleben, ihrer Art der Wahrnehmung.

Sie verfolgt also ganz andere Fragen als die Pflege. Aber: Ihre Fragestellungen, Untersuchungen, Forschungen und Ergebnisse können sehr wertvoll für die Arbeit in sozialen Berufen sein. Da im Mittelpunkt sozialer Berufsfelder die Tätigkeit mit Menschen steht, sind insbesondere Erkenntnisse, die sich mit dem Verhalten und Erleben von Menschen befassen, sehr hilfreich. So kann die Pflege recht sinnvoll durch psychologisches Wissen ergänzt werden und einen Nutzen für meine Arbeit mit Patienten haben.

Nutzen der Psychologie

1.2.2 Soziologie

> Die Soziologie oder Gesellschaftslehre untersucht Gruppen unterschiedlichster Art (Institutionen, Organisationen, Teams) und die Beziehungen und Wechselwirkungen der einzelnen Gruppenmitglieder untereinander.
> Sie erforscht Gruppenregeln, Gruppenstrukturen und Gruppenprozesse von der Kleingruppe bis zu Völkern. Spezialgebiete stellen die Untersuchungen von sozialen Rollen oder sozialen Einstellungen (Vorurteilen und Stigmatisierungsprozessen) dar.

Wichtig

Im Zentrum der soziologischen Forschung steht das Phänomen „Gruppe" und nicht der einzelne Mensch/das Individuum.

Die verschiedenen **Gruppen** wie Pflegekräfte, Schüler, Ärzteteam, Gruppe der Patienten, alle Klein- und Großgruppen vom Stationsteam bis hin zu allen Berufsgruppen innerhalb der Organisation Krankenhaus stellen typische Forschungsbereiche der Soziologie dar (*siehe auch Kapitel 12*). Ein weiteres Forschungsgebiet befasst sich mit gesellschaftlichen **sozialen Rollen** (Berufsrollen, Vaterrolle u. a.) und den damit einher gehenden Verpflichtungen, Erwartungen und Problemen (z. B. die Erwartungen an die Mutterrolle) (*siehe auch Kapitel 11*).

Nutzen der Soziologie

Die soziologischen Erkenntnisse über Gruppen und Rollen sind für die Organisation Krankenhaus mit ihrer Vielfalt an unterschiedlichsten Gruppen/Rollen, Gruppenprozessen, Gruppendynamik, Teambildung/Teamfindungsprozessen oder Rollenproblemen (Führungsrolle, Doppelrolle von Berufs- und Mutterrolle) von großem Interesse. Die einzelnen Stationsteams, die einzelne Krankenschwester sind Teile der krankenhausinternen soziologischen Strukturen. Andere wichtige Themen für Pflegekräfte sind beispielsweise soziale Vorurteile und Einstellungen. Bestimmte Patientengruppen, wie Alkoholiker, Übergewichtige, psychisch Erkrankte, alte Menschen u. a. unterliegen einer Reihe von gesellschaftlichen Urteilen und Bewertungen. In der Arbeit und Pflege dieser Patienten sollten Sie als Pflegekraft sich selbst mit eigenen und fremden Einstellungen auseinander gesetzt haben, um wahrzunehmen, wie Sie auf diese Art Patient zugehen (mit Vorurteilen, mit negativen oder positiven Erfahrungen, mit Abneigung oder leichter Verachtung?). Soziologisches Hintergrundwissen kann für Sie, Ihre Berufsrolle, für Ihre Arbeit im Stationsteam oder im Umgang mit Vorurteilen/persönlichen Einstellungen hilfreich sein.

1.2.3 Pädagogik

Wichtig

> Die Pädagogik ist die Lehre von der Ausbildung und Erziehung des Menschen (Allgemeine Schulbildung, Erwachsenenbildung, gesellschaftliche Verhaltensnormen) und deren Institutionalisierung (Kindergärten, Schulen, Ausbildungseinrichtungen, Volks- oder Berufsschule). Sie geht Erziehungsfragen nach, sucht nach Aufgaben und Zielen für Erziehende und hinterfragt Erziehungsmethoden.

Die **Hauptaufgaben** der Pädagogik sind die Erziehung und Ausbildung des Menschen, angefangen vom Kindergarten über die Schulzeit bis in die Erwachsenenbildung. Die Pädagogik will den Menschen einerseits in seiner **persönlichen und gesellschaftlichen**

Entwicklung unterstützen (Selbstständigkeit, Gewissensbildung, Verhaltensnormen, soziale Kompetenz entwickeln) und andererseits in seiner **Bildung** (Wissenserwerb, Schul- und Berufsausbildung, Fachwissen) fördern.

Erziehung und Ausbildung geschieht nicht nur durch Eltern, Lehrer, Ausbilder, sondern auch durch Kollegen, durch Partner, durch Freunde. Erzogen und gelernt wird in den verschiedensten Bereichen/Situationen tagtäglich und eigentlich ein Leben lang. Die Erziehung endet nicht mit dem Schulabschluss oder dem Erwachsenenalter, Lernen erfolgt heute bis ins hohe Alter.

Pädagogik spielt daher auch für die Krankenpflege eine wesentliche Rolle. Krankenschwestern und Krankenpfleger lehren, leiten an, vermitteln Fachwissen und erziehen Pflegeschüler und Patienten. Erzieherische Aufgaben, wie Informieren/Erklären (z. B. Patienten über Pflegemaßnahmen aufklären, Schüler über Krankheitsbilder oder Krankheitssymptome informieren) und Instruieren (Patienten anleiten z. B. Medikamente richtig einzunehmen, neue Kollegen einarbeiten), Pflege zu planen und Pflegeziele für den Patienten zu entwickeln sowie gemeinsam mit diesem umzusetzen, erfordern viel pädagogisches Geschick (*siehe auch Kapitel 14.7*). Pflegetätigkeiten umfassen darüber hinaus typisch erzieherische Aufgaben, wie Versorgen, Unterstützen, Helfen, Ermuntern, die für die Verrichtung der allgemeinen Aktivitäten des täglichen Lebens (ATL), die für die Genesung des Patienten unerlässlich sind.

Nutzen der Pädagogik

> Es sollte deutlich geworden sein, dass es grundsätzlich zahlreiche verschiedene Fachgebiete mit eigenen Fragestellungen, Zielen und Ergebnissen gibt. Ferner bieten die unterschiedlichsten Disziplinen anteilig immer spezielles Wissen (Erkenntnisse, Forschungsergebnisse), welches auch für andere Fachgebiete wiederum von Interesse und Nutzen sein kann.

Wichtig

Im nächsten Schritt geht es deshalb um die Frage des persönlichen und/oder beruflichen Nutzens, wenn Sie fremdes Spezialwissen mit Ihrem bereits vorhandenem Fachwissen kombinieren werden.

1.3 Die Nutzen-Frage

Im zweiten Schritt geht es um die Fragen: „Was für einen Nutzen können andere Fachgebiete/fremdes Fachwissen für meinen Beruf mit sich bringen? Was kann ich von den neuen Erkenntnissen für meine Arbeit nutzen? Was könnte eine sinnvolle Ergänzung für mich sein?"

Erläuterung der Problemstellung 2 (Seite 15)

Anhand eines Beispiels soll die „Nutzen-Frage" veranschaulicht werden. Im folgenden Exempel geht es um den Nutzen von psychologischen Fachwissen für Pflegekräfte.

Beispiel: Kommunikation

Stationsschwester Beate fühlt sich seit einiger Zeit beruflich überfordert. Sie bemerkt zunehmend, dass sie den zahlreichen Gesprächen mit Mitarbeitern, bei Beurteilungsgesprächen mit Pflegeschülern oder bei problemorientierten Gesprächen mit den Krebspatienten ihrer Station, einfach nicht gewachsen ist. Sie kann die Gespräche nicht richtig leiten, sie ist ungeduldig beim Zuhören, sie nimmt sich die Gespräche zu sehr zu Herzen. Sie hat das Bedürfnis Fachwissen über die Art und Weise, wie man gezielt Gespräche führt, zu lernen. Sie würde gerne wissen, wie man Gesprächsführung anwendet und hätte insgesamt gerne mehr Grundwissen über Kommunikation.

Kommunikationspsychologie

Die Kommunikationspsychologie befasst sich unter anderen damit, wie Menschen miteinander sprechen, wie sich Beziehungen gestalten, wie Gesagtes zwischen Sender und Empfänger ausgetauscht wird, wie Missverständnisse entstehen können, weil etwas falsch verstanden wird u.s.w. Es konnten bestimmte Regeln und **Kommunikationsgesetze** entwickelt und Kommunikationsstörungen erklärt werden (*siehe Kapitel 8*). So wurden beispielsweise Zusammenhänge zwischen nichtsprachlicher (nonverbaler) Kommunikation und entsprechendem Körperausdruck entdeckt (niedergedrückte Haltung, heruntergezogene Mundwinkel sprechen ihre eigene Sprache). Auch ein Zusammenhang zwischen Krankheit und Kommunikation (Körperausdruck, Sprache bei Schmerzen) wurden gefunden. Neben diesem Grundwissen über Kommunikation ist die **Theorie und Praxis der Gesprächsführung**, als ein gemeinsam entwickeltes Spezialgebiet der Psychologie und Pädagogik, für zahlreiche Berufe immer interessanter geworden. Es wurden Methoden entwickelt, durch die man lernen kann, gezielt Gespräche zu führen (*siehe Kapitel 9*).

Beispiel – Fortsetzung

Für die Problematik von Schwester Beate könnte eine Kombination von Kenntnissen aus der Kommunikationspsychologie und Krankenpflege ausgesprochen effektiv sein. Die Erkenntnisse der Psychologie und Gesprächsführung lassen sich sinnvoll mit der Pflegetätigkeit vereinbaren. Ihre pflegerischen Kenntnisse könnten gut durch psychologisches Wissen ergänzt werden. Sie würde sich kompetent und sicher fühlen in Gesprächssituationen auf Station.

Wenn die Krankenschwester psychologisches Wissen für die Pflege beruflich nutzen möchte, gelangen wir zum nächsten Schritt.

1.4   Die Frage der Anwendung

Problemstellung 3: Wie kann ich neue Kenntnisse anderer Gebiete in meiner Berufspraxis anwenden?

Erläuterung der Problemstellung 3 (*Seite 15*)

Jetzt geht es um Anwendungsmöglichkeiten: Wie kann ich die Ergebnisse und Erkenntnisse der Kommunikationspsychologie und Gesprächsführung im Pflegealltag, in der Zusammenarbeit mit Kollegen oder Patienten, umsetzen und anwenden? Hier vernetzen sich Krankenpflege, Kommunikation und Gesprächsführung. In der Berufspraxis, z. B. während eines Gesprächs mit einem Patienten, kann jetzt aktiv das erlernte Wissen mit Hilfe von Methoden der kommunikationspsychologischen Gesprächsführung genutzt werden.

Beispiel – Fortsetzung 2

Schwester Beate hat im Rahmen einer beruflichen Weiterbildung die Grundlagen der Kommunikationspsychologie und Gesprächsführung gelernt. Sie kennt neben den Grundlagen der Kommunikation auch Praxismethoden der Gesprächsführung. Diese bietet diverse Gesprächsbausteine an, um ein Gespräch auf positive Weise zu führen. Schwester Beate hat dadurch beispielsweise gelernt anders mit Schweigen während eines Gesprächs umzugehen (Baustein Pausen ertragen) und dadurch dem Patienten einfach Zeit zum Weinen zu gewähren. Früher wäre es an diesem Punkt zu Kommunikationsstörungen zwischen ihr und dem Patienten gekommen, weil sie Schweigen nicht aushalten konnte oder Gesprächspausen negativ bewertet hätte. Sie versucht nun das gelernte Wissen praktisch umzusetzen und anzuwenden.
Bei dem Lernschritt der Praxisanwendung ist es schließlich nicht mehr von Belang, dass ursprünglich Kommunikationspsychologie und Krankenpflege zwei vollkommen verschiedene Fachgebiete darstellten. Sie sind verschmolzen. Fremde Fachbegriffe, wie Grundhaltungen der Gesprächsführung oder Kommunikationsstörungen sind unwichtig geworden. Das theoretische Wissen liegt versteckt hinter der praktischen Anwendung. Für den Patienten ist es unwichtig, dass ,,Pausen ertragen'' ein Gesprächsbaustein ist und es wäre vollkommen unangebracht, dass Schwester Beate dies dem Patienten erklärt. Aber für Schwester Beate war die Theorie der Gesprächsführung entscheidend; ohne diese könnte sie schließlich keine der gelernten Methoden bei zukünftigen Gesprächen anwenden.

1.5   Verknüpfung/Vernetzung

Im vierten Schritt geht es um die Kunst, neues und altes Wissen kombinieren und anwenden zu können.

Erläuterung der
Problemstellung 4
(*Seite 15*)

Das Ziel der Verknüpfung unterschiedlicher Fachgebiete ist letztlich, das vorher fremde Fachwissen mit dem bisherigen Wissen vernetzt und integriert anwenden zu können.

Beispiel – Abschluss

Berufliche Zufriedenheit bei Schwester Beate:
Mit einiger Übung kann es Schwester Beate im Laufe der Zeit gelingen, kompetent Gespräche zu führen. Sie kann auf diese Weise ihren Leitungsaufgaben wieder besser gerecht werden. Die Kunst der Gesprächsführung hat ihren Berufsalltag abwechslungsreicher und interessanter gemacht. Sie hat wieder Spaß an der Arbeit mit Patienten und Kollegen. Sie probiert ihr Zusatzwissen berufspraktisch aus.

Wichtig

> Anhand des Beispiels sollte deutlich geworden sein, wie sinnvoll es für berufliche Zufriedenheit und Qualifikation ist, Neues zu lernen und dies im Berufsalltag zu integrieren. Es kann obendrein eine Möglichkeit darstellen, wieder Schwung und Abwechslung in den Berufsalltag zu bringen. Man kann sich in seinem Beruf auf neue Weise ausprobieren.

Ausblick

Die Vernetzung zwischen Krankenpflege und den Erkenntnissen aus Psychologie, Soziologie und Pädagogik soll ausführlich im Mittelpunkt der folgenden Kapitel stehen. So wird es innerhalb der Themen gerade keine klare Trennung zwischen den wissenschaftlichen Fachdisziplinen und der Krankenpflege geben, sie sollen ineinander übergehen. Das eine oder andere Spezialgebiet wird zwar teilweise im Vordergrund stehen, aber immer mit der Absicht, eine sinnvolle Verknüpfung zur Pflege oder der anderen Fachdisziplinen untereinander herzustellen.

Beispielsweise steht *im Kapitel Soziale Einstellungen* anfangs die Soziologie als Fachgebiet im Vordergrund, um dann von psychologischen Themen ergänzt zu werden: Z. B. geht es um Soziologie und Psychologie von menschlichen Rollen, Psychologische und soziologische Aspekte von Gruppen.

Vervollständigt werden die Themen mit der Pädagogik: Gruppendynamik; speziell Gruppen leiten/Führungsstile (Erziehungsstile). Alle zusammen werden immer auf das Fachgebiet der Krankenpflege bezogen.

2 Gesundheit im neuen Verständnis

Im Mittelpunkt der Krankenpflege stehen Gesundheit und Krankheit des Patienten. In Pflege – und Medizin – geht es immer darum, Krankheit zu heilen oder zu lindern um (wieder) Gesundheit zu erlangen. Was aber ist eigentlich Gesundheit? Wie kann man Gesundheit und Krankheit begrifflich fassen? Was verstehen Laien und/oder Fachleute unter diesen Begriffen?

Gesundheit und Krankheit im Mittelpunkt des Pflegealltags

2.1 Was ist Gesundheit? Zum unterschiedlichen Verständnis von Gesundheit und Krankheit

Die Diskussionen darüber, was „Gesundheit" ist, wie diese sich gegenüber „Krankheit" abgrenzt oder ob es eher fließende Übergänge von gesund und krank gibt, ist nicht wirklich eindeutig zu klären gelungen. Die Folge hieraus ist, dass zahlreiche Definitionen über Gesundheit und Krankheit existieren. Neben Vorstellungen der Bevölkerung gibt es wissenschaftliche Definitionen. Eine weitere Schwierigkeit liegt darin, dass unsere **Gesundheit nicht messbar** ist. Es müssen auch – wenn Gesundheit mehr ist als das Fehlen von Krankheit – individuelle, psychische und soziale Faktoren mit einbezogen werden. Wenn Gesundheit und Krankheit lange Zeit nur unter medizinischen Aspekten gesehen wurden, so hat sich gezeigt, dass diese Sichtweise unzureichend ist. Es wird immer deutlicher, dass physiologische Prozesse mehrdimensional sind, das heißt, dass mehrere Faktoren Gesundheit und Krankheit ausmachen.

Gesundheitsdefinitionen

> Neben den biologischen müssen auch psycho-soziale Aspekte bei Gesundheit(sprozessen) und Krankheit(sentstehung- und -verläufen) berücksichtigt werden.

Wichtig

In den folgenden Abschnitten sollen beispielhaft einige Gesundheitsdefinitionen vorgestellt werden.

Im Mittelpunkt aller Definitionen steht die Begriffserklärung der Weltgesundheitsorganisation (WHO = engl. world health organization), die besagt, dass *„Gesundheit ein Zustand vollkommenen körperlichen, geistigen und sozialen Wohlbefindens ist und nicht*

Die Definition der Weltgesundheitsorganisation (WHO)

allein das Fehlen von Krankheit und Gebrechen" (zit. n. WALLER 1995).

Kritik — Obwohl diese Formulierung bereits die Vorstellung einer ganzheitlichen Sichtweise vermittelt, scheint sie relativ unrealistisch. Wer ist schon vollkommen gesund oder fühlt sich vollkommen wohl? Die meisten Menschen fühlen sich mal mehr oder weniger krank oder gesund. Gesundheit wird als statischer (feststehender, unbeweglicher) Zustand perfekten Wohlergehens und nicht als ein sich ständig (ver)ändernder dynamischer und im Prozess befindlicher Vorgang verstanden. Die Kritik an der 1946 erarbeiteten Definition hat die WHO schließlich 1986 dazu veranlasst, Wohlbefinden als Ziel und Gesundheit als Prozess umzuformulieren.

Medizinisches Verständnis von Gesundheit — Die von der naturwissenschaftlichen Medizin geprägte Definition reduziert Gesundheit auf das Freisein von Störungen, auf das einwandfreie Funktionieren des menschlichen Organismus. Es wird deutlich, dass Gesundheit hier stark mit Krankheit in Verbindung gebracht wird. Mit anderen Worten, wer nicht krank ist, ist demnach gesund.

Kritik — Krankheiten werden im medizinischen Sinn immer mit dem Körper, also dem **somatischen Aspekt** assoziiert. Im naturwissenschaftlich-medizinischen Bereich bedeutet dies, dass eine Reduzierung auf biologische, chemische und physikalische Mechanismen des menschlichen Organismus stattfindet. Wenn innerhalb dieser Mechanismen Störungen auftreten (im Bereich der Organfunktion beispielsweise Verdauungsstörungen), dann wird der Mensch krank. Krankheit wird hierbei anhand medizinischer Parameter, wie pathologische Blut- und Urinwerte, krankheitsspezifische Symptome oder erhöhte Körpertemperatur diagnostiziert. Der medizinische Gesundheitsbegriff berücksichtigt weder soziale Aspekte wie Umgebung, soziale Situation, Umweltbedingungen noch psychische Komponenten. Insbesondere die Vielzahl psychischer Erkrankungen finden hierbei keine angemessene Beachtung, denn **Stimmungslage, Lebensgefühl oder Angst sind keine objektiv körperlichen Krankheiten.** Demnach ist der Mensch – medizinisch gesehen – gesund, obwohl er sich krank fühlt!

Andererseits haben zahlreiche Menschen gesundheitliche Beeinträchtigungen, spüren diese aber wenig oder gar nicht. Dies kann beispielsweise bei chronischen Krankheiten oder Krebs der Fall sein, denn nicht alle Symptome verursachen Schmerzen. Viele Menschen lernen auch mit Beeinträchtigungen umzugehen und ihre Lebensumstände entsprechend zu verändern. So gesehen besitzen Menschen medizinisch diagnostizierte Krankheiten, fühlen sich aber durchaus gesund.

Gesundheit und Krankheit in der Klassischen Schulmedizin — Die Klassische Schulmedizin, die naturwissenschaftliche Medizin oder die Biomedizin sind identische Begriffe für die in unserer westlichen Welt vorherrschenden Medizin. Gemeint ist das Medizinverständnis, welche heute in Krankenhäusern und Arztpraxen vertreten und praktiziert wird und in medizinischen Ausbildungen oder dem Medizinstudium in Theorie und Praxis als Grundlage gilt. Neben dem bereits dargestellten grundlegenden medizinischen Gesundheits- bzw. Krankheitsverständnis erscheint es deshalb sinnvoll das medizinisch-naturwissenschaftliche Krankheitsmodell zu kennen. Es wurde bereits deutlich, dass die Medizin nicht die Gesundheit, sondern schwerpunktmäßig die Krankheit, genauer gesagt, den **kranken Körper/Organismus in ihren Mittelpunkt stellt.**

Darüber hinaus vertritt die naturwissenschaftliche Medizin folgende **Auffassungen:**

1. Jede Krankheit hat eine **bestimmte Ursache** (Krankheitsursache). **Kausalität**
   Durch eine Ursache entwickelt sich als Folge eine Störung der biologischen Vorgänge im menschlichen Organismus, Krankheit entsteht: Krankheitsursache → Krankheit als Folge
   Ursachen sind entweder exogen, also äußerlich, durch Viren/Bakterien oder äußere Verletzungen/Unfälle bedingt;
   • Magen-Darm-Virus (exogene Krankheitsursache) → Magen-Darm-Grippe (Krankheitsfolge)
   • Unfall oder Verletzung (exogen) → Beinbruch; Wunde/Blutung (Folge)
   Oder Sie sind endogen, innerlich begründet, wie möglicherweise ein angeborener Herzfehler.
   • Angeborene Wirbelsäulendeformation (endogene Ursache) → Rückenschmerzen (als Folge)

2. Krankheit ist als ein **rein biologisches Körperphänomen** zu be- **Ätiologie**
   trachten. Krankheit lässt sich immer auf zugrunde liegende physikalisch-chemische Prozesse (z. B. pathogene Wirkung von Krankheitserregern) zurückführen.

3. Jede Krankheit basiert auf einer morphologischen **Schädigung in** **Zellularpathologie**
   der Zelle oder im Gewebe/Organ. Ansonsten liegt eine Fehlfunktion von mechanischen oder biochemischen Prozessen vor. Dadurch sind der normale Zellfunktionsablauf sowie die damit verbundenen und daraus resultierenden Prozesse gestört.
   Beispiele:
   • Gallensteine → gestörter Leberstoffwechsel.
   • Krankhafte Zellwucherungen → Organschäden
   • Herzklappenfehler → mechanische Funktionsstörung der Herztätigkeit;
   • Fehlfunktion der Niere → lebenswichtige Entgiftungsfunktion des Körpers ist gefährdet

4. Jeder Krankheit entsprechen bestimmte **Symptome,** welche als **Symptombezogenheit**
   Krankheitsanzeichen gelten. Diese Krankheitssymptome dienen der Diagnose und ermöglichen dadurch die genaue Benennung

der Erkrankung. Hieraus lässt sich dann eine spezielle Therapie ableiten.

Durch jahrzehntelange wissenschaftliche Krankheitsforschung ist es möglich geworden, bei Krankheit **beschreibbare und vorhersagbare Krankheitsverläufe** zu erkennen. Diese bekanntermaßen ablaufenden Entwicklungen und Folgen einer Krankheit erfordern medizinische Hilfe, da sich die Krankheit ansonsten – ohne medizinische Intervention – verschlimmern und eine Heilung verzögern oder unmöglich machen könnte.

Merke

> In der Klassischen Schulmedizin wird das ungestörte Ablaufen der biochemischen Prozesse im menschlichen Organismus als Gesundheit verstanden.

Soziologische Gesundheitsdefinition

Die soziologische Gesundheitsdefinition wurde 1967 von dem Medizinsoziologen PARSONS (zit.n. WALLER 1995) formuliert: *„Gesundheit kann definiert werden als der Zustand optimaler Leistungsfähigkeit eines Individuums für die Erfüllung der Rollen und Aufgaben"* innerhalb unserer Gesellschaft.

In dieser Gesundheitsdefinition werden vor allem die sozialgesellschaftlichen Aspekte in den Vordergrund gestellt. Gesundheit wird daran gemessen, ob eine Person dazu in der Lage ist, den individuell gestellten Rollenanforderungen (z. B. der Rolle der Mutter, Ehefrau und gleichzeitig der Berufsrolle der Krankenschwester) gerecht werden zu können. Es wird deutlich, dass Gesundheit mit Arbeits- und Leistungsfähigkeit gleich gesetzt, und nicht als persönlicher Wert angesehen wird. Diese Definition verweist auf die sozialen Auswirkungen von Gesundheit und Krankheit (Arbeitsfähigkeit, Kündigungen, Gehaltsfortzahlung, seinen täglichen Aufgaben gerecht zu werden).

Psychologisches Verständnis von Gesundheit

Der Gesundheitsbegriff der Psychologie umfasst zweierlei: Einmal die Fähigkeit auf individuelle Weise **Gesundheit** im Sinne von persönlichem Wohlbefinden, Bedürfnisbefriedigung und individueller Selbstverwirklichung – also alles, was für den Einzelnen wichtig ist, ihm gut tut – **so weit wie möglich zu erlangen**. Und darüber hinaus die individuelle Kompetenz dazu in der Lage zu sein, befriedigend **Schwierigkeiten** des Lebens **aktiv bewältigen** zu können.

Einfach ausgedrückt bedeutet das, dass jeder die **Fähigkeit** besitzt, **auf gesunde Weise mit den Herausforderungen des heutigen Lebens fertig zu werden** (gesellschaftlich: mit der Arbeitssituation, den Kollegen umzugehen; privat: mit der Single- oder Partnersituation; mit Familie und Kindern; persönlich: Umgang mit Freunden, Hobbys, Freizeit oder Selbstentfaltung/Selbstverwirklichung). Psychologische Gesundheit einfach ausgedrückt, wie schon SIGMUND FREUD dies Anfang des 20. Jahrhunderts erfasste, bedeutet nach menschlichen Möglichkeiten und Fähigkeiten lieben und arbeiten zu können.

Die vorgestellten wissenschaftlichen Gesundheitsdefinitionen machen das breite Spektrum der Uneinigkeit darüber, was denn nun Gesundheit ist deutlich. Darüber hinaus zeigt sich, dass bereits zwischen den verschiedenen Wissenschaftszweigen unterschiedliche Schwerpunkte gesetzt werden, wann Menschen als gesund gelten: Soziologischer Schwerpunkt ist die Arbeitsfähigkeit; psychologisch gesehen steht geistig-seelisches Wohlbefinden im Mittelpunkt und medizinisch betrachtet ein voll funktionsfähiger Ablauf der biochemischen Körperprozesse. Aus dem Blickwinkel der jeweiligen Wissenschaft hat jede auf ihre Weise recht.

Verschiedenartigkeit der Definitionen

2.2 Das Laienverständnis von Gesundheit – Wann fühlen Menschen sich gesund?

Neben den wissenschaftlichen Konzepten über Gesundheit sollen nun die so genannten Laienkonzepte bedacht werden. Die allgemeinen Vorstellungen von Gesundheit im Alltag werden „subjektive Gesundheitskonzepte" genannt. Bei der Beschäftigung mit Laienvorstellungen über Gesundheit und Krankheit können die in den letzten Jahrhunderten gemachten Erfahrungen und Überlieferungen häufig als nützliche Quellen dienen. Als Beispiel seien hier die im Volksmund entstandenen Redewendungen herangezogen. Sprachlich betrachtet werden die komplexen Zusammenhänge zwischen Körper – Geist – Seele verblüffend klar geäußert. Vermutlich sind diese Aussprüche (Einsichten) zu einer Zeit entstanden, da Menschen noch über einen engen Bezug zu Seele und Körper verfügten und ein viel unmittelbareres Verständnis für das Zusammenspiel körperlicher und seelischer Prozesse besaßen.

Subjektive Gesundheitskonzepte

1. Atmung
   Mir bleibt die Luft weg. Es verschlägt mir den Atem. Man wagt kaum zu atmen. Es herrscht eine erstickende Atmosphäre.

Redewendungen

2. Nase/Geruch
   Ich habe die Nase voll. Einen guten Riecher haben. Ich kann ihn nicht riechen.

3. Herz
   Man nimmt sich etwas zu Herzen. Mit ganzen Herzen bei einer Sache sein. Von ganzem Herzen. Das bereitet mir Herzschmerzen. Da schlägt mein Herz schneller.

4. Augen/Ohren
Taub oder blind für etwas sein. Ich will das nicht mehr hören. Die Augen vor etwas verschließen. Etwas nicht mehr mit ansehen können.

5. Kopf/Nacken/Wirbelsäule
Sich den Kopf zerbrechen über etwas. Das bereitet mir Kopfschmerzen. Es sitzt mir im Nacken. Ein Mensch ohne Rückgrat. Jemandem das Kreuz brechen.
Den Kopf nicht hängen lassen. Die Haltung verlieren.

6. Haut/Haar
Ein dickes Fell besitzen. Dünnhäutig oder dickhäutig sein. Es geht mir unter die Haut. Er rückt mir auf die Pelle. Wenn ich mir das vorstelle, bekomme ich Ausschlag. Darauf reagiere ich allergisch.

7. Zähne
Zähneknirschend ja sagen. Die Zähne zusammenbeißen. Auf dem Zahnfleisch kriechen.

8. Verdauungsorgane
Das schlägt mir auf den Magen. Es ist zum Kotzen. Da wird mir ganz übel. Immer alles schlucken müssen. Der Hals ist mir wie zugeschnürt. Sich ein Loch in den Bauch ärgern. Er reagiert sauer. Gift und Galle spucken. In der Prüfung durchfallen.

9. Nieren
Das geht mir an die Nieren.

Die Aussagekraft der Redewendungen aus der so genannten Volksgesundheit sprechen für sich.

In einer wissenschaftlichen Studie (HERZLICH 1973 in FLICK 1991, ergänzt durch FALTERMAIER 1974) über die Gesundheitsvorstellungen der Bevölkerung konnten durch Befragungen vier verschiedene Auffassungskategorien ermittelt werden. Die Vorstellungen lassen sich wie folgt darstellen und werden mit einer Erläuterung verdeutlicht:

Auffassungskategorien
von Gesundheit

1. Gesundheit als das Schweigen der Organe
Diese Kategorie spiegelt die Auffassung wider, dass solange „alles funktioniert" und der Körper sich nicht meldet (= also schweigt), der Mensch als gesund gilt.

2. Gesundheit als das Fehlen von Schmerzen
Diese Vorstellung setzt „Gesundsein" entsprechend damit gleich, keine Schmerzen zu spüren. Krankheit bedeutet demzufolge Schmerzen zu haben.

3. Gesundheit als Reservoir
   Diese Einstellung besagt, dass Gesundheit ein Wert, ein individueller Besitz ist, über den Menschen verfügen. Wir sind demnach mit einem Potenzial, nämlich der körperlich-geistigen-see-
   lischen Gesundheit ausgestattet.

4. Gesundheit als Gleichgewicht und Wohlbefinden
   Unter dem Gefühl des Wohlbefindens werden die Bereiche kör-
   perlich-geistig-seelisch gemeinsam gesehen. Ist das Zusammenspiel dieser drei Aspekte im Gleichgewicht, entsteht Wohlbefinden, das als Gesundheit empfunden wird.

Zusammenfassend kann gesagt werden, dass Laien von sich aus | Wichtig
ein mehrdimensionales Gesundheitsverständnis besitzen. Das
heißt, dass folgende Faktoren zusammen Gesundheit ausmachen:
- psychische Komponente (Stimmungslage, Ausgeglichenheit)
  als auch ein
- psycho-physisches Wohlbefinden (Gleichgewicht zwischen
  Körper und Seele/Geist)
- sowie körperliche Widerstandskraft, das Freisein von Schmerzen und das Funktionieren des Organismus (also der körperlichen Komponente)

2.3   Das bio-psycho-soziale Verständnis von Gesundheit/Krankheit

Aus der Kritik an den allgemeinen und wissenschaftlichen Vorstel- | Salutogenese
lungen/Definitionen darüber, was Gesundheit denn nun ist, entwickelte sich unter anderem zwischen 1979 und 1987 das Bio-psycho-
soziale Gesundheitsmodell (ANTONOWSKY 1979 in: WALLER 1995),
auch unter Salutogenetischen Gesundheitsmodell (lat. salus = gesund, heil, Wohlsein) bekannt. Dieses Modell berücksichtigt, ähnlich dem Laienverständnis, gleichermaßen medizinische, psychologische und soziale Faktoren. Auf diese Weise wird es einerseits dem
Menschen entsprechend seiner Einheit aus Körper-Geist-Seele gerecht, darüber hinaus wird der Mensch als soziales Wesen gesehen,
das innerhalb bestimmter Gesellschafts- und Umweltbedingungen
lebt (Lebensumstände, Lebenssituation).

Die gängige negative Fragestellung: Warum werden Menschen
krank? Was macht Menschen krank? verwandelt sich nun in die
positive Frage: Wieso bleiben Menschen trotz verschiedener krank-
heitsverursachender Bedingungen und Veränderungen gesund? **Was
erhält Gesundheit?**

In dieser grundlegenden Änderung der Sichtweise im Umgang mit Gesundheit und Krankheit kann nun davon ausgegangen werden, dass ein Mensch nicht nur entweder krank oder gesund ist, sondern mehr oder weniger gesund oder krank sein kann – oder sich so fühlt.

In der neuen Vorstellung des Bio-psycho-sozialen Gesundheitsmodells existiert eine Art „Bandbreite" oder Kontinuum zwischen den Möglichkeiten Gesundheit ← → Krankheit. Es gibt keine klare Grenze zwischen beiden Prozessen. So wird ein dynamischer Prozess anstelle eines Zustandes möglich.

Je nachdem, wo ein Mensch sich auf dieser Kontinuumlinie befindet, kann er mehr oder weniger gesund oder krank sein. Auf diese Weise findet auch die bereits erwähnte Möglichkeit Berücksichtigung, dass ein Mensch krank sein kann und sich dennoch gesund fühlt oder umgekehrt gesund sein kann, sich aber krank fühlt. Dieses Gleichgewichtsspiel – ähnlich einer Waage mit zwei Waagschalen vorstellbar – berücksichtigt darüber hinaus die Möglichkeit schützender (Ressourcen) und belastender (krankmachender) Faktoren, welche Gesundheit und Krankheit beeinflussen.

Schützende Faktoren beziehungsweise Widerstandsressourcen sind beispielsweise gute körperliche Verfassung (Allgemeinzustand/Ernährungszustand), stabiles Immunsystem, gutes soziales Netz oder psychische Stabilität. **Schwächende oder belastende Faktoren** sind eine bereits angegriffene Gesundheit (durch schlechte Ernährung, Rauchen, Bewegungsmangel, Schlafdefizite, Stress), bestehende oder chronische Erkrankungen, genetische Dispositionen oder angeborene physiologisch bedingte Mangelzustände (im Hormonstoffwechsel, organisch z. B. Herzfehler). Auch die sozialen Lebensumstände oder Lebenserfahrungen können positive oder negative Einflüsse auf Gesundheit/Krankheit ausüben.

Abbildung 1:
Gesundheits-Krankheits-Kontinuum

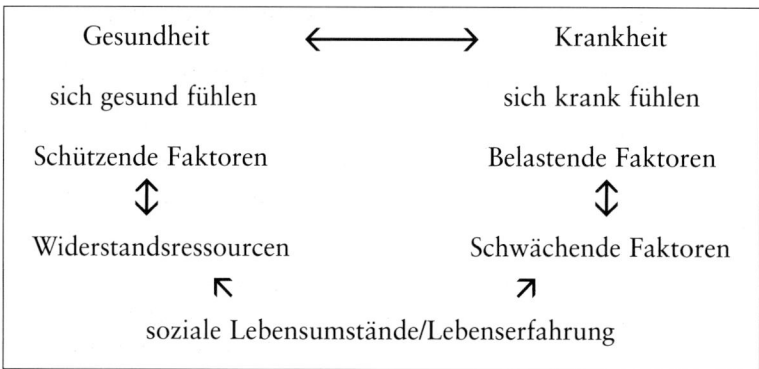

3 Krankheit – psychosoziale Aspekte

In diesem Kapitel soll das Thema Krankheit ausführlich behandelt werden. Im Arbeitsfeld der Krankenpflege setzen wir uns in unserer Funktion als Pflegefachkraft täglich mit dem Phänomen Krankheit auseinander. Eigentlich könnte man sagen, ohne Krankheit bräuchte man keine ambulante/stationäre Krankenpflege, keine Schwestern/Pfleger, Krankenhäuser, Medizin oder Ärzte. Um so wichtiger wird es deshalb, sich mit den vielen Aspekten von Krankheit und dem Kranksein intensiv auseinander zu setzen.

Einführung

Bei der Beschäftigung mit dem Thema „Krankheit" wird grundsätzlich unterschieden zwischen:
1. Erkrankungen des Körpers – Somatische Krankheiten
2. Erkrankungen von Körper und Seele – Psychosomatische Krankheiten
3. Erkrankungen der Seele – Psychische Erkrankungen
4. Erkrankungen des Geistes – Psychiatrische Krankheiten

Krankheitsarten

Weiterhin wird der Frage der Krankheitsentstehung nachgegangen: Auf welche Art und Weise ist eine Krankheit entstanden, wie und wodurch hat sie sich entwickelt? Gibt es einen charakteristischen Krankheitsauslöser, wie spezielle Viren (Grippevirus → Grippe) oder Bakterien (spezifische Erreger → bakterielle Entzündung z. B. Blasenentzündung)? Oder bedingen mehrere Faktoren zusammen eine Krankheit, wie beispielsweise Stress, Rauchen und Übergewicht die Wahrscheinlichkeit eines Herzinfarktes erhohen konnen.

Krankheitsentstehung

Weitere Fragen setzen sich mit dem Krankheitsverlauf oder Krankheitsfolgen auseinander. Auf diese Weise können medizinische Interventionen gezielt eingesetzt werden, um den Krankheitsverlauf zu beeinflussen (Gabe von Antibiotika) oder mögliche Krankheitsfolgen prophylaktisch verringern (lange Bettruhe → Dekubitusprophylaxe).

Krankheitsverlauf und -folgen

Spezielle Krankheiten erfordern ferner Fachpflege und fachgerechte Versorgung. Dafür sind im Krankenhaus entsprechende Fachabteilungen/Stationen eingerichtet (Infektionsstationen, Intensivstationen, Onkologie, Geriatrie u.s.f.) und Fachpersonal ausgebildet.

3.1   Gesundheit, Krankheit und Krankenpflege

Gesundheit und Krankheit im Zusammenhang mit Krankenpflege erfordern neben der Pflegepraxis auch ein bestimmtes theoretisches Grundwissen. Es kann helfen, das Verhalten und Erleben von Patienten auf eine sachliche Wiese besser zu verstehen und einschätzen zu können. So lernen Sie als Pflegeperson beispielsweise aggressives, ungeduldiges Patientenverhalten oder ungerechtfertigte Kritik nicht zu emotional zu bewerten. Sie können besser „hinter die Kulissen" des Patientenverhaltens blicken. Dadurch wird es beispielsweise möglich, zu erkennen, dass ein Patient mit der Krankenhaussituation überfordert ist und sich unsicher oder hilflos fühlt. Benimmt sich beispielsweise ein Patient Ihnen gegenüber misstrauisch oder nörglerisch, dann hat er vielleicht einfach Angst vor einer Untersuchung, vor einer Operation oder macht sich Sorgen über seine Diagnose.

Wenn Sie als Pflegeperson über qualifiziertes Wissen verfügen und um solche (Hinter)Gründe wissen, können Sie diese bewusst wahrnehmen und als solche erkennen. Sie können sich ein Verhaltens- und Wissensrepertoire aneignen und ein ganz anderes Verständnis und Pflegeverhalten gegenüber Patienten aufbauen. Sie sind dazu in der Lage, sich in Ihrer Pflegetätigkeit gegenüber Patienten besser abzugrenzen. So können Sie lernen, neben typischen Krankheitssyptomen auch ein typisches Krankheitsverhalten zu erkennen. Denn Krankheit oder ein Krankenhausaufenthalt ist für den Patienten nicht alltäglich! Gerade die Krankheit hat einen Menschen aus seinem Alltag, seinem Berufs- und Privatleben herausgerissen – und macht verständlich, warum Kranke sich deshalb entsprechend anders benehmen (können). Darüber hinaus schränken Schmerzen, Beeinträchtigung der Bewegungsmöglichkeiten (Bettruhe, Gipsbein, frische Wunde) oder eine durch die Krankheit bedingte Hilflosigkeit und Abhängigkeit Kranke in ihrem gesamten Handeln und Wollen ein. Dass dies gewisse seelische Beeinträchtigungen nach sich zieht und dadurch individuelles Verhalten beeinflusst, ist nur allzu verständlich.

Wichtig
> Es wird deutlich, dass es bei Gesundheit und Krankheit um viele nicht medizinische Aspekte geht, die gerade einen erheblichen Einfluss auf die Entstehung von Krankheit und die Unterstützung der Heilung besitzen.

3.2   Der kranke Mensch

Zunächst sollen die psychosozialen Aspekte von Krankheit anhand einer Übersicht verdeutlicht werden:

```
              Der kranke Mensch
      Psychosoziale Aspekte von Krankheit

       ↙                         ↘

  Krankwerden                Individuelles
  – Kranksein             Krankheitsverhalten
       ↓
  Krankenrolle

       ↓         ↘
  Krankheitsgewinn      Patientenkarriere
```

Abbildung 2: Der kranke Mensch

Krankheit bedeutet für jeden Menschen einen mehr oder weniger tiefen Einschnitt in die tägliche, gewohnte Lebensführung und Lebensgestaltung. Eine Krankheit tritt in sein Leben – und mit einem mal wird er aus seiner Alltagsroutine herausgerissen (Schule, Beruf, vertrauten Menschen, dem Zuhause). Eine Krankheit „bedroht" seine täglichen Gewohnheiten, seinen Tagesablauf – sein selbstverständliches tägliches Leben. Des weiteren beinhaltet Krankheit eine Vielzahl von Erfahrungen:

Bedeutung für den Kranken

Schmerzen, Leid, Ängste, Verzweiflung, sich in Geduld üben, den Lernprozess etwas aushalten oder ertragen zu müssen oder der Verlust einer sozialen Rolle zu akzeptieren, die ein Mensch durch die Krankheit nicht mehr erfüllen kann (z. B. die Berufsrolle). Obendrein bedeutet Krankheit Arztbesuche, Untersuchungen über sich ergehen lassen zu müssen, vielleicht qualvolles Warten auf Untersuchungsergebnisse. Und schließlich kann eine Erkrankung durch eine erleichternde oder bedrohliche Diagnose, Prognose und Therapie Auswirkungen für sein ganzes weiteres Leben mit sich bringen. Auch die Angst vor der möglichen Einlieferung ins Krankenhaus oder vor einer Operation stellen eine Bedrohung dar. Eine weitere natürlich menschliche Abwehr und Angst besteht in der Abhängigkeit von der Hilfe anderer. Plötzlich kann er, schon mit einer gebrochenen Hand, die einfachsten und alltäglichen Dinge nicht mehr alleine bewältigen. Diese Seite von Krankheit zeigt, was jemand „verlieren" kann, wenn er erkrankt.

Krankheitserleben

3.3 Primärer und sekundärer Krankheitsgewinn

Definition

Die andere Seite der Medaille ist der positive Aspekt einer Erkrankung. Gemeint sind die positiven Erfahrungen und Auswirkungen des Krankseins bzw. das, was wir durch einen Krankheit „gewinnen" oder was uns Krankheit ermöglicht.

Als Patient erhält man Aufmerksamkeit, Verständnis, Rücksichtnahme, Hilfe und erfährt die Entlastung von Pflichten und Rollen. Diese angenehmen Folgen von Krankheit werden auch als Krankheitsgewinn bezeichnet.

Primärer Krankheitsgewinn bedeutet, dass Krankheit dem Menschen grundsätzlich eine Möglichkeit bietet, sich zurückzuziehen, sich von Belastungen vorübergehend befreien zu dürfen. Durch die Legitimation einer Krankheit wird Kranken Entlastung und die Respektierung durch andere Menschen ermöglicht. Ein Schonraum und eine Schonzeit wird dem Kranken anstandslos entgegen gebracht. So ergibt sich die Möglichkeit der individuellen und sozialen Konfliktfreiheit. Das bedeutet, dass der Kranke sich keine Sorgen darüber zu machen braucht, wenn er während der Zeit der Erkrankung Menschen und Aufgaben nicht mehr gerecht werden kann. Auch vor sich selbst kann jeder auf diese Weise sein Unvermögen oder momentanes „aus der Rolle fallen" besser entschuldigen.

Unter **sekundärem Krankheitsgewinn** werden alle durch die Krankheit entstandenen Vorteile wie vor allem Zuwendung, Pflege und Rücksicht verstanden. Aber es sind auch die kleinen Dinge, wie Post, Geschenke, Lieblingsspeisen und Krankenbesuche die das Krankheitserleben erleichtern.

Gesellschaftliche
Einstellungen gegenüber
dem Kranksein

Durch die jeweilige Kultur und die Gesellschaft in der Menschen leben, existiert ein bestimmtes Krankheitsbild, eine Bewertung gegenüber Krankheit/Kranksein. Im Krankheitsbild unserer Gesellschaft **überwiegen** immer noch weitgehend **die negativen Aspekte**. Krankheit wird häufig assoziiert mit Schwäche, Faulenzen, Krankfeiern, Simulieren, Leistungsverminderung bei der Arbeit und Normabweichung (heißt: im Normalfall ist man gesund). All dies ist meist verbunden mit negativen Konsequenzen für den Erlebens- und Handlungsspielraum des Betroffenen. Wer gilt schon gerne als schwach? Besonders schlimm ist dies bei psychischen Erkrankungen, wie bei Depressionen oder Ängsten. Wer befürchtet nicht, von seinen Kollegen als Simulant oder Hypochonder bezeichnet zu werden? Wer kennt nicht die Gerüchte, dass jemand möglicherweise „krankfeiert oder nur krank spielt", also in Wirklichkeit gar nicht krank ist. Gerade die genannten Aspekte haben einen recht negativen Bewertungscharakter innerhalb unserer Leistungsgesellschaft.

3.4 Das Konzept der Krankenrolle

In diesem Zusammenhang entwickelte sich das Konzept der Krankenrolle (PARSONS 1951). Wie bereits an anderer Stelle erwähnt, kann ein kranker Mensch seinen gesellschaftlichen und persönlichen Rollenverpflichtungen nicht mehr gerecht werden. Wird eine Kollegin krankgeschrieben, ist diese nicht mehr dazu in der Lage, ihre Berufsrolle als Krankenschwester angemessen auszufüllen. Sobald eine Krankheit durch eine Krankschreibung „bescheinigt" ist, wird einem Menschen die Krankenrolle zugeschrieben. Sie ist legitimiert. Das bedeutet die offizielle Befreiung von bestimmten Verpflichtungen, die soziale Rollen, wie die Berufsrolle der Krankenschwester/ des Pflegers, mit sich bringen. Die Person ist aller Verantwortung enthoben, um nun Zeit zu haben wieder gesund werden zu können.

Das Konzept der Krankenrolle beinhaltet vier wesentliche Aussagen: *Aspekte der Krankenrolle*
1. Der Patient ist für einen bestimmten Zeitraum von seinen normalen Verpflichtungen und Verantwortungen, die z. B. seine Berufsrolle mit sich bringt, enthoben. Dies muss durch einen Arzt legitimiert und durch Expertenwissen begründbar sein.
2. Der Patient wird für seine Krankheit nicht verantwortlich gemacht.
3. Der Patient hat die Verpflichtung, wieder gesund werden zu wollen.
4. Der Patient ist verpflichtet, die Hilfe und das Wissen eines Spezialisten (Arztes, Therapeuten) in Anspruch zu nehmen und mit diesem zu kooperieren, um wieder gesund zu werden.

In vielen Punkten gilt dieses Konzept von 1951 als überholt. Einer   *Kritik am Konzept der*
seits wird Krankheit heute eben nicht kritiklos von Kollegen und   *Krankenrolle*
Vorgesetzten akzeptiert, andererseits gehen immer mehr kranke Menschen trotzdem zur Arbeit, weil sie neben der Missbilligung bei Krankheitsausfall auch insgesamt befürchten ihren Arbeitsplatz zu gefährden.

Darüber hinaus besitzt Krankheit eine **objektive und subjektive Seite**. Erstere meint alle gesellschaftlich anerkannten Aspekte, wie pathologische medizinische Parameter (pathologische Laborwerte), offensichtliche Krankheitssymptome oder erkennbare gesundheitliche Beeinträchtigungen (Husten, Fieber, Herzbeschwerden, Gipsarm). Die ärztliche Auswertung dieser Befunde wird schließlich durch die Krankschreibung legitimiert (geläufiger unter dem Ausdruck „der Gelbe Schein"). Die subjektive Seite des Krankseins umfasst die individuellen Anteile, nämlich das Krankheitsgefühl, das Krankheitsverhalten und das Krankheitserleben. Diese psychischen Aspekte sind bei jedem Menschen unterschiedlich. Beispielsweise hat der eine Patient eine niedrige Schmerzgrenze, der andere ist (zu) hart im Ertragen von Schmerzen und lehnt lindernde Medikamente eher ab.

Es wird deutlich, wie komplex die Phänomene Kranksein und Krankheit sind. Beides kann nicht reduziert werden auf eine einseitige rein medizinische Sichtweise. Neben den medizinischen, pathologischen Aspekten einer Erkrankung auf der somatischen Ebene müssen auch die psychosozialen Aspekte des Krankwerdens, des Krankseins und der Krankheitsbewältigung des individuellen Patienten Berücksichtigung finden.

3.5   Patientenkarriere

Gesundsein – Krankwerden – Kranksein – Gesundwerden stellen Grunderfahrungen des menschlichen Lebens dar. Alle Menschen verfügen über die Erfahrung, was es heißt gesund oder krank zu sein. Viele erinnern sich an besonders schwere Krankheiten, an die damit verbundenen Gefühle und an den Wunsch wieder gesund werden zu wollen. Die Freude schließlich wieder gesund zu sein kennt wohl jeder.

Erkrankungs-/
Gesundungsprozess   Durch wissenschaftliche Forschungen kam man zu dem Ergebnis, dass es in der Regel einen bestimmten Ablauf, eine Art Entwicklungsprozess vom Gesundsein zum Kranksein existiert (DÖRNER 1975). Dieser Entwicklungsvorgang wird als Patientenkarriere bezeichnet, die in folgende **fünf Stadien** eingeteilt wird:

1. Die **Symptomwahrnehmung.** Schmerzen, Fieber, Beschwerden o.ä. werden wahrgenommen: *„Etwas stimmt nicht mit mir."*
2. Halten die Symptome z. B. Schmerzen an bzw. lassen diese sich nicht länger verleugnen, erfolgt die **Annahme der Krankenrolle:** *„Ich bin krank".*
3. **Behandlungsbedürftigkeit:** *„Ich muss zum Arzt".* Es erfolgt die Konsultation eines Spezialisten (Fachwissen, Hilfe, Heilmittel). Die medizinische Diagnose dient als Bestätigung der Ahnung krank zu sein; Inanspruchnahme von Hilfe.
4. Die **Annahme der Patientenrolle:** *„Ich bin Patient".* Kooperation zwischen Patient und Arzt.
5. *„Werde ich wieder gesund?"* **Prozess der Heilung.**
   „Ich bin (wieder) gesund." Ende der Patientenkarriere.

Die Patientenkarriere muss nicht in genau diesen Phasen ablaufen, dennoch lässt sich bei vielen Patienten eine deutliche Ähnlichkeit erkennen.

3.6 Krankheitsverhalten

Die Umgangsweise mit der eigenen Krankheit kann individuell variabel sein. Grundsätzlich existiert jedoch eine Angst vor Krankheit und deren Folgen. Krankheit bedeutet für einen gewissen Zeitraum auch Verlust von Autonomie und Kontrolle. Das eigene selbstständige Handeln und Entscheiden ist eingeschränkt. Das Bewusstwerden der eigenen Krankheit und die daraus resultierenden Ängste und möglichen Folgen gehen einher mit verschiedenen psychischen und verhaltensmäßigen Reaktionen. So kann die Auseinandersetzung mit der Krankheit akzeptiert, verleugnet oder verdrängt werden.

Bereits in der Kindheit wird die individuelle Auseinandersetzung mit Krankheit gelernt. Das Krankheitsverhalten wird in der Ursprungsfamilie erlernt und im Laufe der Sozialisation (Reifungsprozess von der Kindheit bis zum Erwachsenenalter) weiterentwickelt. Aus Sicht der Medizinsoziologie spielen hierbei wiederum die gesellschaftlichen Normen und die „Schichtzugehörigkeit" eine Rolle. Soziologische Untersuchungen zeigen einen **deutlichen Zusammenhang zwischen sozialer Schicht und der Bewertung von Krankheit** beziehungsweise den Umgang mit Krankheit. So wurde in der „Unterschicht" schwer wiegenden Symptomen wie Luftnot oder Herzbeschwerden keine entscheidende Bedeutung beigemessen, während sich dies in der „Oberschicht" eher gegenteilig darstellte (Koos 1967).

Individuelle Auseinandersetzung

Die individuelle Auseinandersetzung mit Krankheit erfolgt demnach aus den erlernten, geprägten Erfahrungen im Umgang mit Krankheit und den daraus entwickelten (individuellen) Handlungskompetenzen. Aus diesem Grund verhalten Menschen sich im Krankheitsfall verschieden. Beispielsweise muss im eigenem Umgang mit Krankheit nicht bei jedem Menschen zwangsläufig die Bereitschaft bestehen einen Arzt aufzusuchen. Darüber hinaus sind Aspekte, wie das individuelle Krankheitsempfinden, die eigene Schmerzgrenze sowie Behandlungsängste, Misstrauen gegenüber Ärzten oder den medizinischen Methoden bei jedem Menschen unterschiedlich ausgeprägt.

Wichtig

Diese Auffassungen sind entscheidend für die Inanspruchnahme ärztlicher Hilfe. Häufig versuchen kranke Menschen mit Hilfe von Laienwissen, Selbstbehandlung/Selbstmedikation (z. B. bei Halsschmerzen durch Halswickel und Inhalation mit Kamille) mit alternativen Heilmethoden (Naturheilmittel, Homöopathie) oder anderen Spezialisten (Heilpraktiker, Psychotherapeuten, Chiropraktiker u.s.f.) sich selbst zu heilen.

Aufgrund dieser unterschiedlichen Verhaltensweisen in der Auseinandersetzung mit Krankheit kann sich der Prozess Gesundsein –
Krankwerden – Kranksein – Gesundwerden auf verschiedene Weise
gestalten:

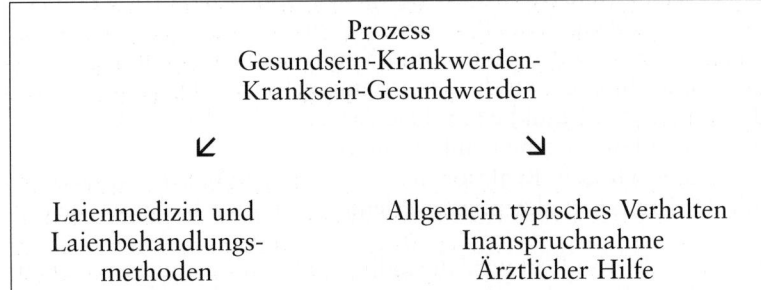

Abbildung 3: Die beiden
idealtypischen Wege
individueller
Auseinandersetzung mit
Krankheit

Die beiden häufigsten Verhaltensweisen im Umgang Krankheit werden im Folgenden ausführlich erläutert.

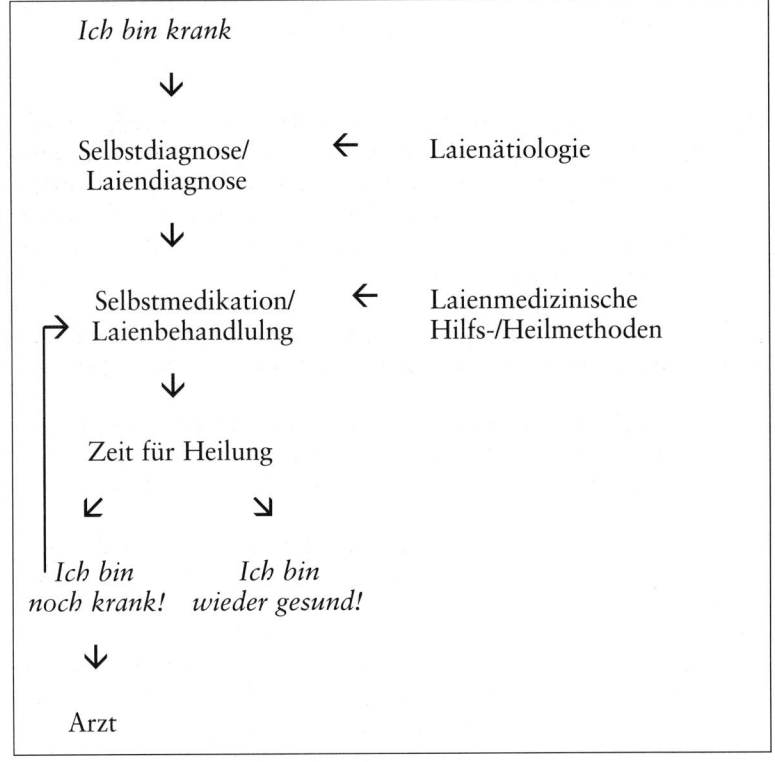

Abbildung 4:
Laienbehandlung

Erste Möglichkeit: Der Weg der Laienbehandlung

Die Erkenntnis „Ich bin krank" ist in erster Linie eine Selbst- oder Laiendiagnose. Erstaunlich viele Menschen besitzen ein beeindruckendes Wissen über Gesundheit und Krankheit in Bezug auf ihren eigenen Körper. Viele wissen sehr genau, was ihnen bei bestimmten Beschwerden hilft und gut tut. Damit verbunden ist auch die so genannte Laienätiologie, worunter laienhafte Vorstellungen über Ursachen, Beschwerden und Behandlungsmöglichkeiten einer Krankheit zu verstehen sind.

Selbstdiagnose/ Laiendiagnose/ Laienätiologie

Im Anschluss an die Laiendiagnose und Laienätiologie beginnt die Selbstmedikation oder Laienbehandlung. Unter der Laienbehandlung versteht man gesundheitsfördernde Maßnahmen wie: sich ins Bett legen, sich gesund schlafen, die Ernährung entsprechend der Symptome ändern (Diät, Tee und Zwieback bei Übelkeit), sich entsprechend der Beschwerden schonen und Dinge meiden (z. B. bei Sonnenstich: Hitze meiden) oder der Einsatz von „bewährten Hausmitteln" (z. B. Halswickel). Die Anwendung der Laienbehandlung beruht zumeist auf positiven Erfahrungswerten bzw. einer früheren Behandlungsmethode, die der Person Linderung ermöglichte.

Selbstmedikation/ Laienbehandlung

Im Anschluss an die Selbstmedikation ist man entweder wieder genesen, oder aber es wird abgewartet und Zeit für die Heilung eingeräumt. Weiterhin abzuwarten bedeutet im Prinzip die Fortführung des eingeschlagenen Weges der Laienbehandlung. Kommt es schließlich zur Heilung und zum wieder gesund werden, ist der Prozess erfolgreich abgeschlossen.

Zeit für Heilung

Stellt sich keine Besserung oder Heilung ein, kann zu diesem Zeitpunkt möglicherweise die Konsultation eines Arztes erfolgen.

Wird dieser Weg nicht eingeschlagen, findet der allgemeintypische Prozess der bekannten Vorgehens- und Verhaltensweisen statt, wenn jemand sich entschließt, sich in ärztliche Behandlung zu begeben.

Abschließend muss an dieser Stelle gesagt werden, dass Selbstmedikation auch kritisch betrachtet werden sollte. Einerseits ist die Vermeidung eines zu schnellen Einsatzes und Gebrauchs chemischer Medikamente (in der Regel durch die bereitwillige, beinahe selbstverständliche Ausstellung von Rezepten durch den Arzt) ausgesprochen positiv, da ein vorsichtiger Umgang mit chemischen Präparaten durchaus verantwortungsbewusst ist. Andererseits kann das Praktizieren der Selbstmedikation bei mangelnden Wissen auch Schaden anrichten. Vielleicht ist aber gerade der kritische Umgang mit alternativen Heilmitteln sowie der vorsichtige Einsatz von Medikamenten durch Laien wesentlich verantwortungsbewusster als die beidseitig existierende Bereitschaft der Ärzte, Medikamente zu verordnen und die Bereitwilligkeit von Patienten, diese einzunehmen.

Gefahren der Selbstmedikation

Zweite Möglichkeit: Allgemeintypische Vorgehens- und Verhaltensweisen bei Krankheit

Entscheidet eine kranke Person sich dafür ärztliche Hilfe in Anspruch zu nehmen, so wechselt sie automatisch von der Krankenrolle in die Patientenrolle und beginnt den bereits geschilderten phasenhaften Verlauf der Patientenkarriere. Durch die Akzeptanz der Patientenrolle richtet der Kranke sich in seinem Krankheitsverhalten nun nicht mehr nach eigenen Entscheidungen, sondern hat sich den Regeln und Verhaltensweisen des medizinischen Apparates anzupassen:

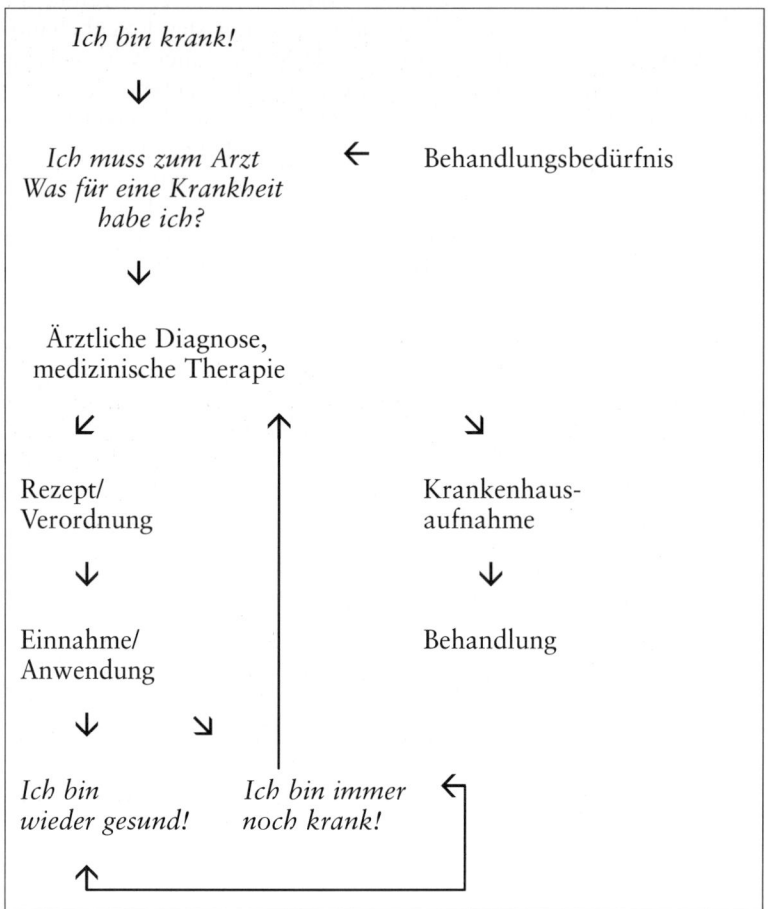

Abbildung 5:
Allgemeintypisches
Vorgehen bei Krankheit

Behandlungsbedürfnis

Bei der zweiten aufgezeigten Möglichkeit, wie Menschen sich im Krankheitsfall verhalten können, geht es um das allgemeintypische Vorgehen. Anders ausgedrückt ist damit die Art und Weise gemeint, wie Personen sich normalerweise verhalten würden. Gewöhnlich geht ein Kranker erst einmal zum Arzt, da er das Bedürfnis hat, dass etwas gegen seine Krankheit unternommen werden muss. Darüber hinaus möchte jeder Mensch wissen, was denn nun mit ihm oder seinem Körper nicht stimmt: Er möchte darüber Gewissheit haben, ob er wirklich krank ist und was für eine Krankheit er hat; ob man krankgeschrieben wird und sich gegebenenfalls bei seinem Arbeitgeber und Kollegen krankmelden muss. Anhand dieser Fragen lässt sich das Konzept der Krankenrolle basierend auf den gesellschaftlichen Verpflichtungen beziehungsweise Befreiungen, welche das Kranksein mit sich bringt, sehr gut wieder erkennen.

Im ärztlichen Gespräch und durch Untersuchungsmethoden (körperliche Untersuchung und Labortests) wird schließlich eine medizinische Diagnose mit entsprechender Therapie erstellt. Die allgemeintypische Therapie umfasst die Gabe und Dosierung von Medikamenten durch Rezeptverordnung. Außerdem können konservative therapeutische Maßnahmen verschrieben werden, wie beispielsweise Krankengymnastik oder Bettruhe.
Ärztliche Diagnose und medizinische Therapie

Der Patient ist nun aufgefordert, sich an die ärztlichen Verordnungen zu halten, um wieder gesund zu werden. Stellt sich keine Linderung der Krankheit ein und der Patient wird nicht gesund, so sind weitere Arztbesuche oder spezielle Untersuchungsverfahren erforderlich.
Anwendung

Erkennt der Arzt jedoch anhand der Untersuchungsergebnisse, dass eine intensive Therapie oder Behandlung wie Infusionen oder ein operativer Eingriff zur Heilung unumgänglich werden, so wird der Patient ins Krankenhaus eingeliefert. Durch die stationäre Aufnahme kann nun neben umfangreicher Therapie, Kontrolle der Krankheit sowie Krankenbeobachtung und qualifizierter Krankenpflege eine intensive Krankenbetreuung und Versorgung ermöglicht werden. Wenn der Patient seine Gesundheit wieder erlangt hat, wird er als geheilt aus dem Krankenhaus entlassen.
Krankenhauseinweisung

Kritische Aspekte zum allgemeintypischen Vorgehen und Verhalten der Ärzte bei Krankheit sind unter anderem die beinahe **routinemäßigen Abläufe**, Verfahrensweisen und **eingeschränkten Handlungsalternativen** der Schulmedizin. Gemeint sind die festgefahrenen, oft für den Patienten unangenehmen Untersuchungsmethoden (Routinelabor, -untersuchungen, -medikation). Die Therapie läuft meist auf medikamentöse oder chirurgische Behandlung hinaus. Auch das viel zu geringe Eingehen auf die Bedürfnisse und Sorgen des Patienten im allgemeinen, z. B. was für Auswirkungen die festgestellte Krankheit vielleicht zukünftig auf das Leben des Erkrankten haben wird, der Umgang mit der Diagnose u. a. Auch die Ursache der Krankheit ist relativ unerheblich, wesentlich sind die Symptome und deren Behandlung.
Probleme

Die Beurteilung darüber, wann ein Patient als geheilt entlassen wird, ist unklar und weit gefasst. Möglicherweise wird jemand auch als gesund angesehen, der nur durch die weiterhin regelmäßige Einnahme bestimmter Medikamente seine **Krankheit** – und damit, um genau zu sein, eben nicht seine Gesundheit – unter **Kontrolle** hat. Nur durch die kontinuierliche Medikamenteneinnahme und allmähliche Lebensumstellung wird das Leben auf die Krankheit umgestellt. Trotzdem gilt man statistisch gesehen als geheilt.

Die Dominanz, die Unverzichtbarkeit und die Erfolge der traditionellen Medizin werden zunehmend durch eine Vielzahl kritischer Gesichtspunkte angezweifelt. Die Kritik kommt gleichermaßen von Patienten ebenso wie von unzufriedenem Pflegepersonal und praktizierenden Medizinern. Zu nennen sind hier neben den bereits genannten Routineverfahren (Labor u.s.w.) insbesondere die Unmenschlichkeit der hochtechnisierten, spezialisierten Medizin und diagnostischen Untersuchungsmethoden (beispielsweise der Kernspintomografie, die Ängste bei der Mehrzahl der Patienten auslöst); oder auch der Einsatz von chemisch hochdosierten Präparaten mit zu wenig Rücksicht auf schädliche Nebenwirkungen (Antibiotika; Psychopharmaka); des Weiteren die mangelnde Berücksichtigung des psychosozialen Anteils bei Krankheiten, der eine entscheidende Rolle bei Krankheitsentstehung und Heilung spielt.

Die generelle, mittlerweile selbstverständliche Anpassung und Unmündigkeit des Kranken an den medizinischen Apparat sprechen diesem seine Individualität und menschliche Seite (Ängste vor Untersuchungen, Warten auf Untersuchungsergebnisse, unmündige Akzeptanz von Infusionen oder Medikamenten) im großem Maße ab.

Die Auswirkungen, die diese Aspekte für den Patienten haben, z. B. auf welche Weise Kranke ihre Krankheit selbst erleben und verarbeiten, werden deshalb *in Kapitel 4: „Der Patient und seine Sichtweise"* vertieft behandelt. In diesem Abschnitt stehen die psychosozialen Aspekte von Krankheit im Zentrum der Betrachtungen.

4 Der Patient und seine Sichtweise

4.1 Einführung in die Welt des Patienten

In diesem Kapitel steht der Mensch als Patient im Zentrum der Betrachtungen. Wird ein Mensch krank, übernimmt er aus soziologischer Sicht automatisch die Krankenrolle. Zur Erinnerung: hierbei geht es um die zeitweilige Entlastung (für die Dauer der Krankheit) von persönlichen und beruflichen Verpflichtungen. Durch Krankheit ist man meist körperlich-seelisch so angegriffen, dass man den normalen Alltags- und Berufsverpflichtungen nicht mehr voll gerecht werden kann (*siehe auch Kapitel 3.4: Das Konzept der Krankenrolle*). Nimmt ein kranker Mensch medizinische Hilfe in Anspruch, sei es durch Kontakt mit einem Allgemeinmediziner (Hausarzt), mit speziellen Fachärzten (Internisten, Orthopäden, Gynäkologen) oder kommt es zur Krankenhauseinweisung, wird aus der bisherigen Krankenrolle die Patientenrolle. Die so genannte Patientenkarriere beginnt.

Anknüpfung an vorangegangene Kapitel

Entscheidend hierbei ist: Durch die Inanspruchnahme medizinischer Hilfe, durch Ärzte oder Institutionen (Allgemein- und Facharztpraxen; Pflegedienste; Pflegeheime; Kliniken), durch jede Verbindung mit dem medizinischen Versorgungssystem gerät man unwillkürlich in die Patientenrolle. Neben der ambulanten Versorgung durch Arztpraxen und Pflegedienste stellt sich die Patientenrolle schließlich durch die stationäre Aufnahme in ein Krankenhaus in ihrer extremsten Form dar.

Wie selbstverständlich die Anpassung des Patienten an die Gegebenheiten, Routine und Erwartungen des medizinischen Apparats mittlerweile geworden ist, wie stark die Individualität des einzelnen Patienten verloren geht und die Unmündigkeit des kranken Menschen vorausgesetzt wird, soll hier vertieft dargestellt werden. In diesem Kapitel geht es darum, den Patienten aus verschiedenen Perspektiven kennen zu lernen.

Konsequenzen im Krankenhaus

Im Krankenhausalltag, in der Medizin und Pflege scheint oft mehr die Krankheit im Vordergrund aller Bemühungen zu stehen als der Patient mit seiner Krankheit. Für eine qualifizierte Krankenpflege und Medizin ist es deshalb sinnvoll, sich als Pflegeperson (und als

Arzt) in die Welt, das heißt in Gedanken und Gefühle des Patienten, hinein zu versetzen.

- Wie erleben Menschen ihre Krankheit?
- Wie bewältigen sie Krankheit?
- Was bedeutet der Krankenhausaufenthalt, warum ist der Patient eingeliefert worden?
- Wie schwer ist seine Krankheit? Wie lange dauert der Klinikaufenthalt?
- Wie setzt sich der Patient mit seiner Krankheit auseinander?
- Wie fühlen Menschen sich im Krankenhaus?
- Warum haben viele Menschen Angst vor einem Krankenhausaufenthalt?
- Warum bevorzugen Patienten Einzel- statt Mehrbettzimmer?

4.1.1 Der Mensch im Krankenhaus

Um das Krankenhaus bzw. den Krankenhausalltag aus der Sicht des Patienten zu sehen, stellt sich folgende Frage: Was geschieht eigentlich, wenn jemand in das Krankenhaus eingeliefert wird?

Konfrontation mit Routine

Wenn man lernt sich in den Kranken hineinzuversetzen und versucht, alles einmal als Patient wahrzunehmen, wird man feststellen, wie selbstverständlich die Routine des Krankenhausalltags und des bestehenden Medizinsystems für die darin Tätigen bereits geworden ist. Versucht man sich als Pflegeperson bewusst zu machen, wie „geläufig" Krankheit, Operationen, Schmerzen, Leid, Sterben und Tod geworden sind, wenn man erkennt, wie „vertraut" einem die Klinik ist, dann wird einem möglicherweise wieder bewusst, wie **fremd** diese Welt des Krankenhauses **für andere Menschen** sein muss.

Berührungsfähigkeit

Es ist vollkommen natürlich, dass einem diese Aspekte irgendwann relativ „normal" erscheinen, denn sie gehören zur eigenen Pflegetätigkeit und in die Krankenhauswelt. In gewisser Weise muss das so sein, denn sonst könnten Menschen die Belastungen in sozialen Berufsfeldern nicht kompensieren. Wobei sicherlich eine mögliche Bandbreite zwischen „sich die Patientenschicksale zu sehr zu Herzen nehmen" bis zu „Abstumpfung und Routine" existiert. Und auch, wenn Pflegepersonen oder Ärzte lernen, sich in gewisser Weise vor den psychischen Belastungen des Berufs (einigermaßen) zu schützen, so gibt es in der Arbeit mit Menschen immer wieder Begegnungen, Menschen und Schicksale, die Sie berühren.

4.1.2 Reaktionen auf den Krankenhausalltag: Regression, Übertragung und Gegenübertragung

> Zurückversetzt in die Welt des Patienten ist es wichtig, sich zu verdeutlichen, dass für diesen „Krankheit und Krankenhaus" seltene, fremde und angstbesetzte Dinge sind. Was für Pflegepersonal den Berufsalltag darstellt, bedeutet für den Menschen im Krankenhaus eine Ausnahmesituation!

Wichtig

Eine Krankheit reißt einen Menschen plötzlich aus seinem Lebensalltag heraus. Die gewohnten Bereiche Schule, Beruf, vertraute Menschen, das Zuhause sowie die damit verbundenen Tätigkeiten, wie Arbeiten, Essen, Schlafen oder Kommunizieren, entsprechend den ATL, die als eine Kombination der Grund- und Lebensbedürfnisse des Menschen verstanden werden (nach JUCHLI; ROPER; HENDERSON 1991; 1987; 1977) sind nun stark beeinträchtigt. Die gesamte Lebensführung und Lebensgestaltung wird zwangsläufig behindert. Neben der Abhängigkeit und Hilfe von anderen ist der Kranke außerdem durch Krankheitssymptome (Schmerzen, Fieber) oder krankheitsbedingte Bewegungseinschränkung (Bettruhe oder Gipsverbände) stark beeinträchtigt.

Ein Großteil der alltäglichen Lebensaktivitäten und Lebensbereiche sind jetzt nicht mehr getrennt, weder räumlich noch privat, sondern werden praktisch aufgelöst: Das Leben findet im Krankenzimmer, vor dem Hintergrund anderer Mitpatienten und in der Interaktion mit ihnen und dem medizinischen Personal statt. Es gibt kaum Platz für die Privat- oder Intimsphäre des Patienten. Auf den Punkt gebracht spielt sich das Leben jetzt auf engsten Raum in der Welt des Krankenhauses ab.

Kaum Privatsphäre

Regression

Durch einen stationären Krankenhausaufenthalt wird das unabhängige Handeln und selbstständige Entscheiden in noch drastischerer Form unterbunden. Dies wird nun von Ärzten oder Pflegepersonal übernommen und bedingt in erheblichem Maß einen hilfs- und handlungsunfähigen Patienten. Auf diese Weise gerät der erwachsene Patient schnell auf die Stufe eines Kindes und entwickelt regressive Verhaltensweisen.

> Regression bedeutet in der Psychologie, dass ein Mensch auf kindliche Entwicklungsstufen zurückfällt.

Wichtig

Viele Kranke benehmen sich „wie Kinder", heißt es oft – die Frage ist nur, weshalb. (*siehe auch Kapitel 14: Erziehung*). Wird der Entscheidungs- und Handlungsspielraum eines erwachsenen Menschen stark

Entstehungsfaktoren

eingeschränkt, kann Regression die Folge sein. Wie wenig der Patient im Krankenhaus an Entscheidungen über Untersuchungen, Medikamentengabe, Schlafens-, Besuchs- oder Essenszeiten beteiligt wird, mag einem jetzt bewusst werden. Es ist der Patient, der sich in den Klinikalltag einpassen muss, der Pflichten hat und Anweisungen befolgen soll. Dies nicht nur, damit er gesund wird, sondern auch, damit der Klinik- und Stationsalltag nicht unnötig gestört wird. Der Soziologe GOFFMAN stellte in diesem Bereich kritische Untersuchungen an und prägte in diesem Zusammenhang den **Begriff der „Totalen Institution"** (1967; 1984). Hierunter werden Einrichtungen verstanden, die das menschliche Leben und Handeln von Personen im starken Maß dominieren, bestimmen und reglementieren. Als typische Beispiele gelten Institutionen wie Militär, Gefängnis und Psychiatrie. Dem Krankenhaus werden Anteile von Merkmalen totaler Institutionen zugesprochen.

Regression entsteht bei Menschen zumeist in Abhängigkeitsverhältnissen (wie bei Lehrer-Schüler; Eltern-Kind) und/oder durch Situationen, die durch Abhängigkeit zwischen Menschen gekennzeichnet sind (Arbeitsverhältnis-Chef mit Angestellten; Behandlungssituation zwischen Arzt-Patient). Im Kontext des Krankenhauspatienten kann Regression als eine **Reaktion des Patienten auf den Klinikalltag oder die Krankenhausroutine** verstanden werden.

Arten der Regression   Die Psychologie unterscheidet drei Arten der Regression:

1. **Institutionelle Regression** entsteht durch bestimmte Strukturen, Pflichten und Anforderungen spezieller Institutionen. Einrichtungen wie Schulen, Krankenhäuser, Arztpraxen stellen an den Menschen bestimmte Verhaltenserwartungen, z. B. nach Unterordnung und Anpassung. Hierdurch verhalten Menschen sich oft kindgemäß, angepasst oder eingeschüchtert.

2. **Situative Regression** tritt insbesondere infolge der Krankheitssituation auf.
   Je kranker und hilfsbedürftiger Patienten sind, desto mehr Ähnlichkeit zu (Klein-)Kindern besteht. Zahlreiche Pflegetätigkeiten und Aufgaben erinnern an die Fürsorge und Versorgung bei Kindern: Waschen, Kämmen, Einreiben, Anziehen, bei der Nahrungsaufnahme helfen, Nahrung mundgerecht zubereiten, nach Patienten sehen, sie betten und lagern, beim Gehen unterstützen, Trösten, Beruhigen, Ermutigen.

3. **Individuelle Regression** ist im engen Zusammenhang mit dem sekundären Krankheitsgewinn *(vgl. Kapitel 3.3)* zu sehen. Insbesondere die psychischen Komponenten wie das Umsorgtwerden, die Zuwendung und die Aufmerksamkeit sind Dinge, die Menschen einfach gut tun und die sie gerne erfahren. Manche Menschen fühlen sich einsam und haben den starken Wusch nach Zuwendung. So verhilft ihnen Krankheit/Kranksein dazu, Zu-

wendung und Aufmerksamkeit (von Angehörigen, Eltern, Pflegekräften) zu erhalten. Einige „pflegen" deshalb ihre Krankheit und zeigen kein Interesse an ihrer Heilung oder der Krankenhausentlassung. Der Verlust der sozialen Kontakte wiegt schwerer als die Krankheit.

Übertragung und Gegenübertragung

Aufgrund der kindähnlichen Verhaltensstufe und kindgemäßen Situation während der Patientenregression erhalten aus psychologischer Sicht die Bezugspersonen, insbesondere die Pflegepersonen, eine wesentliche Rolle:

Im weitesten Sinn übernehmen Sie eine Art Elternfunktion. Der Patient, in seiner durch Abhängigkeit und Regression gekennzeichneten Situation, kann die Pflegeperson auf eine ganz bestimmte Weise wahrnehmen. So kann die Krankenschwester als Mutterersatz, der Krankenpfleger als Vaterersatz dienen. Entsprechend kann dies auch auf die anderen Autoritätspersonen, wie Stationsärzte/Ärztinnen übertragen werden.

Funktionen der Pflegekräfte

> Die pflegerischen Tätigkeiten, die Fürsorge und Zuwendung ähneln sehr stark den Aufgaben einer Mutter/eines Vaters. Diese Entsprechung aus der Kindheit wird als **Übertragung** bezeichnet. Das heißt, der Patient überträgt Gefühle und Bedürfnisse seiner Kindheit auf die Situation und die Personen im Krankenhaus. Durch die oben genannten fürsorglichen Pflegetätigkeiten gelangen Pflegepersonen ihrerseits rasch in die Situation der **Gegenübertragung**.

Wichtig

Im Prinzip bedeutet dies, dass beispielsweise eine Krankenschwester genau auf die kindlichen Bedürfnisse eines Patienten reagiert und dadurch die Übertragung des Patienten angenommen, also so zu sagen die Mutterrolle in gewisser Weise auch übernommen hat. Diese Reaktionen aus Übertragung und Gegenübertragung zwischen Patienten und Pflegepersonal lässt sich im allgemeinen recht häufig im Pflegeberuf erkennen.

4.1.3 Egozentrische Reaktionen des Patienten

Neben den regressiven Anteilen der Persönlichkeitsveränderung während eines Krankenhausaufenthaltes kann es auch zu so genannten egozentrischen Reaktionen des Patienten kommen. Egozentrisch bedeutet soviel wie sich selbst in den Mittelpunkt stellen, ichbezogen sein, alles auf die eigene Person beziehen (Äußerungen, Taten, Mimik, Gestik, Verhaltensweisen anderer Menschen).

Definition

Selbstzentrierung

Viele Patienten beobachten und bewerten die Aussagen oder Handlungen insbesondere des Pflegepersonals, der Ärzte, aber auch der Mitpatienten oder Besucher, in Bezug auf sich selbst oder ihre Krankheit. Man könnte es so ausdrücken: Die Welt-Sicht oder die Aufmerksamkeit des Patienten ist stark eingeschränkt. Im Moment sind die Gedanken und Gefühle vor allem mit der Krankheit oder dem kranken Körper beschäftigt. So findet die Krankenbeobachtung nicht nur auf der Seite der Pflegenden oder Ärzte statt, sondern auch der Kranke führt sie ständig an sich selbst durch. Von kleinsten Veränderungen, Verschlechterungen bis zu Schmerzen wird alles genau wahrgenommen und meist als weiteres Anzeichen einer möglichen Verschlimmerung des Krankheitszustandes bewertet. Bei manchen Patienten lassen sich hypochondrische Züge erkennen.

Pflegekräfte als Objekt der Beobachtung

Hier wird deutlich, wie sehr die Schwester/der Pfleger bei ihrer Arbeit unter Beobachtung steht. Nicht nur die pflegerischen Tätigkeiten am Patienten werden zum Teil mit „Argusaugen", beobachtet sondern auch das allgemeine Verhalten, Mimik und Gestik des Pflegepersonals – alle Ereignisse werden in ihrer Bedeutung auf Krankheit, Körper und Person des Patienten selbst bezogen. Durch diese **verzerrte Wahrnehmung** kann es häufig zu **Kommunikationsstörungen** kommen: Etwas vielleicht als Spaß oder Aufmunterung Gesagtes kann dann falsch interpretiert werden. Ein grüblerisches Gesicht oder eine kritische Aussage kann schnell negativ gedeutet werden. Die Fantasie des Krankenhauspatienten ist durch die Sorge um die Krankheit negativ verfärbt. Pflegepersonen und Ärzte sind häufig erstaunt und betroffen, wie ihr Verhalten oder Patientengespräche „uminterpretiert" wurden.

Überforderung der Pflegekraft als Resultat

An dieser Stelle wird besonders deutlich, wie anspruchsvoll die Tätigkeit in sozialen-psychologischen-pädagogischen und pflegerischen Berufsfeldern ist. Es wird immer die ganze Person gefordert – nicht nur die fachlich qualifizierte Krankenschwester/Krankenpfleger wird gesehen, sondern der ganze Mensch. Viele Pflegekräfte fühlen sich deshalb überfordert. Die eigenen Stimmungen, Gefühle oder privaten Probleme müssen gerade in helfenden Berufen stark zurückgenommen werden aus Rücksicht auf den Patienten/Klienten und/oder dessen Krankheit. Wie wichtig jedoch zur Psychohygiene (seelischen Entlastung) der Pflegenden beispielsweise die Echtheit der eigenen Person im Handeln, Verhalten und Kommunizieren während der Arbeit sind, soll hier bereits angedeutet werden.

Nur wenn Sie auch in einem gewissen Maß Sie selbst sind oder sein können – und Sie sich nicht aus Rücksicht zu sehr zurücknehmen mit Ihren Sorgen oder Persönlichkeitseigenschaften, dann wird auch Ihre Pflege wirklich gut sein oder Sie als Pflegekraft kongruent (echt) wirken. Und hierfür haben Menschen ein unbewusstes Gespür – und Patienten allemal.

4.2 Die Krankenhauswelt: Von der Einweisung ins Krankenhaus bis zum Stationsalltag

Immer noch ausgehend von der Fragestellung: Was geschieht eigentlich, wenn jemand in ein Krankenhaus eingeliefert wird?
Sollen im Folgenden die allgemeinen Aspekte genauer betrachtet werden. Vor allem die für den erwachsenen Patienten meist unangenehmen und eigentlich unangemessenen Anforderungen und Pflichten werden dargestellt. Für die Schwester/den Pfleger soll die allgemein existierende Krankenhausroutine dadurch einmal bewusst gemacht werden.

Unangenehme Aspekte des Krankenhausaufenthalts

Die unangenehmen Folgen des Krankenhausaufenthalts führen zu einer Reihe von **Grenzverletzungen** auf der persönlichen Ebene des Menschen:

- Durch die Klinikeinweisung wird zwangsläufig erwartet, dass der Patient sich der Hausordnung der Klinik **unterordnet** und entsprechend verhält.
- Es wird erwartet, dass die Pflegemaßnahmen und ärztlichen Anordnungen von den Patienten (widerstandslos) **befolgt** werden. Hierbei wird vorausgesetzt, dass schließlich alles zum Wohle und zur Gesundung des Patienten geschieht. Dementsprechend soll der Patient den Stationsablauf nicht unnötig stören, sondern darauf vertrauen, dass erfahrenes Personal über Handlungs- und Entscheidungsbefugnis in Bezug auf ihn und seine Krankheit verfügt. Der Patient soll die eigene Entscheidungs-, Urteils- und Handlungsfähigkeit vorwiegend aufgeben und von nun an Pflegepersonal und Ärzte über sich entscheiden lassen.
- Hierbei kommt es zu einer **Ent Persönlichung** des Patienten, da praktisch das Aufgeben der bisherigen sozialen Rolle damit einher geht. Privater und beruflicher Status, das bisherige Ansehen in beiden Bereichen wird „aufgelöst". Darüber hinaus wird der Erwachsene hierdurch zum Kind gemacht.
- Weiterhin geschieht es in der Regel häufig, dass durch **Stigmatisierung** bestimmter Krankheitsbilder Menschen einen negativen „Stempel" auf ihre Persönlichkeit erhalten können (*siehe auch Kapitel 10.1.4*). Diese Ent-Individualisierung findet vermehrt bei Alkoholikern, psychisch Erkrankten, suizidalen Patienten oder alten („senilen") Menschen statt. Einmal mit diesem „Etikett" versehen, begegnet der Patient bereits einer Reihe von ungerechtfertigten Vorurteilen und Ressentiments von Pflegepersonen (aber auch innerhalb der Gesellschaft). Der Betroffene selbst besitzt dann meist nur noch wenig Alternativen, diesen Stempel von sich zu weisen.
- Die medizinisch-therapeutischen und pflegerischen Anweisungen muss der Patient oft ohne Erklärungen und ohne den Sinn darin erkennen zu können über sich **ergehen lassen**. Ähnlich

verhält es sich mit einer Reihe von medizinisch-chemischen Tests und Therapiemethoden, die teilweise standardisiert sind und routinemäßig ablaufen (Standardlabortests, Standardmedikamente, Standardprophylaxen).

- Hierbei wird immer ein Höchstmaß an Zusammenarbeit und **Kooperationsbereitschaft** vom Patienten erwartet (Compliance).
- Der Patient hat bei der Aufnahmeprozedur, der Anamnese durch Ärzte und Pflegepersonal neben rein medizinisch-diagnostischen auch **persönliche Fragen** (selbstverständlich) zu beantworten. Hierbei ist er oft Bewertungen ausgesetzt (öfter ein Glas Wein: möglicherweise Alkoholiker; isst gerne, neigt zu Übergewicht: Diät wird verordnet).
- Untersuchungen sind häufig mit **Ängsten** und unangenehmen Begleitumständen verbunden, zum Teil sind sie schmerzhaft (Injektion, Blutentnahme, Magenspiegelung/Schlauch schlucken, Katheterisieren, sich entblößen müssen, die Intimsphäre offenbaren).
- Es kommt sehr schnell zur **Aufhebung** der im normalen Alltag existierenden **Tabugrenzen** gegenüber Intimität, Nähe und Distanz. Fremde Menschen kommen in sehr engen Haut- und Körperkontakt, der sonst höchstens vertrauten Personen gestattet wird. Hier kommt es schnell zu Verletzungen der Tabugrenzen. Das Schamgefühl findet wenig Berücksichtigung (Waschen, Intim-Rasur, Intimwäsche, Abtasten der Brust, Nachtstuhl, auf den Topf setzen, Darm- und Urinentleerung, Katheterisieren).
- **Peinlichkeit und Schamgefühl** werden unterdrückt und finden zum Teil wenig Berücksichtigung bei Entblößung, Untersuchungen, vor Pflegepersonal, Ärzten und Mitpatienten (Nachtstuhl im Mehrbettzimmer; Inkontinenz; Katheterbeutel sichtbar am Bett; Routinefragen nach Darmentleerung vor Mitpatienten; keine eigene Nachtwäsche, sondern das „Flügelhemd" als Standard)
- Es ist relativ selbstverständlich, über die Krankheit und Sorgen vor einer Vielzahl von Menschen zu sprechen beziehungsweise hilflos zu zuhören, wenn in medizinischer **Fachsprache** darüber beraten wird (ohne Einbeziehung des Patienten vor den Mitpatienten) bei der Visite.
- Visiten-, Besuchs-, Essens- und Schlaf**zeiten** muss der Patient akzeptieren.
- **Privatsphäre** besteht nur für den engsten Bettbereich und Nachtschrank.
- Wenn keine Bettruhe „angeordnet" ist, gibt es bisher noch wenig **Aufenthaltsmöglichkeiten** für Patienten (mit Besuchern, zu Gesprächen, zum Rauchen, zum Alleinsein, zum Weinen)
- Erholungs- und Schlafzeiten sollte man eigentlich im Krankenhaus voraussetzten, sie finden jedoch tatsächlich wenig Raum. Durch **andauernde Störungen** oder Verrichtungen am Kranken kann dieser sich kaum wirklich erholen, eher steht er unter einem gewissen Dauerstress.

- Die vorgeschriebenen Schlaf- und Weckzeiten weichen meist vom normalen Alltag/Zuhause erheblich ab (früh zu Bett, früh geweckt). Die lange Nachtruhe bewirkt nicht die erwartete Erholung, da die **Klinikschlafzeiten ungewohnt** für erwachsene Patienten sind. So früh am Abend können sie nicht einschlafen und sind morgens oft um 5 oder 6 Uhr müde und würden jetzt lieber noch schlafen.
- Auch der Aspekt der Alltagskleidung, der äußeren Erscheinung und der damit verbundenen sozialen Rolle gehen durch Nachtwäsche oder leider nicht selten durch das „Flügelhemd" verloren. Die **Individualität** eines Menschen wird dadurch stark beeinträchtigt.
- Hiermit verbunden ist auch ein weiterer Teil Entpersönlichung/ Entindividualisierung, denn meist steht die Krankheit oder das kranke Organ im Mittelpunkt – und nicht der Patient mit korrekter Anredeform (Omi von Zimmer fünf; der Krebspatient; der Sterbefall; der Verwirrte oder gar „der Decubitus im Zweierzimmer").

Der erste Eindruck dieser Liste mag erst einmal erschreckend sein. Dabei ist es wichtig zu bedenken, dass diese negativen Aspekte absichtsvoll zur Verdeutlichung der Weltsicht des Patienten ausgewählt wurden. Dennoch steht fest, wie selbstverständlich alle genannten Punkte in der Krankenhausroutine tatsächlich ablaufen. Um so wichtiger ist es, dass in der Aus- und Fortbildung von Pflegepersonal Wert auf Empathievermögen, die Fähigkeit sich in den Patienten hineinversetzen zu können, vermittelt wird. Gutes Einfühlungsvermögen erfordert neben psychologisch sozialen Kenntnissen auch pädagogisches Geschick.

4.3   Krankheitserleben und Krankheitsbewältigung

4.3.1 Krankheitserleben

Das Krankheitserleben umfasst das individuelle emotionale Erleben von Krankheit. Hierbei geht es um die persönliche Auseinandersetzung des Patienten mit seiner Krankheit und dem eigenem Körper und die Bewusstheit gegenüber eigenen seelischen und körperlichen Grenzen, denen man durch Krankheit ausgesetzt ist.

Definition

Das subjektive Krankheitserleben ist abhängig von
- der Art und Schwere der Erkrankung
- der Erkrankungsdauer
- dem davon betroffenen Organ(en)/Organsystemen

Subjektives Krankheitserleben

- und den damit verbundenen kurz- oder langfristigen Einschränkungen und Folgen für das weitere Leben des Kranken.

Psychodynamik

Weiterhin können Diagnose und Prognose mit den daraus resultierenden gesellschaftlichen Vorurteilen einen erheblichen Einfluss auf das seelisch-geistige Krankheitserleben ausüben. So werden die unterschiedlichen Krankheitsdiagnosen von Depression, Herzinfarkt, Krebs, Aids gegenüber einem Armbruch oder einer Blinddarmentzündung ganz unterschiedliche Bewertungen und Folgen nach sich ziehen. Durch Stigmatisierung oder Etikettierung bestimmter Krankheitsbilder (beispielsweise bei Krebs oder psychischen Krankheiten) können Krankheiten zum Makel oder Urteil werden (nachzulesen in Kapitel 10.1.2 Soziale Vorurteile). Hierdurch entstehen dann Diskriminierungen sowie Mitleid, Ausgrenzung, Abneigung, Ab- und Bewertung gegenüber dem kranken Menschen. Persönliche und gesellschaftliche Einstellungen gegenüber bestimmten Krankheiten können das Selbstwertgefühl und das psychische Gleichgewicht des Erkrankten erheblich schwächen. Dies kann zu Hoffnungslosigkeit und Mutlosigkeit gegenüber der eigenen Krankheit führen und den eigenen Genesungsprozess behindern. Auch Isolation aufgrund von Schamgefühlen sind keine seltenen Folgen.

Zusammenhang mit
gesellschaftlichen
Einstellungen

Die grundsätzliche Einstellung zu Gesundheit und Krankheit innerhalb einer Gesellschaft, Kultur oder eines vorherrschenden Paradigmas (z. B. naturwissenschaftliches Weltbild der Medizin oder derzeit das ganzheitlich orientierte Paradigma) kann das Krankheitserleben und den Umgang mit der eigenen Krankheit zum Teil maßgeblich beeinflussen. In unserem Kulturkreis wird dem Phänomen Krankheit teilweise noch kritisch, rein naturwissenschaftlich und in negativer Weise begegnet: Krankheit wird als „Feind" betrachtet, der mit allen Mitteln der chemischen und chirurgischen Medizin bekämpft werden muss (hochdosierte, aggressive Therapien; unmenschliche lebensverlängernde Maßnahmen).

Noch viel zu selten wird sie als Chance oder Reifungsprozess verstanden. Allerdings ist eine Neuorientierung hinsichtlich einer ganzheitlichen Sichtweise von Gesundheit und Krankheit und dem Menschen in seiner Einheit aus Körper-Geist-Seele zu erkennen. Die Unzufriedenheit der Patienten gegenüber der traditionellen Schulmedizin und der sich an ihr orientierenden praktizierenden Ärzteschaft zeigt sich in der deutlichen Abwanderungstendenz der Patientenschaft zu alternativen Heilmethoden, Heilpraktikern oder ganzheitlich orientierten Ärzten.

4.3.2 Krankheitsbewältigung (Coping)

Definition

In der Medizinsoziologie und medizinischen Psychologie wurde das **Bewältigungsvermögen** bei Krankheit untersucht. Diese Bewältigungsweisen bezeichnet man nach dem englischen Begriff „Coping"; „to cope with" bedeutet soviel wie bewältigen, mit etwas fertig werden oder auf eine Herausforderung bzw. Belastung angemessen reagieren können.

Es geht um die Frage, wie Individuen mit Belastungen umgehen, ob sie über ein Verhalten verfügen, um Probleme verschiedenster Art lösen zu können und auf welche Weise schwierige Situationen bewältigt werden. Gemeint ist eine **Kompetenz der Problemlösefähigkeit**, mit welcher Individuen auf Belastungen reagieren. Diese Fähigkeit wird als Bewältigungsstrategie oder Coping bezeichnet. Copingstrategien werden aufgeteilt in persönliche und kollektive Bewältigungsmöglichkeiten.

Unter persönlichen Bewältigungsstrategien wird das Gefühl verstanden, etwas „im Griff" zu haben, oder „Herr der Lage zu sein", im weitesten Sinne, mit einer Situation fertig werden zu können. Menschen wenden bewusst oder unbewusst ihre individuellen Bewältigungsmöglichkeiten an, um mit Belastungen umgehen zu können.

Persönliche Bewältigungsstrategien (Copingstrategien)

> In diesem Zusammenhang ist es wichtig zu bemerken, dass es neben positiven und sinnvollen Handlungsstrategien auch negative, krank machende und somit inadäquate Bewältigungstrategien gibt. Dies kann sich vielleicht in unangemessenen Alkoholkonsum oder dem Missbrauch von Tabletten äußern. Diese Methoden liefern nur eine kurzfristige scheinbare Hilfe, um mit einem Problem zurecht zu kommen – keine Lösung.

Wichtig

Mit der kollektiven Bewältigungsweise ist die **soziale Unterstützung durch Familie, Freunde aber auch Arbeitskollegen oder Therapeuten** gemeint, also die gesamte soziale Integration und Unterstützung eines Menschen – im Gegensatz zur sozialen Isolation.

Kollektive Copingstrategien

Die persönlichen und kollektiven Copingstrategien tragen wesentlich zur Gesundheitserhaltung oder Krankheitsbewältigung bei, denn sie spiegeln wider, wie der Patient in Belastungssituationen reagiert. Zusätzlich verdeutlichen sie die verschiedenen Dimensionen des Umgangs mit Krankheit aus Sicht des Betroffenen. So kann im Falle von Krankheit psychische Stabilität oder Instabilität, soziale Unterstützung oder Isolation ein wesentlicher Faktor bei der Krankheitsbewältigung sein.

Coping wird weiterhin unterschieden in Coping -Stil und Coping-Strategie. Unter Coping-Stil werden verschiedene allgemeine Verhaltensmuster verstanden, die man im Laufe des Lebens erwirbt, um mit Herausforderungen umzugehen. (z. B. aktive Auseinandersetzung oder Vermeidung bei Problemen).

Coping-Stil

Die Coping-Strategie dagegen ist auf eine ganz spezielle Situation/ ein bestimmtes Problem, wie beispielsweise eine Krankheitssitua-

Coping-Strategie

tion, bezogen. Sie ist außer durch den persönlichen Coping-Stil auch durch kontextabhängige Variablen wie Art und Dauer der Erkrankung auch durch den sozialem Hintergrund eines Menschen bestimmt. Hierzu ein Beispiel:

Erkrankt ein Familienvater an Krebs, der eine schlechte Prognose hat, kann er doch den Umgang mit seiner Krankheit durch die massive positive und liebevolle Unterstützung durch seine Familie lernen und gemeinsam neue, lebenswerte Bewältigungsmöglichkeiten entwickeln. Anders bei einem in Scheidung lebenden Mann, der bei gleicher Krankheit und Prognose nicht mehr auf die Hilfe und Liebe seiner ehemaligen Frau und Kinder zurückgreifen kann. Die Schwere der Erkrankung und die Trennungssituation können eine Verschlechterung der Krankheit bewirken. Durch den instabilen psycho-sozialen Kontext dieses Patienten kann die Copingstrategie maßgeblich beeinflusst werden.

Es wird deutlich, dass Copingstil (allgemeine Bewältigungsmuster) und Copingstrategie (Bewältigung einer speziellen Problemsituation, wie Krankheit) miteinander verwoben sind, einander bedingen oder sich ergänzen. Sie bestimmen die Grundeinstellung des Patienten gegenüber seiner Krankheit:
- Wie fasst der Kranke seine Krankheit auf? Versteht er sie als Warnung, als Strafe oder möglicherweise eher als Entlastung oder Chance?
- Wie begegnet er der Krankheit – zuversichtlich oder pessimistisch?
- Empfindet der Patient sich durch die Krankheitssituation in einer passiven Lage, die er erdulden und erleiden muss? Oder sieht er durchaus eine Chance die Krankheit bewältigen zu können?

Neben den ganz persönlichen Grundeinstellungen des Patienten gegenüber seiner Krankheit spielen allgemeine und spezielle Bewältigungsmuster eine Rolle bei dem individuellen Umgang mit einer Krankheit(ssituation). Darüber hinaus beeinflusst Coping auch die Zusammenarbeit mit Ärzten und dem Pflegepersonal. Denn je nach individueller Coping-Strategie und individuellem Coping-Stil kann die Gesundung und damit die Kooperationsbereitschaft (Compliance) gegenüber der Therapie und Pflegeverrichtungen geprägt sein. Hierzu zwei Beispiele:

Hat ein Patient eine passive Haltung gegenüber seiner Krankheit und fühlt sich handlungsunfähig im Angesicht der schlechten Prognose, verfügt er nicht über positives Coping. Er sieht keinen Sinn darin aktiv und kooperativ bei der Therapie mitzuhelfen. Er weiß nicht, wie er die Krankheit bewältigen soll. Auf die vorgeschlagenen medizinisch-pflegerisch-therapeutischen Maßnahmen geht er nicht ein. Er liegt in seinem Krankenbett und ergibt sich ohnmächtig seiner Krankheitssituation. Der Krankheitsverlauf verschlechtert sich rasch.

Ein anderer Patient hat im Laufe seines Lebens einen guten Copingstil entwickelt. Nachdem er die kritische Phase seines Herzinfarktes überstanden hat, setzt er sich aktiv mit seiner neuen eingeschränkten Lebenssituation auseinander. Er entwickelt Möglichkeiten für sich, wie er zukünftig sein Leben diesbezüglich gestalten könnte (Coping-Strategie). Seine Kooperationsbereitschaft gegenüber Pflegepersonal, Ärzten und den speziellen Herzrehabilitationsmaßnahmen ist dementsprechend gut. Da er die Therapie annimmt und sich entsprechend verhält, verbessert sich seine Prognose erheblich. Die rasche Genesung beweist dies.

4.4   Die Kooperationsbereitschaft des Patienten (Compliance)

Als Compliance beziehungsweise Non-compliance wird das Befolgen oder Nicht-Befolgen ärztlicher/pflegerischer Anordnungen im Sinne von medizinkonformen Krankheitsverhalten bezeichnet.

Definition

Durch die Inanspruchnahme medizinischer oder pflegerischer Hilfe wird vom Patienten erwartet, dass er sich den damit verbundenen therapeutischen Maßnahmen (Untersuchungen, Verordnungen für Pflege, Medikamenten) aussetzen und sie bereitwillig befolgen wird. Die relativ selbstverständliche Erwartungshaltung von Ärzten und Pflegepersonal gegenüber dem Patienten, sich den in Verbindung mit seiner Krankheit stehenden Personen anzuvertrauen wird normalerweise vorausgesetzt.

Erwartungshaltung

Der Patient wird nicht danach gefragt, ob er genügend Vertrauen in die Fachkenntnisse und Kompetenz des Pflegepersonals oder der Ärzte besitzt, ob er ihnen zutraut, ihn bestmöglichst zu pflegen und zu heilen. Es wird vom Erkrankten vorausgesetzt, „fachkundigen Spezialisten" einfach zu vertrauen und sich bei der Therapie entsprechend kooperativ zu verhalten. Wenn Patienten kaum über Mitspracherecht verfügen, verwundert es nicht, dass sich schließlich Trotz, Widerstand und ein gewisses Verweigerungsverhalten entwickeln können. Dass sich deshalb häufig Konflikte zwischen Patienten und Ärzten oder Patienten und Pflegepersonal ausbilden, wird nun verständlich.

Der gesamte Verhaltensspielraum des Patienten ist durch eine Vielzahl von Erwartungen, Umständen und Voraussetzungen des medizinischen Apparates und Klinikbetriebes begrenzt. Hinzu kommen die bereits genannten krankheitsbedingten Einschränkungen, wie Bettruhe u. a.

Wichtig

Im Krankenhaus sind es – neben den bereits geschilderten unangenehmen Folgen und persönlichen Grenzverletzungen des Patienten – gerade die krankenhausinternen Umstände, die den Patienten zur Gegenwehr und zu protestartigem Verhalten drängen:

- Die routinierten Arbeitsabläufe auf der Station
- Die damit verbundenen routinemäßigen festen Zeiten (geregelte Besuchszeiten; Sprechzeiten; Visite; Untersuchungszeiten)
- Der Zeitmangel
- Der Personalmangel
- Die schnelle oder mit einer Großzahl von Schwestern/Pflegern und Ärzten stattfindende Visite
- Die medizinische Fachsprache
- Die zahlreichen bedrohlichen, unangenehmen Untersuchungsmethoden
- Die ungenügend geschützte Privatsphäre
- Die unzureichende Intimsphäre; Schamgefühle.

Definition Die Entwicklung von **Non-compliance** beziehungsweise der verweigerten Kooperationsbereitschaft des Patienten verwundert daher nicht. Neben Non-Compliance kann es außerdem zu **Reaktanz** kommen. Unter Reaktanz wird das Bedürfnis verstanden, die verloren gegangene Wahl-Freiheit wieder zu gewinnen und die eigene Kontrolle über das Krankheitsgeschehen wieder zu erlangen.

Durch das unterschiedlichste „Verweigerungsverhalten" aus Trotz, Ärger, Sarkasmus, Kritik u. a. versucht der Patient ein Stück seiner „alten" Wahlmöglichkeiten, Freiheit, Selbstständigkeit und Unabhängigkeit wieder zu gewinnen.

So gesehen gilt der Kranke als kooperativ oder compliant, der den Rat des Arztes bereitwillig und uneingeschränkt befolgt, im Gegensatz zum non-complianten Patienten, der die Anordnungen des Arztes und des Pflegepersonals nicht – oder eben nicht so, wie diese es erwarten – adäquat befolgt. In diesem Sinne verletzt er die Erwartungen und Pflichten, die das medizinische System an ihn richtet (HAUBL in HEIM 1994).

Die Fachbegriffe auf einen Blick **Compliance** = meint die Kooperationsbereitschaft/Bereitschaft eines Patienten zur Zusammenarbeit mit Ärzten und Pflegepersonal.

Coping-Stil = verschiedene allgemeine Verhaltensweisen für den Umgang mit Herausforderungen, die man in der Sozialisation erwirbt.

Coping-Strategie = spezifische Bewältigungsstrategien zum Beispiel für die Umgangsweise mit seiner Krankheit.

Egozentrisches Verhalten = bedeutet die Handlungen/Aussagen anderer Personen überwiegend auf mich selbst zu beziehen; alles um mich herum dreht sich um mich, meint mich (Ichbezogenheit = Egozentrik)

Gegenübertragung = kann als die aktuelle Reaktion einer Person auf die Übertragung eines Menschen verstanden werden, so zu sagen die Annahme der Übertragung. Geht der Pfleger auf das Übertragungsverhalten des Patienten ein, findet Gegenübertragung statt.

Krankheitsbewältigung (**Coping**) = engl. Ausdruck für individuelle Bewältigungsweisen, Bewältigungsmöglichkeiten für den Umgang mit schwierigen Sitationen. Es wird unterschieden zwischen

Krankheitserleben = umfasst die individuelle emotionale Erlebensweise der eigenen Krankheit

Regression = psychologischer Begriff, der das Zurückfallen eines Menschen (hier: Patienten) auf kindliche Verhaltensweisen/kindgemäße Entwicklungsstufen bezeichnet. Man unterscheidet institutionelle, situative und individuelle Regressionsformen.

Übertragung = psychologischer Ausdruck, der das ,,Übertragen'' kindlicher Beziehungs- und Verhaltensmuster auf aktuelle Situationen bezeichnet. Z. B.: Frühkindliche Mutter-Tochter-Beziehung wird übertragen auf Schwester-Patient-Verhältnis

5 Psychologische Grundlagen menschlichen Verhaltens und Erlebens

5.1 Einführung

5.1.1 Was ist Psychologie?

Wichtig

> „Die Lehre von der Seele" ist der ursprüngliche Sinn des Wortes Psychologie. Die Definition setzt sich aus den griechischen Wörtern Psyche = Seele und Logos = die Lehre von (etwas) zusammen. Die moderne Psychologie führt den Begriff der Seele (Psyche) zwar noch in ihrer Definition, versucht ihn jedoch wissenschaftlich zu vermeiden. „Seele" gilt als laienhafter und somit als unwissenschaftlicher Begriff.

Entwicklung der Psychologie

Durch die relative Unerklärbarkeit der Seele, ihre Unergründbarkeit, ist sie eigentlich bis heute nicht wirklich wissenschaftlich fassbar für uns Menschen. Auf diese Weise haftet dem Seelenbegriff immer noch etwas Mystisches, Religiöses oder Romantisches an. In früheren Zeiten wurde versucht, die Seele mit Hilfe der Religion zu erklären: Man kannte die von Gott eingehauchte Seele, wusste um ihrer Unsterblichkeit und von der Seelenwanderung. In den Bereichen der romantischen Literatur und Philosophie sprach man von der feinen, empfindsamen Seele eines Menschen, sah diese als Sitz der Gefühle an und sagte, dass der Mensch ohne Seele tot sei.

Aufgrund der romantisch mystischen Erklärungsversuche ist die Psychologie stets bemüht, als eigenständige Wissenschaft neben bspw. Medizin oder Theologie bestehen zu können. Die philosophisch-religiösen Vorstellungen verändern sich in naturwissenschaftlich-medizinische Anschauungen. Die Psychologie versucht die Seele auf rein wissenschaftliche Weise, d. h. sachlich zu erforschen.

Um als wissenschaftliche Disziplin anerkannt zu werden, orientiert sich die Psychologie an der Naturwissenschaft und deren analytischen Methoden. Seelenheilkunde verwandelt sich einerseits in Medizin: in Neurologie (medizinische Wissenschaft vom Aufbau und der Funktion des Nervensystems) und Psychiatrie (als ein Spezialgebiet der Medizin, das sich mit der Erkennung und Behandlung von seelischen Störungen und Geisteskrankheiten befasst). Schließlich gelang es der Psychologie, sich im 20. Jahrhundert als eigenständiger Wissenschaftszweig zu etablieren.

Die wissenschaftliche Psychologie gliedert sich seitdem in folgende **Hauptrichtungen**:

- Tiefenpsychologie (hierzu gehört die Psychoanalyse)
- Lern- und Verhaltenspsychologie (Behaviorismus oder Kognitive Psychologie)
- Humanistische Psychologie
- Als relativ junges Gebiet gilt die Systemische Psychologie, die sich Ende der 70er Jahre entwickelte.

Wissenschaftliche Psychologie

> Der Schwerpunkt der Psychologie liegt in der Erforschung des individuellen menschlichen Verhaltens und Erlebens.

Wichtig

5.1.2 Menschliches Verhalten und Erleben

Unter **Erleben** versteht man Prozesse wie Emotionen, Stimmungen. Gemeint sind mehr innere, psychische Vorgänge: wie jemand fühlt, erinnert oder denkt (*siehe auch Kapitel 1.2.1*).

Definition

Jeder Mensch hat eine ganz eigene Art, wie er sich selbst, die Welt in der er lebt und andere wahrnimmt/erlebt. Und jeder verhält sich in den unterschiedlichsten Situationen auf ganz individuelle Weise.

Auch **Sinneswahrnehmungen** wie Farben, Gerüche, Töne, Geschmack oder körperliche Reize (Berührung, Schmerz) bestimmen und beeinflussen unser Erleben. Die Körperempfindungen Schmerz, Kälte, Frieren, Schwitzen, Durst oder Hunger sind bei jedem Menschen, insbesondere während einer Krankheit, unterschiedlich stark ausgeprägt. Ein Patient ist sehr kälteempfindlich, der andere nimmt die Kälte im Patientenzimmer nicht so stark wahr wie sein Bettnachbar, der nach einer zweiten Decke verlangt.

Das **Verhalten** eines Menschen bezieht sich auf seine Motorik, Gestik, Mimik und auf physiologische Prozesse, wie Schwitzen, Unruhe, Zittern. Erleben und Verhalten können sich auch ergänzen: zum Beispiel Ekel/Naserümpfen, Freude/Lächeln, Hunger/Magenknurren/Speichelfluss im Mund.

> Das Verhalten ist äußerlich beobachtbar.
> Das Erleben eines Menschen ist ein innerer Prozess.

Wichtig

In diesem kurzen Text lässt sich leicht erkennen, wie komplex und individuell menschliches Verhalten und Erleben sind. Und es drängt sich die Frage auf: Wie kann menschliches Verhalten und Erleben erklärt werden?

5.1.3 Erklärung des menschlichen Verhaltens und Erlebens

Verhaltensursachen

Die Ursache für unser Verhalten wird in zwei Quellen gesehen: In Persönlichkeitsfaktoren und Situativen Reizen. **Persönlichkeitsfaktoren** entstehen durch Erfahrungen, Erbanlagen, Temperament, Charaktertypus, Einstellungen, Interessen, Vorlieben und Neigungen. Zu **Situativen Reizen** gehört alles außerhalb des Individuums. Hierzu zählen Geschehnisse oder bestimmte Gegebenheiten, wie Sozialisation (d. h. wie/wo jemand aufgewachsen ist, welchen Reifeprozess er durchläuft von der Kindheit bis zum Erwachsenenalter), Umweltbedingungen, Klima, Gerüche, Licht, Lärm.

Wirkungen von Reizen

Solche äußeren Reize haben „innere Auswirkungen". Für jemanden, der in der Stadt aufgewachsen ist, ist der Verkehrslärm inzwischen zur Gewohnheit geworden – er nimmt diesen kaum wahr. Ist er dagegen auf dem Land, bemerkt er die Stille. Eine Person, die in ländlicher Umgebung aufgewachsen ist, bekommt möglicherweise Kopfschmerzen und ist gereizt inmitten der Einkaufsstraße einer großen Stadt. In dem Gedränge der Menschenmassen, dem Verkehrschaos und dem Lärm fühlt sie sich unwohl.

Persönlichkeitsfaktoren und/oder situative Reize können innere Regungen wie Ideen, Kreativität, Erinnerungen, Schmerzen, Entscheidungen und Befürchtungen beeinflussen oder steuern. Beide Faktoren bedingen sich auch wechselseitig.

Beispiel: Einflüsse auf das Verhalten

Ein erneuter Krankenhausaufenthalt (= situative Reize: Umgebung/ bevorstehende Operation/Schmerzen) kann bei einem pessimistischen Menschen (= Charaktertypus, schlechte Erfahrungen beim ersten Klinikaufenthalt) Angst auslösen.

Ein Mensch, der zu Aggressionen neigt (= Persönlichkeitsfaktor), kann besonders aggressiv sein, wenn er Lärm ausgesetzt ist (= situativer Reiz). Umgekehrt bewirkt Urlaub (= situativer Reiz) durch die positive innere Haltung und Freude (= persönliche Einstellung) ein hohes Maß an Erholung.

Individuelle Aspekte ⟵⟶	Situativer Kontext
Vorhandene Erfahrungen • gute/schlechte • keine	Ort/Umgebung • Zuhause • Krankenhaus
Charaktertypus • eher ruhig/aufbrausend • eher sensibler Typp/zurück-haltend **Individuelles Verhalten** • eher aggressiv, nervös, reizbar • steht gern im Mittelpunkt • ängstlich/selbstbewusst	Situation • krank/gesund • Schmerzen • Diagnose • Prognose • vor/nach OP Zeitfaktor • über Wochen bettlägrig • erst kurz oder schon seit Wochen in der Klinik Lärm/Ruhe Einzel-/Mehrbettzimmer Kassen-/Privatpatient

Abbildung 6:
Wechselwirkung von individuellen und situativen Aspekten und ihr Einfluss auf menschliches Verhalten

Zwei Beispiele veranschaulichen Abbildung 6

Beispiele: Wechselwirkungen

Eine Patientin hat schlechte Erfahrungen während ihres letzten Krankenhausaufenthalts gemacht. Als sie erneut ins Krankenhaus eingewiesen wird, steht sie den Schwestern und Ärzten misstrauisch gegenüber. Zusätzlich hat sie starke Schmerzen, und die noch ungewisse Prognose nach dem operativen Eingriff belasten sie erheblich. Die gesamte Situation Krankenhaus ist bereits zu Beginn negativ vorbelastet. Als sie erfährt, dass sie in ein Dreibettzimmer verlegt werden soll, ist sie nahe daran am liebsten die Klinik zu verlassen. Da sie von Natur aus sensibel und ängstlich ist, schluckt sie alles hinunter und vertraut sich nicht Schwester Britta an, die ihr eigentlich sehr freundlich vorkommt. Die schlechten Erfahrungen, die individuellen Charaktereigenschaften und die Krankenhaussituation beeinflussen das Verhalten und Erleben der Patientin erheblich.

Herr Meyer ist seit einem Jahr in Abständen regelmäßig zur Chemotherapie auf Station. Mittlerweile ist ihm diese Station „heimisch" geworden; er kennt das freundliche Personal, den Ablauf und die Räumlichkeiten. Obwohl der Patient eher ein nervöser, leicht reizbarer Persönlichkeitstyp ist, haben die zahlreichen Krankenhausaufenthalte und die damit verbundenen Erfahrungen ihn in seinem Verhalten und Erleben nachhaltig positiv beeinflusst.

5.2 Unterschied zwischen Alltagspsychologie (Laienpsychologie) und wissenschaftlicher Psychologie

Die Psychologie unterscheidet grundsätzlich zwischen Alltagspsychologie = Laienpsychologie und wissenschaftlicher Psychologie. Was bedeuten diese Begriffe, worin liegen Gemeinsamkeiten und Unterschiede?

Alltagspsychologisches Wissen

Unser so genanntes alltagspsychologisches Wissen haben wir im Laufe unserer Sozialisation durch Erfahrungen und Situationen im Umgang mit anderen Menschen entwickelt. Wir verfügen dadurch über eine Art **Erfahrungsschatz** im Umgang mit unseren Mitmenschen. Wir sind dazu in der Lage, andere „irgendwie" einzuschätzen und unser Verhalten und Handeln auf sie abzustimmen. Mit Hilfe unseres alltagspsychologischen Wissens können wir unser **tägliches Handeln** und den Umgang mit anderen unbewusst oder gezielt beeinflussen. Wir verfügen über eine Art psychologischen Menschenverstand – ohne uns genauer mit Psychologie auseinander gesetzt zu haben. Diese Laienpsychologie, die wir alle **unbewusst** im Alltag anwenden und nutzen ist äußerst lebenspraktisch. Sie erweist sich als sehr hilfreich im täglichen Umgang miteinander, erleichtert unsere Kommunikation und schützt uns, da wir den anderen und Situationen einzuschätzen vermögen und uns so darauf einstellen können.

Wichtig

> Die Alltagspsychologie ist unsere intuitive Art und Weise wie wir auf andere zugehen oder ihnen aus dem Weg gehen, miteinander umgehen oder uns vor ihnen schützen.

Probleme

Da dieses alltagspsychologische Wissen auf individuell-persönliche Erfahrungen basiert ist es **subjektiv.** Das heißt, wir nehmen die eigene Person, die eigenen Erfahrungen, als Maßstab um andere zu beurteilen. Wir sind nicht objektiv, bauen Vorurteile und Bewertungen ein, ohne den anderen vielleicht näher zu kennen oder ihm (und uns selbst!) eine Chance zu geben, einander offen (vorurteilsfrei) neu zu begegnen. Hierdurch können dann Missverständnisse, Verletzungen und Kommunikationsstörungen entstehen. Wir unterliegen möglicherweise Selbsttäuschungen, da wir dazu tendieren, nur das wahrzunehmen, was wir wahrhaben wollen. Das bedeutet, dass wir allein die eigene Person als Maßstab für unser psychologisches Wissen nehmen.

Wissenschaftliche Psychologie

Die Wissenschaftliche Psychologie stellt an sich den Anspruch der **Objektivität, der Allgemeingültigkeit** und der **Messgenauigkeit**, um Daten und Aussagen objektiv ermitteln zu können. Sie befasst sich auf nicht wertende, sondern objektiv-neutrale und somit auf rein

wissenschaftliche Weise mit dem Menschen. In dieser Auseinandersetzung mit der menschlichen Persönlichkeit soll der Mensch sowohl
in seiner Einzigartigkeit (Individualität) als auch in den Gemeinsamkeiten von Individuen betrachtet und erforscht werden. Mit
letzterem wird der Frage nach Gemeinsamkeiten bei möglichst vielen Menschen nachgegangen beziehungsweise gesucht. Hier soll
dem wissenschaftliche Kriterium der Allgemeingültigkeit entspro-
chen werden: Was lässt sich auf möglichst viele Menschen anwenden
(trifft auf eine große Anzahl von Personen zu) und kann deshalb als
allgemeingültig anerkannt werden?

5.3 Ziele und Methoden der Psychologie

Um objektive, allgemeingültige Aussagen über den Menschen ermitteln zu können, hat die Psychologie bestimmte Methoden und Verfahren entwickelt. Alle dienen dazu, unser menschliches Verhalten
und Erleben zu erklären.

Die Hauptaufgaben der Psychologie verfolgen daher das Ziel,
menschliches Verhalten zu beschreiben, zu erklären, vorherzusagen
und möglicherweise zu verändern oder zu beeinflussen.

> Ziele der Psychologie sind die Beschreibung, Erklärung, Vorher-
> sage und Veränderung/Beeinflussung menschlichen Verhaltens.

Wichtig

Beschreibung: Wie würde ich die Person beschreiben? Was ist
typisch für sie/ihn? Was sind Besonderheiten, Vorlieben, Typisches,
Charakteristisches, individuelle Eigenschaften einer Person.

Verdeutlichung der Aufgaben/Ziele der Psychologie

Erklärung: WARUM verhält eine Person sich auf eine bestimmte Art
und Weise verhält (Ursachen, Gründe).
Wie/warum sich ein Mensch auf eine bestimmte Weise verhält, beeinflusst uns in unserm Tun, Verhalten oder den Konsequenzen bezüglich dieser Person (z. B. Mitleid, Rücksicht, Respekt, Geringschätzung).

Veränderung/Einflussnahme: Wenn ich mich in einer bestimmten
Weise verhalte, kann ich sein/ihr Verhalten positiv/negativ beeinflussen (fördern, hemmen, konstant halten, stören, in eine bestimmte
Richtung lenken). So kann ich ihn/sie gezielt beruhigen, aufregen,
ärgern...

Vorhersage: Wahrscheinlich wird er/sie sich so oder so verhalten.
Ein bestimmtes Verhalten bzw. Verhaltensalternativen sind von der

betreffenden Person zu erwarten. Z. B. reagiert sie eher verständnisvoll; sie wird ärgerlich werden.
Vorteil: Ich kann mich darauf einstellen, z. B. wenn ich weiß, dass die Person bei Kritik eher aufbrausend reagiert

Beispiel: Umsetzung des psychologischen Erkenntnisinteresses

Schwester Andrea arbeitet seit zwei Jahren mit Dr. Rottmann zusammen. Als sie ihn in eine Krankenakte vertieft sieht, denkt sie, dass er immer sehr genau überlegt, was die beste Therapie für einen Patienten sein könnte (→ Beschreibung eines Menschen).

Vor einem Jahr kam es durch eine Medikamentenallergie bei einem Patienten zu einem schweren anaphylaktischen Schock. Seitdem verhält Dr. Rottmann sich penibel und übergenau, wenn es um die Medikamentendosierung seiner Patienten geht (→ Erklärung, warum sich jemand auf eine bestimmte Art verhält).

Da Schwester Andrea um den Unglücksfall weiß und sie sich daraus sein eigensinniges Verhalten bei der medikamentösen Therapie der Patienten erklären kann, begegnet sie ihm mit Verständnis. (→ Ihr Verhalten ist durch die mögliche Erklärung, warum der Arzt sich so verhält, beeinflusst).

Während sie geduldig auf den Therapieplan wartet, sind ihre Kollegen oft ungehalten über Dr. Rottmann. Sie schätzen ihn als unsicher ein, was die Medikation betrifft, und bringen ihm deshalb eine gewisse Geringschätzung entgegen. Während der Zusammenarbeit haben sie sich an diese Eigenschaft ihres Stationsarztes jedoch gewöhnt und können schon vorhersagen, dass der Arzt ziemlich empfindlich reagieren wird, falls sie ihn bitten sich mit der Dosierung der Medikamente nicht so lange aufzuhalten, (→ Vorhersage, wie sich jemand wahrscheinlich verhalten wird).

Bernd, ein Krankenpfleger der Station, hat im Laufe der Zusammenarbeit mit Dr. Rottmann die Erfahrung gemacht, dass es besser ist, ihm Zeit einzuräumen bei der medikamentösen Therapie. Seit Bernd sich darauf eingestellt hat und Dr. Rottmann weiß, dass der Pfleger ihn in Ruhe überlegen lässt, funktioniert die Zusammenarbeit – und der Arzt ist von sich aus bemüht, Bernd entgegenzukommen und so schnell wie möglich die Medikamente festzulegen (→ Veränderung/Einflussnahme; positive Einflussnahme durch Schwester Andrea/Pfleger Bernd → hat zu einer Veränderung des Verhaltens beim Arzt geführt).

Wichtig

> Beschreibung, Erklärung, Vorhersage und Veränderung/Einflussnahme treffen auf Laienpsychologie ebenso zu wie auf die wissenschaftliche Psychologie.

5.4   Wie kann menschliches Verhalten und Erleben wissenschaftlich erfasst werden?

Um die vier Ziele der Psychologie – Beschreibung, Erklärung, Vorhersage und Veränderung/Beeinflussung – zu erreichen, geht es nun um die Fragestellung: Wie kann menschliches Verhalten und Erleben wissenschaftlich erfasst werden?

Wie und mit welchen Möglichkeiten und Methoden kann es gelingen, möglichst objektive, allgemeingültige Daten und Aussagen über menschliches Verhalten und Erleben zu erheben? In der wissenschaftlichen Psychologie gelingt dies mit Hilfe von verschiedenen **Testverfahren, Experimenten und speziellen Untersuchungsverfahren.** Alle Methoden erfassen dabei einerseits die Gemeinsamkeiten und Unterschiede des menschlichen Verhaltens und Erlebens zwischen Menschen, andererseits wird der Schwerpunkt auf den einzelnen Menschen in seiner individuellen Art, seinen persönlichen Veränderungen oder konstanten Erlebens- und Verhaltensweisen, gelegt.

Erhebungsmethoden

Befragung
Gewinnung von persönlichen Daten durch Interviews, Fragebögen, Anamnesen.

Methoden der Wissenschaftlichen Psychologie zum Erfassen menschlichen Verhaltens und Erlebens

Beobachtung
- Selbstbeobachtung/Selbstwahrnehmung
  Eigene Gefühle, Eindrücke, Vorstellungen über mich.
  Wie sehe ich mich oder wie nehme ich mich selbst wahr?
  Kritik: Nicht genügend Distanz zu sich selbst, keine objektiven Aussagen = subjektive Wahrnehmung.
- Fremdbeobachtung/-wahrnehmung
  Wie nehmen andere mich wahr, wie nehme ich andere wahr?
  Kritik: Wenn Menschen wissen, dass sie beobachtet werden, neigen sie dazu sich nicht natürlich zu verhalten.

Experimente
Laborexperiment = Beobachtung unter besonderen/künstlichen Bedingungen
Feldexperiment = Experimente in natürlicher menschlicher Umgebung

Der Rosenthal-Effekt = Wechselseitige Beeinflussung des Versuchsleiters und der Versuchsperson aufeinander und damit auch auf das Experiment. Es kann deshalb zu falschen Ergebnissen kommen.

Längsschnittuntersuchungen
Man erfasst individuelle Veränderungen und Beständiges/Konstantes im Lebenslauf eines Menschen → Erfassung intra-individueller Unterschiede

Querschnittsuntersuchungen
Man erfasst Unterschiede und Gemeinsamkeiten zwischen verschiedenen Personen → Erfassung inter-individueller Unterschiede

Test
Eigentlich eine Sonderform des Experiments. Tests bestehen aus einer Reihe von Reizvorlagen (worauf wir in einer bestimmten Art und Weise reagieren); das können Bilder, Wörter, Fragen, bestimmte Aufgaben sein. Meist werden hiermit bestimmte Fähigkeiten wie zum Beispiel Konzentration oder Geschicklichkeit geprüft.

Unterschiede und Gemeinsamkeiten von menschlichem/individuellem Verhalten und Erleben

Vielen Menschen gemeinsam ist die Angst vor dem Krankenhaus. Viele haben Angst mit Krankheit, Sterben und Tod in Berührung zu kommen. Die meisten Menschen möchten, wenn sie schon in die Klinik gehen müssen, am liebsten ein Einzelzimmer.

Wenn Patienten die Diagnose einer schweren Krankheit erhalten, kann man beobachten, dass es deutliche Unterschiede gibt im Umgang mit einer Erkrankung: Der eine Patient reagiert mit Verzweiflung, glaubt nicht an Heilung und verliert seinen Lebensmut. Eine andere Patientin entschließt sich nach dem ersten Schock über ihren Herzinfarkt, diese Krise als Chance zu begreifen und zukünftig bewusst stressfreier zu leben.

Selbstwahrnehmung, und -beobachtung; Fremdwahrnehmung und -beobachtung

Schwester Anne meint von sich selbst, dass sie sehr einfühlsam und fürsorglich mit Patienten umgehen kann. Ihre Kollegin dagegen hat schon oft beobachten können, wie wenig Schwester Anne die Ressourcen von Patienten erkennt und fördert. Sie neigt dazu, Patienten schnell alles abzunehmen und sie dadurch unselbstständig zu halten.

Beobachtung in der Pflege

Beobachtung und Wahrnehmung sind in der Krankenpflege insbesondere im Bereich der Krankenbeobachtung von Bedeutung. Einerseits fällt hierunter die detaillierte medizinisch-pflegerische Krankenbeobachtung, wie Aussehen (Allgemein- und Ernährungszustand, Vitalfunktionen, Temperatur und ähnliches). Andererseits geht es um die spezielle Beobachtung von Schmerzen, dem Krankheitsverhalten, der psychischen Verfassung, also um mehr psychologische Beobachtung über das Verhalten und Erleben von Patienten. Hierhin gehört das einfühlsame Beobachten und Wahrnehmen von Ängsten (z. B. vor Untersuchungen, OPs), von Sorgen über die Krankheit, Unstimmigkeiten zwischen Mitpatienten oder gegenüber Kollegen.

Im Pflegealltag sollte die Krankenbeobachtung kontinuierlich, aber möglichst unauffällig durchgeführt werden. Patienten fühlen sich schnell verunsichert oder machen sich Sorgen, wenn man sie beobachtet. Neben dem Pflegepersonal führt – unbewusst – auch der Patient selbst an sich Krankenbeobachtung durch. Er kennt sich und seinen Körper am besten! So kann er sehr gut selbst Veränderungen körperlicher oder seelischer Art an sich wahrnehmen.

Die Selbst- und Fremdwahrnehmung ist auch unter Kollegen, im Stationsteam und im Umgang beziehungsweise der Ausbildung von KrankenpflegeschülerInnen wichtig. Psychologisches Wissen kann hier, einfühlsam und kompetent eingesetzt, von Nutzen sein.

Im Schlaflabor sollen die unterschiedlichen Schlafgewohnheiten von Menschen beobachtet werden. Einige Testpersonen müssen schließlich das Experiment abbrechen, da sie unter diesen künstlichen Bedingungen nicht auf natürliche Weise, also wie in ihrem eigenem Bett in ihrer gewohnten Umgebung, einschlafen können.

Labor-/ Feldexperiment

Als eine Gruppe von Wissenschaftlern sich entschließt, die Experimente in der natürlichen Umgebung der Testpersonen durchzuführen, in deren eigenen Schlafzimmern zu Hause, kommt es zum so genannten Rosenthal-Effekt: Die Anwesenheit der Versuchsleiter im Zuhause der Versuchspersonen beeinflusst diese, sich nicht wie gewöhnlich im Privatbereich zu verhalten; die Wissenschaftler mögen sich hier ebenfalls nicht so frei bewegen wie in ihrem Labor (wechselseitige Beeinflussung).

Die Befragung ist wichtiger Bestandteil der Krankenpflege. Die Pflegeanamnese bei der Aufnahme neuer Patienten ist ein solches Beispiel. Persönliche Informationen über einen Menschen werden erfragt. Auch die ärztliche Anamnese ist eine Art „Interview" speziell zur Krankengeschichte des Patienten.

Befragung

5.5 Die Grundrichtungen der Psychologie

Ähnlich, wie die Medizin sich in verschiedene große Gebiete aufteilt und noch weiter in spezielle Fachgebiete unterteilen lässt, muss man sich die unterschiedlichen Bereiche der Psychologie vorstellen. Zunächst gliedert sich die Psychologie in drei große Hauptgebiete auf: Die **Tiefenpsychologie**, die **Lern- und Verhaltenspsychologie** und die **Humanistischen Psychologie**. Diese drei psychologischen Richtungen bilden so zu sagen die Grundpfeiler der Psychologie. Erst Ende der siebziger Jahren kam die **Systemische Psychologie** als weitere Richtung hinzu.

Hauptgebiete

5.5.1 Tiefenpsychologie

Die Tiefenpsychologie, begründet Anfang des 20. Jahrhunderts von Sigmund Freud, befasst sich vorrangig mit dem Unbewussten. Freud versuchte die Seele des Menschen, sein Verhalten und Erleben, durch unbewusste seelische Prozesse in uns Menschen zu erklären. Er vertrat die These, dass Menschen sich aufgrund von Trieben verhalten. Auf Freud geht die wohl bekannteste Therapieform, die Psychoanalyse, zurück. Mit Hilfe von tiefenpsychologischen Verfahren, wie Traumdeutung, Hypnose oder dem Freien Assoziieren soll ein Zugang zu unbewussten seelischen Prozessen (Erfahrungen aus der Kindheit, verborgene Wünsche oder Fantasien) gefunden werden.

5.5.2 Lern- und Verhaltenspsychologie

Die Lern- und Verhaltenspsychologie wird unter dem Oberbegriff Behaviorismus (aus dem englischen behavior = Benehmen, Verhalten) zusammengefasst, sie geht auf die Psychologen Watson und Skinner zurück. Diese Richtung entwickelte sich ab den 1950er Jahren, die kognitiven Ansätze ab etwa 1965. Im Behaviorismus wird davon ausgegangen, dass jedes Verhalten und Erleben gelernt wird. Die Lern- und Verhaltenspsychologie betrachtet den Menschen als eine Art „Reiz-Reaktions-System". Damit ist gemeint, dass wir Menschen auf bestimmte Reize reagieren, also uns aufgrund bestimmter Reize (Geruch, Bilder, Erinnerungen) in einer bestimmten Art und Weise verhalten oder Dinge erleben. Kurz gesagt: Wir lernen etwas und verhalten uns daraufhin in einer bestimmten Weise. Die Lernpsychologie unterscheidet verschiedene **Lernformen**:

Reiz-Reaktions-Lernen

Beim Reiz-Reaktions-Lernen, oben bereits angesprochen, reagieren wir auf einen bestimmten Reiz: Injektion → Schmerz → Angst; eine Folge des Lernens in diesem Fall kann sein, dass ein Patient bereits beim Anblick von Spritzen Angst bekommt.

Lernen kann auch durch **positive oder negative Verstärkung** erfolgen: Wird ein Kind für etwas gelobt oder belohnt, lernt es daraus; wenn es sich wiederholt in einer bestimmten Art und Weise verhält, erfolgt eine Belohnung. Ebenso funktioniert dieser Vorgang im negativen Sinn durch Tadel oder Bestrafung. In beiden Fällen geschieht das Lernen durch positive oder negative Verstärkung und führt dadurch zu einem bestimmten (gelernten) Verhalten. Man könnte auch von negativen/positiven Konsequenzen sprechen: Ein Patient → injiziert kein Insulin → er bekommt eine hyperglykämische Entgleisung: Der Diabetespatient lernt an den negativen Konsequenzen/negativer Verstärkung sich zukünftig genau an regelmäßige Injektionen zu halten.

Eine weitere Lernform ist das Modelllernen. Menschen beobachten ein bestimmtes Verhalten und **imitieren** es. Ein kleines Kind beobachtet, wie seine Eltern mit Besteck essen (Eltern dienen als Modell). Daraufhin probiert das Kind aus, auch mit seinem Löffel zu essen, es macht es den Eltern nach. Es verhält sich wie die Eltern.

Modell-Lernen

Aus der Lern- und Verhaltenspsychologie entwickelten sich entsprechend die Kognitiven (kognitiv = denken) Therapien sowie die reine **Verhaltenstherapie**. Mit Hilfe von Lernprogrammen und der Veränderung bestehender (den Menschen einengenden oder behindernden) Verhaltensmuster sollen Erlebens- und Verhaltensweisen konditioniert (beigebracht, erlernt, verlernt) werden.

5.5.3 Humanistische Psychologie

Die dritte Hauptrichtung der Psychologie ist die Humanistische Psychologie (human/humanistisch im Sinne von: der Menschenwürde entsprechend, menschlich, Streben nach Menschlichkeit). Im Mittelpunkt dieser Psychologie steht der Mensch an sich. Sie versteht den Menschen in einem ganzheitlichen Sinn, in einer Einheit aus Körper, Geist und Seele. Sie vertritt die Ansicht, dass der Mensch weder allein aus unbewussten Trieben oder Wünschen in seinem Verhalten und Erleben bestimmt wird, noch dass jedes menschliche Verhalten letztlich gelernt wird oder eine logische Folge (Reaktion) auf einen vorausgegangenen Reiz ist.

Die Humanistische Psychologie spricht dem Menschen individuelles, selbstbestimmtes, selbstverantwortliches Handeln und Erleben zu. Sie begreift Menschen als aktiv, entscheidungsfähig und handlungsorientiert mit einem angeborenen Streben, sich selbst zu verwirklichen, zu wachsen, Ziele zu verfolgen und Sinn im Leben zu finden.

Aus dieser Psychologie, die sich erst zwischen 1950/60 in den USA entwickelte, gehen als bekannteste die Therapieformen **Gesprächstherapie**, die **Gestalttherapie** und das **Psychodrama** hervor.

5.5.4 Systemische Psychologie

Erst ab Ende der 1970er/Anfang der 1980er Jahre bildeten sich systemische Ansätze aus der Systemtheorie (MATURANA, VALERA 1982) heraus. Diese setzten dem dominant naturwissenschaftlichen Denken ein vernetztes und ganzheitliches Denken entgegen. Es war fraglich geworden, ob die übliche lineare Denkweise, dass alles eine logische Ursache habe und daraus bestimmte Konsequenzen folgen müssen, d. h. dass alles logisch erklärbar und berechenbar sei, noch Gültigkeit besaß. Bisher wurde grundsätzlich davon ausgegangen,

dass das Ursache-Wirkungsprinzip für alles Erklärungen auf „Warum"-Fragen liefern konnte, z. B.: Auf einen Reiz folgt eine Reaktion:
Ich rieche Speisedüfte → das löst Hunger aus
Ein Magen-Darm-Virus → verursacht Übelkeit und Erbrechen
Fettreiches Essen → führt zu Übergewicht
Warum es zu Hunger, zur Magenverstimmung oder zu Übergewicht gekommen ist, kann nach dieser Auffassung immer auf bestimmte Ursachen zurückgeführt werden.

Kritik der üblichen
Denkmuster

Dem setzt das systemische Denken entgegen, dass nicht nur eine logische Ursache etwas auslöst, sondern dass **mehrere Elemente und deren gegenseitige Beeinflussung** untereinander (**Wechselwirkung/ Rückbezüglichkeit**) in Betracht gezogen werden müssen. Vieles könnte zu einem Herzinfarkt geführt haben: Nicht eine spezielle Ursache wie fettreiches Essen, Übergewicht, Rauchen oder Stress allein, sondern mehrere dieser Parameter zusammen und deren wechselseitige-gegenseitige Einflussnahme (fettreiche Nahrung → führt zur Aterienverkalkung, die wiederum das Herzinfarkrisiko erhöht) könnten als Folge einen Herzinfarkt bewirken. Alles wird insgesamt vernetzter gesehen, als Zusammenspiel vieler Elemente, die dynamisch und im prozesshaften Verlauf aufeinander einwirken. Vor diesem Erklärungsmuster wandelt sich das einseitige „warum" in ein vielseitiges „wie": Wie konnte die Krankheit entstehen? Welche Faktoren könnten als mögliche Ursachen zusammengenommen Krebs ausgelöst haben?

Vernetzung

Die Vorstellung, dass viele Dinge dieser Welt in einem komplexen, vernetzten Zusammenhang stehen und auf diese Weise Systeme bedingen, hat sich inzwischen bestätigt. Überall existieren Systeme, die aus vielen Elementen bestehen (Komplexität), die miteinander in Beziehung stehen (Vernetztheit) und so selbstständig aufeinander einwirken (Selbstrückbezüglichkeit). Auf diese Weise können die verschiedensten Systeme unabhängig und selbstständig funktionieren (Selbstorganisation = Autopoesis von griech. autos = selbst und griech. poiein = schaffen) und sich selbst erhalten.

Es bedarf nicht viel Fantasie und Aufmerksamkeit, um plötzlich überall eine Vielzahl von Systemen zu erkennen. Mit Hilfe der systemischen Sichtweise wurde die Vernetzung in zahllosen Bereichen unserer Welt in Form von Systemen entdeckt: Ein Individuum, der menschliche Organismus, Krankheiten (Entstehung/Verläufe), Organsysteme, ein Stationsteam, die Krankenhaushierarchie, die Klinikorganisation, eine Familie, Kommunikation, Mobbing – alles kann auf die Vielseitigkeit von Systemen und deren typische Konzeption aus Komplexität, Vernetztheit, Rückbezüglichkeit, Selbstorganisation und Selbsterhaltung zurückgeführt werden.

Beispiele

Ein Pflegeteam aus Krankenschwestern/Krankenpflegern und Schülern in Zusammenarbeit mit den Ärzten (Stationsärzten/Assistenzärztinnen/Ärzte im Praktikum) bilden gemeinsam das System einer Sta-

tion. Alle Personen des Pflegepersonals, der Ärzteschaft, Kranken-
hausleitung und Patienten sind Teile des Gesamtsystems „Krankenhaus''. Viele weitere Abteilungen mit ihren einzelnen Stationen machen das System eines Klinikums aus. Aber erst in der Vernetzung mit
anderen Bereichen, wie dem Labor- oder Küchensystem ist es schließlich vollständig und funktioniert in gegenseitiger Abstimmung aufeinander als Ganzes. Alle sind miteinander vernetzt und beeinflussen
einander.

Ein anderes vernetztes System ist beispielsweise der menschliche
Körper. Der menschliche Organismus besteht aus Körper, Geist-
und Seele, besitzt aber seinerseits kleinere Organsysteme (Subsysteme): das Herz-Kreislaufsystem oder das Nervensystem, diese wiederum besitzen alle Zellsysteme u.s.f.

Da Systeme hierarchisch organisiert sind, kann man sie – je nach
Ausgangspunkt – abwärts oder aufwärts betrachten und jeweils
kleinere oder nächst größere Subsysteme erkennen:

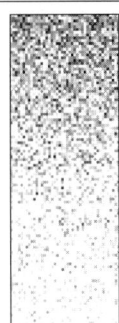

Menschlicher Organismus/Mensch

Organsystem (kleinere und größere)

Organ

Zelle

Zellorganellen

Molekül

Atom

Abbildung 7: Beispiel für Strukturen mit zunehmender Komplexität

Psychosomatik

Für die Systemische Psychologie bilden die Annahmen der Systemtheorie die Grundlage für psychische Betrachtungsweisen über den
Menschen. Psychische Prozesse oder Erkrankungen, menschliches
Verhalten und Erleben können auf viele Faktoren zurückzuführen
sein und zu seelischen und körperlichen Krankheiten führen. Hieraus entwickelte sich schließlich der Zweig der Psychosomatik. Wenn
der Mensch als ein Wesen aus Körper-Geist-Seele verstanden wird,
kann auch den multikausalen/multifaktoriellen Ursachen von
Krankheiten umfassender begegnet werden. In der traditionellen
Schulmedizin standen zu lange nur der Körper, biologische, bio-
chemische Krankheitsauslöser im Zentrum der Betrachtungen von
Therapie und Heilung. Unsere Welt, unsere Probleme und unsere
Krankheiten sind insgesamt komplex(er) und vernetzt(er) geworden.

Aus der Systemischen Psychologie entstanden als **Therapieformen**
die **systemische Familientherapie und Paartherapie.** Die systemische
Familientherapie betrachtet die Vernetzung und gegenseitige Beeinflussung durch Vater, Mutter→ (= System Eltern) in Zusammenhang

mit den Kindern (= System Geschwister) im ganzheitlichen System der Familie. Wird beispielsweise die Mutter, ein Element dieses Systems, krank, so gerät dadurch das gesamte Familiensystem in Veränderung – und die gegenseitige Vernetzung wird deutlich.

Wichtig

> Der Blick der systamischen Psychologie ist nicht mehr nur auf Ursachen, Symptome und deren Folgen gerichtet, sondern darüber hinaus wird nach den gegenseitigen Zusammenhängen untereinander geforscht. Man könnte es auch so ausdrücken: Die Warum-Frage (Warum konnte sich eine Krankheit entwickeln, was ist die Ursache? Antwort: Viren, mangelnde Hygiene) hat sich in ein Forschen nach dem Wie (Wie konnte es zum Krebs kommen, welche Zusammenhänge zwischen Körper und Seele haben hierbei eine gegenseitige Beeinflussung gespielt?) verändert.

5.6 Spezielle Psychologie – Teilbereiche der Psychologie

Die Hauptgebiete der Krankenpflege lassen sich nach den Hauptzweigen, der allgemeinen Grund- und Behandlungspflege in bezug auf die Aktivitäten des täglichen Lebens (ATL) des Patienten, schließlich in spezielle Pflegebereiche aufsplitten. Unter spezieller Pflege/Fachkrankenpflege versteht man eine im praktischen wie theoretischen Wissen erweiterte Pflege zur allgemeinen Grund- und Behandlungspflege (postoperative Pflege, Pflege in der Dialyseabteilung, im OP, auf der Intensivstation).

Aufteilung der Psychologie

Ähnlich verhält es sich in der Psychologie, die sich in zahlreiche Spezialgebiete unterteilen lässt. Neben den vier Richtungen der Psychologie (Tiefenpsychologie, Lern- und Verhaltenspsychologie, Humanistische Psychologie und Systemische Psychologie) existieren weitere Gebiete. Die **Allgemeine Psychologie**, sie umfasst das Basiswissen über Ziele, Aufgaben und Methoden der Psychologie. Sie beinhaltet Grundlagenwissen über menschliches Erleben und Verhalten, Definitionen, Test- und Untersuchungsverfahren. Darüber hinaus gibt es die speziellen Teilgebiete der Psychologie, die sich in Funktions- und Anwendungsbereiche unterteilen lassen.

Funktionsbereiche

Die Funktionsbereiche gehen den Fragen nach, wie etwas „psychologisch funktioniert" oder abläuft: Wie – wieso – warum und wann verhalten Menschen sich in einer bestimmten Art und Weise?

Anwendungsbereiche

In den Anwendungsbereichen der Psychologie geht es schließlich um „praktische Psychologie". Damit ist gemeint, wo spezielles psychologisches Wissen oder psychologische Erkenntnisse angewandt werden: Wo wird – sozusagen – die Theorie in die Praxis umgewandelt? Beispiele für Anwendungsbereiche der Psychologie sind:

* Klinische Psychologie
* Medizinische Psychologie
* Sozialpsychologie
* Pädagogische Psychologie
* Kommunikationspsychologie
* Arbeits- und Organisationspsychologie
* Wirtschaftspsychologie
* Verkaufspsychologie

In diesem Kapitel wurden die vielseitigen Aspekte menschlichen Verhaltens und Erlebens vermittelt. Für die Pflegetätigkeit kann dieses Hintergrundwissen sehr hilfreich sein im Umgang mit kranken Menschen. Es ist wichtig zu wissen, dass Krankheiten, der Prozess des Krankseins, Krankheitssymptome wie Schmerzen oder Fieber, therapeutische und pflegerische Maßnahmen sowie (Neben-) Wirkungen von Medikamenten die Verhaltens- und Erlebensweisen des Patienten stark beeinträchtigen oder verändern können. Viele Menschen „benehmen" sich im Krankheitszustand ganz anders als sonst im alltäglichen Leben. Ebenso spielt das individuelle Krankheitserleben oder die Krankheitsbewältigung eine wichtige Rolle für das Benehmen von Patienten.

Das Pflegepersonal kann durch psychologisches Wissen auf den Patienten positiv einwirken, indem es versucht, sich in die Situation des Kranken hinein zu versetzen, indem es um Ängste hinter Verhaltensauffälligkeiten weiß oder die Hilflosigkeit in der Bewältigung der Krankheitssituation erahnt. Einfühlsames, psychologisch-pädagogisch ausgebildetes Personal kann helfen, den Krankenhausaufenthalt so zu gestalten, dass dem Patienten mit Vertrauen, Verständnis, Geduld und Einfühlungsvermögen begegnet werden kann. Es kann gezielt und sinnvoll auf den Patienten und dessen Genesungsprozess Einfluss genommen werden, wenn eine Pflegekraft weiß, dass Krankheit Verhaltensweisen und das Erleben von Kranken beeinflusst.

Zusammenfassung

5.7 Auswahl spezieller Teildisziplinen der Psychologie für die Krankenpflege – Basiswissen in Stichworten

5.7.1 Entwicklungspsychologie

Definition

> Die Entwicklungspsychologie untersucht die in der Psychologie beschriebenen Bereiche in Abhängigkeit vom individuellen Lebenslauf des Menschen.

Untersuchungsziel

Zeitlich möglichst genaue Beschreibung und Erklärung individueller Entwicklungsverläufe, z. B.
- in der Säuglingszeit/Kindheit
- in der Jugend/Pubertät
- im Erwachsenenalter
- im Seniorenalter

Wichtige Themen

Reifungsphasen und Lernen
- Entwicklung des Denkens (Intelligenz)
- Entwicklung der Persönlichkeit
- Entwicklungsphasen/Entwicklungsstörungen

5.7.2 Persönlichkeitspsychologie (Differenzielle Psychologie)

Definition

> Die Persönlichkeitspsychologie untersucht das Erleben und Verhalten des Menschen vorwiegend unter dem Gesichtspunkt individueller Unterschiede (Differenz).

Beispiele für individuelle Unterschiede
- persönliche Eigenheiten (Individualität eines Menschen)
- verschiedene soziale Herkunft (Sozialisation, Familienherkunft, Wohnsituation, Umwelt, Schule, Bildung, Beruf)
- spezielle Merkmale, z. B. Intelligenz

Anwendung persönlichkeitspsychologischer Ergebnisse
- bei **Eignungsuntersuchungen**
- in der Betriebspsychologie
- in der Schulpsychologie
- in der Verkehrspsychologie

5.7.3 Sozialpsychologie

> Die Sozialpsychologie ist die Wissenschaft vom Erleben und Verhalten von Individuen in ihren sozialen Bezügen, d. h. in ihren Beziehungen zu anderen.

Definition

Die Sozialpsychologie befasst sich demzufolge mit dem Verhalten und Erleben von:

- Individuen (Krankenschwester zu Krankenschwester)
- Gruppen (Krankenschwester zum Stationsteam)
- Kulturen (Krankenschwester im Entwicklungsland bzw. zu ausländischen Patienten)

- Kommunikation
- Sozialisation (Anpassung des Individuums an Normen von Gruppen oder der Gesellschaft)
- Soziale Einstellungen
- Vorurteile und Stereotypen
- Rollenverhalten
- Entstehung von Aggressionen und Konflikten

Wichtige Themen

5.7.4 Klinische Psychologie

> Die Klinische Psychologie ist ein spezielles Teilgebiet der Psychologie, das sich insbesondere auf den Bereich des Krankenhauses, auf Beratungsstellen und psychiatrische Einrichtungen bezieht. Schwerpunkt ist die Diagnostik, bestimmte Untersuchungsverfahren und psychologische Tests zur Beurteilung und Erfassung psychologischer Parameter, z. B. zur Einstufung oder Klassifikation spezieller Krankheitsbilder (klinisch-diagnostisches Gespräch, klinische Testdiagnostik).

Definition

- Erforschung, Diagnostik, Klassifikation spezieller psychiatrischer Krankheitsbilder (Sammelbegriff für Methoden, mit denen eine vergleichende Beurteilung und Beschreibung von psychischen Merkmalen möglich ist)
- Prävention (Vorbeugende Maßnahmen) von Störungen

Wichtige Arbeitsgebiete

- Medizin, medizinische Diagnostik
- Psychosomatik
- Krisenartige Belastungssituation (Operationen, Trauer)
- Verarbeitungsprozesse schwerer und chronischer Erkrankungen
- Alle Bereiche des Sterbens (z. B. Todesangst)

Wichtige Anwendungsbereiche

- (Psychiatrische) Krankenhäuser
- Erziehungs-, Ehe- und Familienberatungsstellen

Wichtige Tätigkeitsbereiche

- Drogenberatungsstellen
- Rehabilitationseinrichtungen

5.7.5 Medizinische Psychologie

Definition

> Dieses Teilgebiet ist die Psychologie für die verschiedenen medizinischen Bereiche; als Psychologie für Mediziner ist sie Prüfungsfach im Medizinstudium.

Wichtige Themen

- Arzt-Patient-Beziehung (psychische Aspekte)
- Arzt- und Patientenrolle
- Psychologische Vorbereitung auf medizinische Maßnahmen und Eingriffe (z. B. bei Narkosen, Operationen, Untersuchungen, die bei Bewusstsein erfolgen)
- Geschulte Gesprächsführung; psychologische Verarbeitungsprozesse von körperlichen Erkrankungen, besonders bei schweren und chronischen Erkrankungen verstehen; Handlungsalternativen und Umgangsweisen mit Patienten erlernen
- Psychologische Aspekte des Todes und des Sterbens (Patienten, Angehörige, Berufsgruppen)
- Schmerzforschung (Diagnostik, Therapie)
- Psychologische Situation im Krankenhaus für Ärzte, für Patienten

5.8 Psychologie in Abgrenzung zu anderen verwandten Wissenschaften – Basiswissen in Stichworten

5.8.1 Soziologie (Gesellschaftslehre)

Definition

> Soziologie ist die Wissenschaft von Gruppen, sozialen Institutionen, Organisationen und deren Beziehungen und Wechselwirkungen untereinander. Sie untersucht Formen, Strukturen, Normen, Regeln von der Kleingruppe bis zu Völkern.

Abgrenzung

- Sozialpsychologie: – geht vom Individuum (nicht von einer Gruppe) aus
  – erfasst, wie dieses auf die Umwelt reagiert

- Soziologie: – geht von der Gruppe (nicht vom einzelnen Menschen) aus
  – untersucht speziell: Gruppenformen (Zweiergruppe, Großgruppe, Kleingruppe) Gruppenstrukturen, Gruppenziele, Normen,

- Soziale Schichtung
- Sozialisation (wie und wo jemand aufgewachsen ist)
- Bevölkerungsstruktur und Bevölkerungsentwicklung

Wichtige Themen

5.8.2 Pädagogik

> Pädagogik ist die Wissenschaft von der Ausbildung und Erziehung des Menschen (Früherziehung, Erwachsenenbildung u. a.) und deren Institutionalisierung (z. B. Kindergärten, Vor-Schulen; Volkshochschulen, Fort- und Weiterbildungsinstitute).

Definition

Ziel der Pädagogik ist die langfristige, kontinuierliche und absichtsvolle Förderung des Menschen in seinem individuellen Verhalten und Erleben. Darüber hinaus die Ausbildung von individueller Reife, Selbstständigkeit, Gewissens- und Moralbildung sowie sozialer Kompetenz, Werten und Normen der Gesellschaft.

Ziele der Pädagogik

Erziehung erfolgt vorrangig durch Eltern und Erzieher. Im Laufe des Lebens werden die erzieherischen Aufgaben von Pädagogen, Lehrern, Ausbildern und den entsprechenden Institutionen im schulischen Bereich (Grundschule und alle folgenden Schulzweige) sowie im außerschulischen Bereich (Kindergarten, Vorschule, Universität, Fort- und Weiterbildungsinstitute, Volkshochschule und andere Bildungseinrichtungen).

Arbeitsgebiete

5.8.3 Psychiatrie

> Psychiatrie ist eine Teildisziplin der Medizin, die sich mit krankhaften geistigen Störungen beschäftigt.

Definition

- Vorwiegend nur auf die physiologische Therapie bezogen, häufig nur auf der körperlichen und eben nicht seelischen Ebene wirkend; neurophysiologische, chemische Behandlung durch medikamentöse Therapien (Psychopharmaka, Neuroleptika)
- Teilweise Nutzung von Verfahren wie Autogenes Training, Hypnose, Verhaltenstherapie

Behandlungsmethoden

5.8.4 Sozialpsychiatrie

> Sozialpsychiatrie bezeichnet den Zusammenhang der komplexen Bedingtheit seelischer Störungen und anderer Faktoren. Zunehmend werden neben biologischen und psychologischen auch soziale Aspekte bei der Entstehung und dem Verlauf psychischer

Definition

> Erkrankungen oder Störungen berücksichtigt. Der Bereich der Sozialpsychiatrie befasst sich mit der systematischen Erforschung dieser Zusammenhänge.

Anwendungsbereiche

- Entwicklung und Anwendung psycho-sozialer Methoden zur Behandlung und Prävention psychischer Krankheiten
- Verbesserung institutioneller Rahmenbedingungen; Einrichtung psychosozialer Dienste, Beratungsstellen, gemeindenahe psychiatrische Einrichtungen, Eingliederungshilfen für psychisch Erkrankte (Reintegrationsmaßnahmen)
- gesellschaftliche Integration statt Stigmatisierung und Ausgrenzung

5.8.5 Psychosomatik

Definition

> Psychosomatik ist eine Teildisziplin der Medizin, die davon ausgeht, dass Körper und Seele/Geist miteinander in Wechselbeziehung stehen und Krankheiten auslösen können.

Typische psychosomatische Krankheitsbilder

- Infektionskrankheiten (z. B. Herpes simplex)
- Störungen des Verdauungstraktes (z. B. Gastritis, Colitis ulcerosa)
- Herz- und Kreislauferkrankungen (z. B. Herzphobie, Herzinfarkt)
- Atemerkrankungen (z. B. Asthma)
- psychosomatische Störungen (z. B. Magengeschwür, Bandscheibenvorfall, Schulter-Nacken-Verspannungen, Neurodermitis, Migräne, Hypertonie u. a.)

5.8.6 Psychotherapie

Definition

> Wörtlich bedeutet Psychotherapie „Behandlung der Seele". Sie stellt einen Sammelbegriff für die Vielzahl von psychologisch-therapeutischen Methoden und Richtungen dar, die zur Heilung von seelischen Störungen angewandt werden.
> Therapie erfolgt über einen längeren Zeitraum in Form von so genannten Therapiesitzungen. Es wird unterschieden zwischen Einzel- und Gruppentherapie.

Therapieverfahren

- Tiefenpsychologische Therapieverfahren: Psychoanalyse, Bioenergetik, Transaktionsanalyse
- Verhaltenstherapeutische Verfahren: Verhaltenstherapie; lerntheoretisch fundierte Methoden, z. B. Desensibilisierung und Angstbewältigung, Trainings
- Kognitive Verfahren: Modelllernen; Rational-Emotive Therapie

- Humanistische Verfahren: Gesprächstherapie, Gestalttherapie, Psychodrama
- Systemische Verfahren: Familien- und Paartherapie

5.8.7 Psychohygiene

Psychohygiene ist so zu sagen „Seelischer Gesundheitsschutz". Ähnlich wichtig wie Hygiene für die Erhaltung körperlicher Gesundheit ist, verfolgt Psychohygiene das Ziel seelische Gesundheit zu schützen und zu stärken. Dies geschieht insbesondere durch den zwischenmenschlichen Austausch von Ärger, Problemen, Wut oder Trauer durch die Kommunikation mit anderen Menschen (Nachbarn, Kollegen, Freunden).

Definition

6   Motive und Bedürfnisse

6.1   Motivationspsychologie – was Menschen zum Handeln bewegt

Gegenstandsbereich

Ein Teilgebiet der Psychologie stellt die Motivationspsychologie dar. Sie befasst sich mit der Erforschung und Erklärung des zielgerichteten menschlichen Verhaltens. Es geht um die Beweggründe, das Wozu und Warum, das Menschen veranlasst bestimmte Dinge zu tun/ zu lassen – oder welche Ziele sie damit verfolgen.

6.1.1 Motiv und Motivation

Definition

Menschen nehmen **Motive** als physiologische oder psychologische **Bedürfnisse** wahr, es besteht ein Defizit von etwas (Hunger, Liebe, Sicherheit) und sie wünschen einen Ausgleich dieses Mangels (Essen/ satt sein; Zuwendung; materielle Sicherheit durch Geld). Wird schließlich wieder ein Gleichgewicht erreicht, dann ist das Bedürfnis befriedigt.

Definition

Motivation bezeichnet den **Prozess** oder Handlungsvorgang von der Wahrnehmung eines Bedürfnisses (durstig sein) bis zu dessen Befriedigung (Durst gelöscht). Hierzu zählen beispielsweise Überlegungen wie, sich etwas zu trinken zu kaufen, alle Handlungen um einen Kaffee zuzubereiten, die Wahl des Getränks oder der Entschluss vielleicht in ein Café zu gehen.

Bei der folgenden Wortliste handelt es sich um Beweggründe für menschliches Verhalten. Irgendetwas gibt uns Grund, Anstoß oder Antrieb, um bestimmte Dinge zu tun. So kann Durst die Veranlassung dazu sein, etwas zu trinken; Müdigkeit weckt in uns den Wunsch nach Schlaf.

Synonyme Begriffe

Alle diese Wörter können synonym für „Motiv" stehen: Anlass – Anstoß – Grund – Ursache – Veranlassung – Antrieb – Ansporn – Wille – Leitgedanke – Drang – Interesse – Wunsch

6.1.2 Motivkonflikt und Motivverschiebung

In dem dargestellten Beispiel kann es zum so genannten **Motivkon-** **flikt** kommen. Ein Motivkonflikt liegt vor, wenn jemand sich nicht entscheiden kann zu Hause schnell einen Kaffee zu trinken und dabei für seine Prüfung zu lernen, oder sich möglicherweise lieber eine Pause gestattet und in Ruhe einen Milchkaffee in seinem Lieblingscafé gönnt. Beide Alternativen haben ihre Vorteile – und die Person gerät in einen Motivkonflikt.

Definition

Zur **Motivverschiebung** kommt es, wenn ein ursprüngliches Motiv oder Bedürfnis nicht befriedigt werden kann. Hierzu ein Beispiel: Frau Müller bekommt im Alltag kaum Aufmerksamkeit, Liebe und Zeit von Ihren Enkeln geschenkt, sobald aber ihre „Omi" krank ist, sind sie zur Stelle. So wird Frau Müller immer häufiger krank und wird schließlich ins Krankenhaus eingeliefert. Sie ist darüber aber nicht unglücklich, da auf diese Weise nun ihre Bedürfnisse gestillt werden. Die Enkel kommen beinahe täglich zu Besuch und nehmen sich viel Zeit für ihre kranke Großmutter.

6.1.3 Wie entsteht Motivation?

Motive und die damit einhergehende Motivation sind für Menschen nicht sichtbar. Dennoch wissen wir, dass sie existieren und Menschen zielgerichtet und absichtsvoll handeln, um ihre Bedürfnisse zu befriedigen. Man unterscheidet zwischen intrinsischer und extrinsischer Motivation, zwischen der Stoß- und Zugtheorie.

Intrinsische Motivation bedeutet soviel wie „innerlich dazu angestoßen" werden etwas zu tun. Dieser innere Anstoß, hervorgerufen durch innerpsychische oder physiologische Vorgänge, wird auch als **Stoßtheorie** bezeichnet. Jemand kann innerlich zum Essen angetrieben werden, weil er Hunger hat. Bei der Einladung in ein thailändisches Restaurant war es mehr der Spaß und das Interesse am Neuen, was ihn zum Essen bewegte.

Intrinsische Motivation

Extrinsische Motivation dagegen meint zielgerichtetes Verhalten aufgrund äußerer Reize, die die persönliche Motivation stärken: Eine Stelle als Stationsschwester ist mit mehr Ansehen und Gehalt verbunden. Diese Vorstellungen treiben Schwester Britta erheblich dazu an, den Lehrgang für leitende Stationsschwestern zu absolvieren, sie wird von dieser Idee angezogen. Entsprechend besagt die **Zugtheorie**, dass Menschen dazu angezogen werden können, Dinge zu tun.

Extrinsische Motivation

Manche der Beweggründe, warum Menschen etwas bestimmtes tun, sind jedoch unbewusst. Wir versprechen uns, wir vergessen eigentlich wichtige Dinge und wir träumen unsere Wünsche oder Befürchtungen. Hierhinter verstecken sich unbewusste Motive, die wir

Unbewusste Motive –
Unbewusste Motivation

möglicherweise zu unterdrücken versuchen oder die sich in der Realität nicht verwirklichen lassen.

Beispiele: Motivation

Als Schwester Gabi vor ihrer Kollegin nicht zugeben mag, dass sie manchmal einfach große Lust hat, dem arroganten Stationsarzt ihre Meinung zu sagen, verspricht sie sich „anscheinend" und sagt statt dessen, dass sie großen Frust hat, dem Arzt ihre Meinung zu sagen.

Pfleger Ole hat zum Frühdienst wieder keine Brötchen mitgebracht, er hat sie einfach vergessen. Der eigentliche Beweggrund seines Verhaltens liegt vielleicht in seiner Enttäuschung darüber, dass er sich immer um frische Brötchen gekümmert hat und es für seine Kollegen zur Selbstverständlichkeit geworden ist.

Immer häufiger träumt Schwester Inge nachts, dass sie unverzeihliche Fehler während ihres Dienstes auf Station macht. Einmal werden Medikamente aus dem Betäubungsmittelschrank vermisst, ein anderes mal ist sie unfähig bei einem Notfall entsprechend zu helfen. Vielleicht mag sie sich nicht eingestehen, dass sie sich langsam der Arbeit im Krankenhaus nicht mehr gewachsen fühlt und sich nicht zutraut, in Rente zu gehen.

6.2 Menschliche Bedürfnisse – die Bedürfnishierarchie

Der Psychologe MASLOW entwickelte 1954 die Idee von einer Bedürfnispyramide. Hiernach existieren fünf Kategorien von Bedürfnissen, die je nach existenzieller Wichtigkeit hierarchisch angeordnet sind. Erst wenn grundlegende, lebenswichtige Bedürfnisse des Menschen zumindest teilweise befriedigt sind, entsteht der Wunsch die nächsthöheren Motive zu erfüllen. Menschen erreichen selten einen Zustand der Zufriedenheit im Sinne einer totalen Bedürfnisbefriedigung: sobald ein bisher angestrebter Wunsch befriedigt ist, entsteht bereits ein neues Bedürfnis. Aber selbst gesetzt dem Fall, dass auch dies erfüllt ist, wird der Mensch erneut etwas als Ziel anstreben wollen.

Die primären bzw. Grundbedürfnisse – Biologische und physiologische Bedürfnisse des Menschen

Auf der untersten Ebene der Bedürfnispyramide stehen an erster Stelle die primären Bedürfnisse Sie sind biologisch-physiologisch determiniert und dienen der Lebenserhaltung des Menschen. Aus ihnen entwickeln sich Hunger, Durst, Schlaf, Schmerzfreiheit, Bedürfnis nach Sauerstoff zum Atmen.

Die sekundären Bedürfnisse – Soziale Grundbedürfnisse – Das Bedürfnis nach Sicherheit

Sind die lebenswichtigen Bedürfnisse gestillt, entstehen ab der zweiten Ebene der Pyramide sekundäre Bedürfnisse, die nicht an rein biologische Mangelzustände gebunden sind und im Laufe der Sozialisation eines Menschen erlernt und erfahren (und damit befürchtet werden). Im Vordergrund steht hier das Motiv der grundsätzlichen Sicherheit des Menschen: körperliche Unversehrtheit, Schutz vor Kälte und Hitze, wirtschaftlich-materielle Sicherheit, Sicherheit im Wohnen/Zuhause.

An dritter Stelle steht das soziale Bedürfnis nach Liebe und Geborgenheit, Anerkennung und Freundschaft. Hier stehen Beziehungen und der Kontakt zu anderen Menschen im Vordergrund (und die Befürchtung vor Einsamkeit, Alleinsein, Isolation).

Höhere soziale Bedürfnisse – Das Bedürfnis nach Anerkennung und Wertschätzung

Sind die Bedürfnisse nach sozialer Sicherheit erfüllt, folgen Wünsche nach sozialer Anerkennung und Wertschätzung, wie Selbstwert, Selbstbewusstsein, Streben nach Leistung, Wissen, Kompetenz, Anerkennung und Wertschätzung durch andere Menschen, sowie der Gesellschaft, in der ein Mensch lebt.

Primäre und sekundäre Bedürfnisse werden auch als **Defizitbedürfnisse** bezeichnet; sobald diese Wünsche nicht oder ungenügend erfüllt sind, empfinden Menschen Mangelzustände; insbesondere psychische Störungen können sich hieraus entwickeln.

Wachstumsbedürfnisse – Das Streben nach Selbstverwirklichung an der Hierarchiespitze der Bedürfnisse steht schließlich der Wunsch nach Selbstverwirklichung (privat, beruflich, Kreativität, Ausschöpfen der individuellen Fähigkeiten und Möglichkeiten, Spaß und Erfüllung), der als **Überfluss- oder Wachstumsmotiv** bezeichnet wird.

Wachstumsbedürfnisse – Das Streben nach Selbstverwirklichung

V. Bedürfnis nach Selbstverwirklichung Wunsch nach individuellem Wachstum (privat; beruflich); Kreativität, Spaß, Erfüllung	↑ **Wachstums-** **motiv**
IV. Höhere Soziale Bedürfnisse Wertschätzung (von sich selbst und anderen); Anerkennung erlangen durch: Lernen, Wissen, Kompetenz	
III. Soziale-Psychologische Grundbedürfnisse Liebe, Geborgenheit, Anerkennung, Kontakt, Freundschaften, Beziehungen	
II. Bedürfnis nach Sicherheit **Mangelzustände, die im Laufe des Lebens kennen gelernt wurden** Schutz vor Kälte, Hitze; Schmerzfreiheit, körperliche Unversehrtheit; auch materielle-wirtschaftliche Sicherheit	**Sekundäre** **Bedürfnisse**
I. Biologisch-Physiologische Bedürfnisse Hunger, Durst, Schlaf, Sauerstoff	**Primäre** **Bedürfnisse**

Abbildung 8: Hierarchie der menschlichen Bedürfnisse

6.3   Bedürfnisse im Krankenhaus

Die primären und sekundären Bedürfnisse existieren – in unterschiedlicher individueller Ausprägung – bei allen Menschen. Die Hierarchie der Bedürfnisse lässt sich außerdem auf bestimmte Bereiche oder Personengruppen übertragen und entsprechend verändern. Werden diese auf den Bereich Krankenhaus, Krankenpflege und damit auf das Pflegepersonal und den Patienten angewandt, könnte es so aussehen, wie in *Abbildung 9 auf Seite 85* wiedergegeben:

Die Gegenüberstellung macht die Unterschiedlichkeit derselben Motive, beispielsweise anhand der physiologischen Grundbedürfnisse, bei Pflegepersonal und Patienten recht deutlich. Ein entscheidendes Kriterium sind hierbei Gesundheit und Krankheit. Wer krank ist, hat natürlicherweise ganz andere Bedürfnisse als jemand, der gesund ist.

6.3.1 Patientenbedürfnisse

Krankheitsphase

Beim Patienten geht es akut um die Befriedigung und Erfüllung seiner primären Bedürfnisse, da diese erheblich durch die Krankheit bedroht sein können: Nahrungsaufnahme, Trinken, Atmen von Sauerstoff oder das Schlafbedürfnis können durch zahlreiche Erkrankungen massiv beeinträchtigt sein. Da sie physiologisch-biologisch lebensnotwendig sind, treten die – meist bei Gesundheit vorherrschenden höheren Bedürfnisse – zeitweilig für die Schwere, Art und Dauer einer Krankheit in den Hintergrund. Jetzt sind einzig und allein die primären Bedürfnisse von Belang. Was nützen materielle Sicherheit oder Selbstverwirklichung, wenn jemand Hunger hat, kaum Luft bekommt, körperlich schwer krank ist?

Rekonvaleszenz

Je besser es dem Patienten geht und je mehr er sich seiner Gesundung nähert, verändern sich (wieder) seine Bedürfnisse. Sind die primären Bedürfnisse nicht mehr akut und dauerhaft bedroht, ist eine gewisse Schmerzfreiheit (durch Medikamente) und körperliche Unversehrtheit (Versorgung von Wunden/Verletzungen) gewährleistet, dann entstehen sehr schnell wieder Wünsche auf der nächsten Stufe der Bedürfnishierarchie. Beispielsweise ist der Patient nun wieder offen für Kontakt und Späße zu Mitpatienten und Pflegepersonen. Er hat das Bedürfnis versorgt zu werden, über seine Krankheit Bescheid zu wissen, und entwickelt die Motivation zu lernen mit seiner Krankheit und der Situation im Krankenhaus umzugehen. Er möchte schließlich nicht mehr nur als der schwerkranke Krebspatient behandelt werden, sondern als Herr Meyer und als Mensch wertgeschätzt.

Bedürfnisse des Patienten	Bedürfnis-hierarchie	Bedürfnisse von Krankenschwester/-pfleger
Sich auch mit den Folgen der Krankheit weiterhin positiv entwickeln; sich neu orientieren; kreativer Umgang mit der Krankheit	Selbstverwirklichung	Berufliches Interesse sich fortzubilden; durch Lehrgänge Aufstiegsmöglichkeiten (Stationsleitung; Fachschwester/-pfleger für Anästhesie/ Intensivpflege
Sich auch mit körperlichen Leiden und Gebrechen selbst wertschätzen und von anderen anerkannt werden wollen	Höhere soziale Bedürfnisse (Wertschätzung/ Anerkennung)	Durch qualifizierte Pflege und durch die Berufsrolle Wertschätzung und Anerkennung von Kollegen und Patienten wünschen
Kontakt; Beziehung zum Pflegepersonal und anderen Patienten; Besucher Geborgenheit/versorgt werden durch Pflegepersonal; Zuwendung	Soziale-Psychologische Grundbedürfnisse (Liebe, Kontakt)	Kontakt zu Kollegen, Patienten und Ärzten; gutes Arbeitsverhältnis im Stationsteam
Körperliche Unversehrtheit Durch Wundversorgung, qualifizierte Pflege; materielle Sicherheit während der Krankheit durch Krankenkasse; Rehamaßnahmen	Bedürfnis nach Sicherheit	Materielle wirtschaftliche Sicherheit durch feste Anstellung; gesichertes Einkommen, Rentenversicherung
Bedürfnisbefriedigung der Grundbedürfnisse: Essen, Trinken, Luft, Schmerzreduzierung, Ruhe, Schlaf	Biologisch-Physiologische Grundbedürfnisse (Hunger, Sauerstoff)	grundsätzliches Bedürfnis nach geregelter Dienst- und Freizeit; Erholungsphasen zwischen den Schichten zum Regenerieren. Pausen zum Essen, Trinken

Abbildung 9: Bedürfnisse im Krankenhaus

Die unterschiedlichen Stufen der Bedürfnisse eines Patienten sind für die Krankenpflege sehr hilfreich und nützlich. Sie lassen klar erkennen, was im Moment vorrangig wichtig für den jeweiligen Patienten ist und ermöglichen es innerhalb der unterschiedlichen Pflegesituationen so genannte Pflegebedürfnisse des Patienten abzuleiten. Bei Asthmapatienten ist das lebensbedrohliche primäre Bedürfnis zu atmen und Sauerstoff zu erhalten existenziell wichtig; die Gabe einer Sauerstoffmaske ist hierbei die resultierende Pflegemaßnahme. Sobald der Kranke Luft erhält, lässt sich die Erleichterung und Dankbarkeit über die Pflegemaßnahme (und damit der Bedürfnisbefriedigung) in der einsetzenden körperlichen und seelischen Beruhigung des Patienten leicht erkennen.

Ebenso wie der Patient die Befriedigung verschiedenster Motive anstrebt, hat auch das Pflegepersonal berufliche und individuelle Bedürfnisse und sucht ebenfalls nach deren Zufrieden stellung.

6.3.2 Bedürfnisse des Pflegepersonals

Wie oben an der Situation des Patienten dargestellt, sollen nun die physiologisch-biologischen Grundbedürfnisse des Pflegepersonals erläutert werden. Obwohl es sich um dieselben primären Bedürfnisse wie beim Patienten handelt, sind diese weniger stark ausgeprägt und mehr im Hintergrund. Da die Krankenschwester nicht krank ist, ihre lebenserhaltenden Bedürfnisse erfüllt sind, liegen ihre Motive eher auf höheren Ebenen. Im Vergleich zum Patienten möchte sie auf der untersten Stufe der Bedürfnishierarchie Pausen zum Essen/Trinken, Ausruhen vom Laufen und Arbeiten auf Station, Austausch mit Kollegen. Sie benötigt eine Erholungs- und Schlafenszeit zwischen ihren Schichtdiensten/Nachtdiensten um sich psychophysisch regenerieren zu können. Je nachdem auf welcher Ebene die Krankenschwester verstärkt Defizite oder ein Mangelbedürfnis empfindet, sucht sie nach Befriedigung.

**Beispiel:
Mangelbedürfnis**

Schwester Jutta fühlt sich kompetent in ihren pflegerischen Aufgabenbereich, sie erhält aufgrund ihrer qualifizierten Pflege bei Patienten und Kollegen gleichermaßen Anerkennung und Wertschätzung. Dennoch fühlt sie sich in ihrer Tätigkeit nicht befriedigt. Sie hat immer mehr das Bedürfnis, sich mehr selbst zu verwirklichen und ist motiviert, das Modell der ganzheitlichen Krankenpflege auf ihrer Station zu verwirklichen. Sie interessiert sich für Weiterbildungen in diesem Bereich und strebt es darüber hinaus an, endlich den Stationsschwesterlehrgang zu absolvieren. Wenn sie beides schafft, steigen ihre Chancen sich selbst und ihre Pläne von ganzheitlicher Pflege zu verwirklichen.

6.4 Attribution: „Warum"-Fragen des Menschen

6.4.1 Das menschliche Bedürfnis nach Antworten und Erklärungen

Neben den Defizit- und Wachstumsbedürfnissen existiert ein menschliches Bedürfnis nach Erklärungen auf „Warum-Fragen". Insbesondere bei negativen, traurigen und schmerzvollen Ereignissen, wie unerwartete Krankheiten, plötzlicher Tod, Trennungen, Abschied oder Streit suchen Menschen nach Antworten auf das Warum (why-me?): „Warum" konnte das passieren und warum musste das gerade mir geschehen? Welcher Sinn steckt dahinter? Gibt es eine Erklärung für diesen Schicksalsschlag?

Gerade Patienten stellen sich Fragen, wie:
* Warum muss gerade ich sterben?
* Weshalb habe ausgerechnet ich Krebs?
* Wieso habe ich so schlechte Heilungsprognosen?
* Warum trifft es mich?

Die Antworten oder Erklärungen für solche Fragen nach den Gründen gehören in das Forschungsgebiet der Attributionstheorien. Alle möglichen Gedanken – die Suche nach Antworten auf diese Fragen, werden als Attributionsprozesse bezeichnet.

> Attribution ist Teil der Laienpsychologie. Die Tendenz, Geschehnisse auf zugrunde liegende Ursachen zurück zu führen, verhilft dazu „wieder Ordnung und Sicherheit" ins Leben zu bringen, dass beispielsweise durch Krankheit ins Ungleichgewicht geraten ist. Bekommen Ereignisse, wie Krankheiten, Sterben und Krisen eine (für die Person akzeptable) sinnhafte Erklärung, hat sie das Gefühl die ungewohnte Situation wieder kontrollieren zu können.

Wichtig

6.4.2 Ursachenvielfalt, Patientenverhalten und Attribution

Die Wissenschaft unterscheidet folgende Bestimmungsgrößen:

* Die Ursache liegt in der Person selbst (intern) oder in der Umwelt extern)
  Beispiel: Der Patient sucht nach einem Verkehrsunfall bei sich nach Gründen, denn er ist alkoholisiert gefahren und musste bereits einmal den Führerschein für längere Zeit abgeben (intern).

Der Patient sucht den Grund beim anderen Autofahrer, der den Unfall verursacht hat (extern).

- Die Ursache ist veränderbar (variabel) oder unveränderbar (stabil)
  Beispiel: Bei einem Patienten stellt sich Altersdiabetes ein. Die Therapie erfolgt mit Hilfe von Insulintabletten. Der Patient hatte sich ein Leben lang ungesund ernährt und der Diabetes ist ein unveränderbare (stabile) Folge seines Verhaltens. Bei einer anderen Patientin mit Herzinfarkt liegen die Ursachen in ihrem stressigen Beruf. Sie stellt sich die Frage, ob an der Ursache (Arbeit) zukünftig etwas verändert werden kann (Veränderbarkeit) und sie auf diese Weise einen weiteren Infarkt verhindern könnte.

- Die Ursache kann grundsätzlich kontrolliert werden (Möglichkeiten der Beeinflussung) oder ist nicht kontrollierbar (nicht beeinflussbar)
  Beispiel: Bei Nina wird juveniler Diabetes festgestellt. Insulinmangel ist die Ursache. Diese kann beeinflusst werden, indem Insulin injiziert wird, die Ernährungsgewohnheiten entsprechend umgestellt werden und die Patientin lernt selbstständig mit der Erkrankung umzugehen, wie Blutzuckerschwankungen/Ausgleich einzuschätzen. Bei bestimmten Erkrankungen liegen jedoch beispielsweise genetische Defekte vor, sodass die Ursache nicht beeinflussbar ist (z. B. Morbus Down).

Bei allen Erklärungsmöglichkeiten kann es Überschneidungen geben. Entscheidend ist grundsätzlich die Betroffenheit des Patienten. Denn Attribution zieht je nach Ursachenzuschreibung bestimmte Verhaltenskonsequenzen nach sich.

Darüber hinaus wird durch die Einstellung des Patienten, d. h. (wie er der Ursache gegenübersteht) der Heilungsprozess maßgeblich beeinflusst. Die aktive, kooperative Bereitschaft (Compliance) des Patienten spielt bei der Genesung, für Rehabilitationsmaßnahmen sowie für die zukünftige Einstellung zur Krankheitsverhütung bzw. Gesundheitserhaltung eine wesentliche Rolle. Sieht ein Patient keine Möglichkeit, etwas an der Krankheitssituation zu verändern, dann wird seine Mithilfe während der Therapie eher passiv, vielleicht sogar ablehnend sein. Zeigt er keine Einsicht, zur Krankheit beigetragen zu haben (Rauchen, fettreiches Essen, Schlaf- und Bewegungsmangel) oder sucht er die Gründe in externen Erklärungen (Arbeitsbedingungen, Umwelt, andere haben „Schuld"), dann verhält er sich dementsprechend (raucht/trinkt weiter, gefährdet möglicherweise seine Gesundheit weiterhin).

Individuelle Unterschiede Attributionsprozesse verlaufen individuell. Dieselbe Krankheit, ein ähnliches Schicksal kann von zwei Menschen ganz unterschiedlich attribuiert werden. Der eine neigt dazu aufzugeben und zu verzweifeln, für den anderen bedeutet es „jetzt erst recht" etwas zu verändern und zu handeln. Auch **Schuldzuschreibung** und Heilung können hierbei in einem engen Zusammenhang stehen: Gibt sich jemand selbst oder anderen die Schuld an seiner Situation? Ist er selbst verantwortlich oder macht er andere verantwortlich?

Darüber hinaus steht Attribution immer im Bezug zum **Selbstwertgefühl**. Sucht jemand (passende) Gründe, die sein Selbstbild und seinen Selbstwert nähren? Welche Erklärungen passen in sein Selbstbild? Wählt er bestimmte Attributionen, um sich zu schützen? Gibt jemand äußeren **Gründen** (externe Attribution) die Schuld für sein Schicksal, um sein Selbstwertgefühl aufrecht zu (er)halten? Glaubt er, die Ursachen sind unveränderbar, unbeeinflussbar, um bestimmte Verhaltenskonsequenzen zu vermeiden (mit dem Rauchen aufhören)?

So verschieden die Attributionen sind, wie individuell Menschen auch attribuieren – es beeinträchtigt ihr Gesundheits- und Krankheitsverhalten. Das eigene Verhalten und die persönliche Einstellung haben Einfluss auf Gesundheit und Krankheit. Folgende Fragen sollen diesbezüglich zum Nachdenken anregen:

Anregung zur Selbstreflexion

- Glaube ich, dass ich wieder gesund werden kann?
- Sehe ich die Krankheit als Strafe?
- Fasse ich die Krankheit als Chance zur Veränderung auf?
- Fühle ich mich der Krankheit ausgeliefert?
- Habe ich das Gefühl, dass ich etwas zum Heilungsprozess beitragen kann?
- Liegt es auch in meiner (Selbst-)Verantwortung, wieder gesund werden zu wollen?
- Habe ich einen Widerwillen gegen die Therapiemethode?
- Kann ich meine Krankheit besser annehmen, weil ich selbst Schuld bin?
- Kann ich meine Krankheit einfach nicht akzeptieren, weil meine Krankheit ohne mein eigenes Verschulden verursacht ist?

Motivation
R. K. Sprenger: Das Prinzip Selbstverantwortung. Wege zur Motivation, Campus

Attribution
C. Simmton/X. Simmton: Wieder gesund werden, Rowohlt (TB)
B. Siegel: Prognose Hoffnung, Econ (TB)
R. Verres: Die Kunst zu Leben, Piper (TB)
L. Hay: Gesundheit für Körper und Seele, Heyne (TB)

Buchtipps

7   Wahrnehmung und Wirklichkeit – psychologische Aspekte

Der Schwerpunkt der Psychologie liegt in der Beschäftigung mit dem menschlichen Verhalten und Erleben (*siehe Kapitel 5*). Im Laufe des individuellen Lebens wird beides durch eine Vielzahl von Faktoren beeinflusst und geprägt. So hat jeder Mensch (s)eine individuelle Art und Weise wie er sich selbst, die Welt in der er lebt und andere Menschen wahrnimmt oder mit diesen in Kontakt tritt.

Die hieraus resultierenden (positiven/negativen) Erfahrungen und die von der Person abhängigen Erlebnisse prägen einen Menschen auch darin, wie er sich schließlich ein ganz eigenes Bild von der Realität macht. Jeder Mensch hat seine Welt-Sicht, seine „individuelle Brille" mit der er die Welt in der er lebt wahrnimmt/sieht. Hierbei ist es wichtig zu wissen, dass jeder Mensch davon ausgeht, dass genau seine Sicht der Welt der Realität entspricht – und diese auch von allen anderen Menschen so gesehen und mit ihm geteilt wird.

Die Art, wie Menschen ihre Welt wahrnehmen, steht in engem Zusammenhang damit, wie sie sich ein Bild von der Wirklichkeit machen. Lange Zeit ist die Wissenschaft davon ausgegangen, dass es nur eine objektive Realität gibt, die für alle Menschen gleich ist. Gemeint ist, dass alle Menschen dieselbe Realität empfinden und alle ein eindeutiges Abbild von der Welt miteinander teilen.

Bei der Auseinandersetzung mit den Fragen, wie es zur Entwicklung und Bildung von Wirklichkeit beim Menschen kommt, wie unterschiedliche/mehrere Personen die Wirklichkeit auf ganz verschiedene Weise wahrnehmen können, gelangte die Wissenschaft schließlich zu der Erkenntnis, dass es **keine objektive Wirklichkeit** gibt. Damit ist gemeint, dass jeder die Welt auf seine Weise wahrnimmt, seine individuelle Welt-Sicht hat; und dies auf einzigartige Weise und genau stimmig für den jeweiligen Menschen.

Die bisherige Auffassung, dass Menschen durch Wahrnehmen, Beobachten und Erleben ein objektives Abbild der Realität konstruieren wurde in Frage gestellt. Da es **keine Wahrnehmung unabhängig vom jeweiligen Beobachter** geben kann, kann es folglich auch keine wertfreie und objektive, sondern nur eine subjektive, individuell bewertete Wirklichkeit geben. Das wiederum heißt: Wenn unsere Wirklichkeit etwas „Subjektives" ist, so kann es entsprechend viele verschiedene Wirklichkeiten geben. Wir kennen die unterschiedlich geprägte Weltsicht von Optimisten und Pessimisten (der einen Welt, in der beide leben!): Für den Optimisten ist das Glas noch halb voll – für den Pessimisten ist dasselbe Glas schon fast leer.

Die Wirklichkeit ist also eine individuelle Konstruktion dessen, was Menschen als solche ansehen. Sie gestalten diese durch Eindrücke, Erfahrungen oder Beobachtungen, die in ihre Erfahrungswelt hineinpasst und integriert werden können. Deshalb können menschliche Sichtweisen nie objektiv, wahr oder richtig sein. Sondern sie sind viabel, das heißt, jeweils der individuellen Wirklichkeit angepasst und für den betreffenden Menschen wirklich wahr! Die Erkenntnis, wie wirklich die Wirklichkeit ist oder dass die Wahrheit jedes einzelnen Individuums eine Wahrheit für sich bedeutet – hatte bereits PICASSO, indem er es so ausdrückte: Wenn es nur eine Wahrheit (Wirklichkeit) gäbe, könnte man nicht hundert Bilder über dasselbe Thema malen.

Erst durch Abstimmung mit den Bildern anderer Menschen kann eine gewisse objektive Realität entstehen. Diese gegenseitige Abstimmung erfolgt durch Kommunikation, Kontakt, Erfahrungs- und Erlebensaustausch der Menschen untereinander.

7.1   Wahrnehmungspsychologie und Wahrnehmung

Der Frage, wie Individuen sich selbst und ihre Umwelt erleben und damit wahrnehmen, beschäftigt die Wahrnehmungspsychologie. Einerseits versucht diese zu erforschen und zu erklären, wie der Wahrnehmungsvorgang des Menschen biologisch-physiologisch abläuft oder wie sich Wahrnehmungsfehler entwickeln. Andererseits untersucht man dabei die psychischen und sozialen Faktoren, welche die menschliche Wahrnehmung maßgeblich beeinflussen: Welche subjektiven Empfindungen oder Einstellungen spielen bei der Wahrnehmung eine wichtige Rolle?

Definition

Wahrnehmung lässt sich definieren als ein bio-psycho-sozialer Vorgang, durch den der Mensch Informationen aus seiner Umwelt (äußere Wahrnehmung) und aus seiner emotional-psychischen Welt (innere Wahrnehmung, Gefühlswelt) erhält und sich daraus seine individuelle Wirklichkeit gestaltet (Welt-Sicht).

Wahrnehmung wird grundsätzlich unterschieden in äußere und innere Wahrnehmung. **Äußere Wahrnehmung** bezieht sich auf die Erforschung, wie Reize über die Sinnesorgane wahrgenommen und verarbeitet werden:

Äußere und Innere Wahrnehmung

Aus der Umwelt kommende biologisch-physikalisch-chemische Reize werden als **Sinnesreize** über die Rezeptoren des entsprechenden Sinnesorgans (Auge) wahrgenommen und dem adäquaten Zentrum (z. B. Sehzentrum) im **Gehirn** zugeleitet. Hier erfolgt die bewusste Wahrnehmung mit dem Ziel, eine entsprechende **Reaktion** im Organismus/beim Individuum auszulösen: Ein neuer visueller Reiz (Bild) aus der Umwelt kann z. B. als zu dunkel bewirken, dass sich die Pupillen umstellen und den Lichtverhältnissen anpassen; die folgende kognitive Verarbeitung führt zu dem Impuls, Licht anschalten; es resultiert als motorische Reaktion der Griff zum Lichtschalter.

Im Zentralen Nervensystem werden die angekommenen Reize zu Sinneseindrücken, zu subjektiven Empfindungen verarbeitet. Es können Gefühle wie Freude oder Abwehr entstehen. Hierzu gehört auch die innere Wahrnehmung, welche die subjektiven Empfindungen der Menschen, wie Hunger, Schlaf, Durst ausmacht. Die subjektive Wahrnehmung wird darüber hinaus stark von persönlichen Einstellungen, Erfahrungen oder Vor-Urteilen beeinflusst. Jeder Mensch hat sein eigenes Ab-Bild der Wirklichkeit und nimmt seine Sichtweise der Welt als Grundlage seiner individuellen Wahrnehmung. Durch das Zusammenspiel mehrerer Reize, das Zusammenwirken aller Sinneskanäle und der individuellen Empfindungen der subjektiven Wahrnehmung erfolgt schließlich eine ganzheitliche Wahrnehmung.

Bedeutung für die Pflege | **Innere** und **äußere Wahrnehmung** sind für die Krankenpflege von erheblicher Bedeutung. Bei der äußeren Wahrnehmung spielt die genaue **Patientenanamnese** und **Krankenbeobachtung** eine wichtige Rolle. Bereits in der Anamnese des Patienten wird gezielt auf die Funktion der Sinnesorgane eingegangen. Es wird nach Sehstörungen (Nah- oder Fernsichtigkeit; eingeschränktem Sehvermögen bis Blindheit), nach Brille oder Kontaktlinsen sowie nach Hörstörungen (Schwerhörigkeit, Taubheit) und Hörgerät gefragt. Die Geschmackssinne finden weniger Berücksichtigung und werden nur bei der Kostauswahl oder diätetischen Maßnahmen (z. B. Abneigung gegen bestimmte Speisen, Allergien gegen Milcheiweiß oder aus religiösen Gründen) erkundet. Der Geruchssinn findet Beachtung. Der kinästhetische Wahrnehmungsbereich ist aufgrund von medizinisch-neurologischen Parametern von Bedeutung (neurologische Wahrnehmungsstörungen aufgrund von Unfällen, Knochenbrüchen oder Wirbelsäulenschäden). Wahrnehmungsstörungen können außerdem auf neurologisch-psychiatrische Erkrankungen (M. Parkinson, Multiple Sklerose, Bewusstseinsstörungen, Sinnestäuschungen, Halluzianationen zurückgeführt werden. Darüber hinaus können Medikamentennebenwirkungen und Suchtmittelmissbrauch wahrnehmungsverändernde Wirkungen haben.

Die **innere Wahrnehmung** ist wichtig für das Verhalten und Erleben des Patienten (*siehe auch Kapitel 4*). Von grundlegender Bedeutung sind die Linderung oder Bedürfnisbefriedigung wie beispielsweise bei Schmerzen die Schmerzbekämpfung. Diese existenziellen Grundbedürfnisse schränken die Wahrnehmung erheblich ein. Die menschlichen Bedürfnisse nach Trost, Zuwendung, Zuhören und Akzeptanz der eigenen Person sind gerade durch die Situation des Krankseins, des Patientenstatus, des Abhängigkeitsverhältnisses zum Pflegepersonal und Ärzten stark ausgeprägt.

Individuelle Einstellungen und Vorurteile können bei der menschlichen Wahrnehmung zu so genannten Wahrnehmungsfehlern führen. Darüber hinaus sind **Stimmungen** wie Ängste, Depression, Freude, Zuversicht oder Pessimismus für die Zeit der Krankheit, Genesung und den Verlauf der Therapie entscheidend.

Wahrnehmungsfehler

Vorurteile gegenüber Ärzten (Halbgötter oder Kurpfuscher), Pflegepersonal oder bestimmten Krankheiten bzw. Patientengruppen (Krebskranke, Geschlechtskrankheiten, Aids, Alkoholikern, psychiatrisch Erkrankten werden schnell mit einem Stempel versehen) führen zu einer eingeschränkten Wahrnehmungsbereitschaft. Hierdurch kommt es oftmals zu zwischenmenschlichen Problemen innerhalb des Krankenhauses; sie stellen für den Pflegeberuf eine enorme Herausforderung dar.

7.2 Grundwissen Sinnesorgane

Aus unserer Umwelt treffen Unmengen von Sinnesreizen und Informationen auf unsere Sinnesorgane und unser Gehirn ein. Jedoch verfügen die menschlichen Sinnesorgane nur über eine beschränkte Aufnahmekapazität an Reizen pro Sekunde und vermögen deshalb nicht alle Reize zu verarbeiten. Beispielsweise kann das Ohr nur innerhalb bestimmter Frequenzbereiche (20 Hz – 20 kHz) Schallwellen aufnehmen oder das Auge nur innerhalb bestimmter Wellenlängen sensibel auf Licht/Bilder pro Sekunde (30-50 Sinnesreize/Sekunde) reagieren – diese Bereiche nennt man **Wahrnehmungsschwellen**. So sind adäquate, das heißt dem menschlichen sensiblen System entsprechende, bestimmte Reizinformationen notwendig um unseren Wahrnehmungsorganen zugänglich sein zu können.

Reizaufnahme

Aufgrund der Fülle von Reizen, dem begrenztem Fassungsvermögen und den Wahrnehmungschwellen ist es nicht möglich, dass jeder ankommende Reiz auch verarbeitet wird. Durch das Zusammenspiel von Sinneszellen, Sinnesorganen und den entsprechenden Zentren im Gehirn mit nachfolgender Reaktion existieren „Entlastungsmassnahmen" für die Reizaufnahme und deren Verarbeitung. Man könnte es auch so ausdrücken, dass der menschliche Organismus seine Wahrnehmung organisiert. Mit Hilfe der nachfolgend dargestellten Auswahl an Beispielen soll verständlich werden, wie die Wahrnehmung organisiert wird.

7.2.1 Organisationsprinzipien der menschlichen Wahrnehmung

Reizgruppierung und Reizmuster

Unser Gehirn ist dazu in der Lage aus einzelnen bekannten Reizen schließlich Gemeinsamkeiten wahrzunehmen, diese zu übergeordneten Reizgruppen zusammenzufassen und hieraus ein Reizmuster zu entwickeln:

- Vorgang: Einzelner Reiz → wird wieder erkannt → wird einer Reizgruppe zugeordnet → übergeordnetes Reizmuster wird entwickelt
- Beispiel: Klang → wird mit bereits bekannten und stimmigen Klängen verglichen und hierdurch wieder erkannt → wird entsprechenden ähnlich klingenden Reizgruppe zugeordnet → Folge von Klängen/Lied wird als Ganzes gehört.

Das Gruppieren von Sinnesreizen und die Bildung von Reizmustern kennen wir aus zahlreichen Alltags- und Lebenserfahrungen. Klänge werden zu Musik (Singen, ein Musikinstrument „beherrschen"), einzelne Wörter werden zu Sätzen zusammengefasst (Sprechen, Lesen und Schreiben lernen), die Vielzahl von schnell aufeinander folgenden einzelnen Punkten lässt uns Bilder erkennen und schließlich Filme sehen (**Reizverschmelzung**). Durch Wiederholung, Übung und Routine erkennt man z. B. beim Erwerb der Schriftsprache immer einfacher und schneller einzelne Buchstaben, die zu Wörtern und Sätzen geformt werden. Zusätzlich haben wir zu dem Wort „Stuhl" ein entsprechendes Abbild im Kopf. Wir sehen einen Stuhl als Bild in unserer geistigen Vorstellung, nicht die einzelnen Buchstaben des Wortes „Stuhl".

Reizadaption

Adaption bedeutet soviel wie Anpassungsvermögen. In der Wahrnehmungspsychologie spricht man von Reizadaption, wenn ähnliche Reize über einen längeren Zeitraum andauern und sich dadurch die Sensibilität der Sinneszellen vermindert.

Beispiele hierfür wären, dass wir nach einer gewissen Zeit in der Dunkelheit wieder Umrisse sehen und erkennen können. Unsere Augen haben sich an die anhaltende Dunkelheit adaptiert. Irgendwann nehmen wir die Dunkelheit nicht mehr als solche wahr, sondern „gewöhnen" uns an die veränderten Lichtverhältnisse. So hören wir nach einer gewissen Zeit den Straßenlärm nicht mehr, wir nehmen die Gerüche im Krankenhaus (Desinfektionsmittel) im Gegensatz zum Patienten kaum noch wahr.

Die Wahrnehmung einzelner Reize kann überlagert oder maskiert werden. Wenn parallel Reize auftreten, dominiert meist ein Reiz den anderen. Sehr dominant sind Gerüche in bestimmten Geschäften, wie bei Tee- und Kaffeeläden, Parfumerien oder in Imbissbuden. Hier werden alle anderen Reize (Gerüche) überdeckt. Im medizinischen Bereich geschieht dies häufig durch Desinfektionsmittel oder Äthergeruch (Klinik, Zahnarztpraxis). Mit Hilfe von Gewürzen wird der Eigengeschmack einzelner Nahrungsmittel maskiert. Viele unangenehm schmeckende Medikamente werden durch Zugabe von anderen Geschmacksstoffen maskiert: Halslutschtabletten werden mit Lemongeschmack versetzt, die frühere Grippeschluckimpfung wurde mit Zucker geschmacklich überlagert.

Reizmaskierung

Mit Hilfe der Organisationsprinzipien der Wahrnehmung besitzen wir die Fähigkeit, z. B. im visuellen Bereich Bilder verschiedenster Art zu ganzen Gestalten zu bilden. Wir ordnen uns das was wir sehen zu einem passenden Ganzen. So neigen wir dazu, Gestalten zu schließen oder zu ergänzen. Ist beispielsweise ein Kreis nicht rund und geschlossen, dann ist etwas für uns nicht „stimmig". Im Laufe des Lebens hat unser Gehirn eine unvorstellbare Menge an Bildern aus den Reizen der Umwelt gespeichert. Ankommende Wahrnehmungen werden auf diese Weise erkannt, verglichen oder/und ergänzt. Wir unterscheiden auch zwischen Figur (Gestalt) und Hintergrund. Meist nehmen wir Objekte vor einem Hintergrund wahr. Die schwarze Schrift dieses Buches nehmen Sie vor dem hellem Hintergrund des Papiers wahr (**Figur-Grund-Prinzip**) .

Gestaltbildung

Das Figur-Grund-Prinzip trifft darüber hinaus auch für den Bereich der akustischen Wahrnehmung zu. Wir können uns auf einer Party mit jemanden unterhalten (Gestalt), obwohl es sehr laut ist (Hintergrund). Menschen verfügen über die Tendenz, den Dingen einen Sinn geben zu wollen. Deshalb müssen Gestalten gut und sinnvoll geformt sein, um in ihre innere Wahrnehmung zu passen. Unstimmigkeiten und unmögliche Gestalten führen zu Wahrnehmungsirritationen. Gelingt das nicht, dann „kippt" die Wahrnehmung. Bekannt ist dieses Phänomen aus so genannten optischen Täuschungen und Kippfiguren, die sich von zwei Seiten betrachten lassen. Hier ist die menschliche Wahrnehmung überfordert.

An dieser Stelle wird deutlich, dass Wahrnehmung eine Art Orientierungshilfe in unserem Leben darstellt. Durch gespeicherte Abbilder der Wirklichkeit wird beispielsweise unser alltägliches Routinehandeln erheblich erleichtert. Wenn die Räume und Abmessungen unserer Wohnung oder der Platz täglicher Gebrauchsgegenstände im Gehirn gespeichert sind, dann können wir uns „blind" durch die Wohnung „tasten" oder brauchen nicht mehr lange nachzudenken, wo die Zahnbürste liegt.

Wichtig

7.2.2 Wahrnehmungsverarbeitung

Durch die Organisationsprinzipien der menschlichen Wahrnehmung Reizgruppierung, Reizmuster, Adaption, Maskierung und den Grundlagen der Gestaltbildung sowie der eingeschränkten Auffassungsgabe (Reize/Sekunde) und den Wahrnehmungsschwellen adäquater Reize der menschlichen Sinnesorgane wird bereits eine erhebliche Filterung der eingehenden Reizmengen erreicht.

Darüber hinaus werden Wahrnehmungsvorgänge erleichtert und verkürzt, um eine Entlastung des Gehirns und einen Schutz vor Reizüberflutung zu erreichen. Gerade in unserer heutigen hektischen, schnelllebigen, sich ständig verändernden Zeit voller Reizüberflutungen (Werbung in TV, Radio und Zeitschriften; Lärmpegel, Straßenverkehr, Stress, Umweltreize) ist es für das Gehirn des Menschen enorm wichtig, ein relativ konstantes Weltbild aufrecht erhalten zu können. Die Vereinfachung der Wahrnehmungsvorgänge und die Abgleichung/das Wieder erkennen von Bekanntem (Reizmustern, Abbildern der Weltsicht) erweist sich als außerordentlich wichtig für die Orientierung des Menschen in seiner Umwelt.

7.2.3 Der erste Eindruck – wie Menschen einander wahrnehmen

Vor- und Nachteile des ersten Eindrucks

Irgendwann treffen einander fremde Menschen das erste mal aufeinander. Die ersten Sekunden dieser Begegnung vermitteln einen unmittelbaren Eindruck, den sie sich von einander machen. Innerhalb kürzester Zeit nehmen wir Eigenschaften wie die äußere Erscheinung, Kleidung, Haltung, Stimme, Gestik und Mimik – also vor allem nonverbale Signale – wahr. Während des Erstkontaktes nimmt man unbewusst beiläufig auch die individuellen Eigenarten, bestimmte Reaktionen oder Verhaltensweisen des anderen wahr, „registriert" charakterliche Merkmale wie Humor, Freundlichkeit, Aggressivität oder Sensibilität. Da dieses schnell entworfene Gesamtbild über einen fremden Menschen innerhalb von Augenblicken geschieht, über die bewusste Wahrnehmung hinausgeht und mehr intuitiv abläuft, kommt es sehr oft zu Fehleinschätzungen. Es wird deshalb auch von „der Problematik des ersten Eindrucks" gesprochen. Einerseits haben die Informationen und Eindrücke, die man zuerst erhält einen prägenden und damit stabilen Einfluss auf die nachfolgende Meinungsbildung und ist somit nur schwer zu korrigieren.

Beispiel: Ersteindruck

Schwester Cornelia erlebt Frau Wehner erstmals, als diese mit Verdacht auf Herzinfarkt auf die Intensivstation eingeliefert wird. Sie nimmt die Patientin als ängstlich, kränklich und ungehalten wahr. Nach einigen Tagen, als sie die Patientin während einer Verordnung so zu sagen auf den zweiten Blick und nicht in der akuten Notfallsituation betreut, stellt sie überrascht fest, dass Frau Wehner „ganz anders" ist, nämlich eine selbstbewusste und freundliche Person.

Andererseits ist bei der ersten Begegnung immer der situative Kontext von Bedeutung. In welcher Situation und wo treffen zwei Menschen sich? Erlebe ich den Stationsarzt nach dem Nachtdienst bei der Visite müde und ungeduldig gegenüber der Schülerin, die zu ersten Mal die Visite begleitet, oder nehme ich ihn freundlich und offen wahr, als ein Schüler ihm bei einer Punktion eines Patienten assistiert?

Zusammenhänge der Situation

> Wir sollten das (einmal) beobachtete Verhalten eines Menschen in einer bestimmten Lage nicht ohne weiteres auf andere Momente übertragen und es dadurch generalisieren.

Wichtig

Eine weitere Fehleinschätzung geschieht durch Verallgemeinerungen von Verhaltensweisen und Charaktereigenschaften. Nur allzu oft neigt man dazu, einen fremden Menschen, der einer bereits bekannten Person ähnelt, mit dieser zu vergleichen und Rückschlüsse zu ziehen (...der erinnert mich an/...die ist genauso wie...). Darüber hinaus existieren Verallgemeinerungen gegenüber bestimmten Gruppen, wodurch man dazu neigt, den Einzelnen nicht mehr in seiner Individualität wahrzunehmen *(siehe auch Kapitel 10.1.4: Stigma, Vorurteile)*.

Verallgemeinerungen

Verallgemeinerungen können sein: Krankenschwestern sind liebe, hilfsbereite, fleißige und naive Personen. Ärzte sind Halbgötter in weiß. Alkoholkranke Patienten – da ist einer wie der andere. Stationsleitungen kann man alle über einen Kamm scheren. Geriatrische Patienten sind immer pflegeintensiv.

Beispiele für Verallgemeinerungen

7.3 Wahrnehmungsfehler

Die menschliche Wahrnehmung unterliegt einer Vielzahl von beeinflussenden Aspekten. Noch einmal kurz zusammengefasst setzt sich die Wahrnehmung aus äußerer, innerer und sozialer Wahrnehmung zusammen. Im Bereich der äußeren Wahrnehmung kann es durch Störungen der Sinnesorgane zu einem fehlerhaften Wahrnehmungsprozess kommen. Liegt eine Augenerkrankung oder auch nur eine Sehstörung vor, so ist der gesamte Wahrnehmungsvorgang beeinträchtigt, und Wahrnehmungsfehler können auftreten. Im Abschnitt über die innere Wahrnehmung wurde deutlich, dass Stimmungen, Gefühle oder Bedürfnisse einen erheblichen Einfluss auf das Verhalten und Erleben ausüben und dadurch die Wahrnehmung beeinflussen. Durch ein momentan vorherrschendes Durstgefühl ist die

Wahrnehmung darauf fokussiert, dieses Bedürfnis rasch zu befriedigen, alles andere wird unwichtig – die Wahrnehmung ist stark eingeschränkt.

Die Anteile sozialer und psychischer Aspekte bei Wahrnehmungsvorgängen gehören wiederum in den Bereich der sozialen Wahrnehmung. Hier ging es darum, wie man Personen, Prozesse, Situationen, Gruppen oder auch Institutionen wahrnimmt. Der individuelle Erfahrungsschatz ist dabei entscheidend: Wie ist jemand aufgewachsen? Was hat einen Menschen und die damit verbundenen Erfahrungen geprägt? Wie wirken sich diese sozialisationsbedingten Aspekte auf die persönliche Wahrnehmung aus?

Wichtig

> Es wird deutlich, dass die Wahrnehmung eng an die Person des Wahrnehmenden gebunden ist. Menschen nehmen auf ganz individuelle Weise wahr. Neben den stark subjektiven Anteile der Wahrnehmungsbildung sind also intraindividuelle und auch situative Einflüsse von Bedeutung. Bei dieser Fülle von mitbestimmenden und beeinflussenden Faktoren bei allen Wahrnehmungsprozessen kann es schnell zu Wahrnehmungsverzerrungen und Wahrnehmungsfehlern kommen.

Die Wahrnehmungspsychologie spricht von drei typischen Vorgängen, die zu Wahrnehmungsfehlern führen können:
- Auswahl (Selektion)
- Subjektive und situative Einflüsse
- Ergänzung und Strukturierung

Auswahl/Selektion

Die psychisch-sozialen Anteile bei Wahrnehmungsvorgängen spiegeln sich in bestimmten Selektionskriterien wider. So neigen Menschen dazu, eher das wahrzunehmen, was sie gerne wahrnehmen möchten, was gut in ihr Weltbild und in ihre Vorstellungen von oder über etwas oder jemanden passt. Hierzu ergänzend nehmen sie auch gerne wahr, was sie schon immer, also aus Gewohnheit wahrgenommen haben, und sind deshalb oft in ihrer Wahrnehmung eingeschränkt und unflexibel (**individuell-habituelle Auswahl**).

Subjektive und situative Einflüsse

Je nachdem in welcher Stimmung Menschen sich vorrangig befinden, werden Situationen verzerrt wahrgenommen. Die „Weltsicht" einer Person wird erheblich dadurch beeinträchtigt, durch welche Brille man die Welt sieht: Bin ich verliebt, optimistisch, glücklich, empfinde ich meine Umwelt und Mitmenschen überwiegend freundlich. Fühle ich mich niedergeschlagen, habe ich Ärger auf Station, dann macht mir meine Arbeit keinen Spass und ich empfinde die Patienten sehr pflegeintensiv (**subjektiver und situativer Wahrnehmungseinfluss**).

Motivation, Interesse und Bedürfnisse steuern unsere subjektive und situative Wahrnehmung erheblich. Bin ich motiviert und interessiert, gute Pflege zu leisten, werde ich aufmerksam Pflegefehler vermeiden oder an Verbesserungen interessiert sein. Habe ich das Bedürfnis in einem fairen Stationsteam zu arbeiten, nehme ich sehr aufmerksam wahr, wie die Kollegen mit einander umgehen, sich unterstützen und kooperativ zusammen arbeiten.

Die Wahrnehmungsergänzung dient dazu, unsere Wahrnehmung zu vervollständigen. Bei der Übergabe wird über eine neue Patientin gesprochen. Pfleger Gunter hört „nur", dass es sich um eine ältere, übergewichtige und gehbehinderte Frau handelt. Aufgrund dieser wenigen Angaben denkt er sich, dass sie wahrscheinlich bettlägerig, unbeweglich und folglich dekubitusgefährdet ist. Er zieht daraus den Schluss, dass diese Patientin bestimmt pflegeaufwändig ist, dass sie sicherlich auf Diät gesetzt werden wird. Hierbei handelt es sich allein um Ergänzungen zu wenigen Erstinformationen. Und obwohl er die neue Patientin noch nie gesehen hat, neigt er dazu sich bereits ein ganzes Bild von ihrer Person zu machen, die vorhandenen Informationen zu einem stimmigen Ganzen zu strukturieren *(vergleiche hierzu Seite 95: Gestaltbildung)*.

Ergänzung und Strukturierung

Im folgendem Abschnitt sollen die häufigsten Wahrnehmungsfehler dargestellt werden. Es sind:
- Sympathie und Antipathiefehler
- Körperausdruck und Persönlichkeit
- Halo-Effekt
- Kontrastfehler
- Logische Fehler

Wenn Menschen einander begegnen und die Sekunden des ersten Eindrucks eine unmittelbare Empfindung hinterlassen, dann entscheiden sie bereits, ob sie den anderen sympathisch oder unsympathisch finden. Häufig tragen auch nachfolgende Begegnungen unterstützend zu dieser Entscheidung bei. Manchmal finden wir jemanden auf Anhieb sympathisch. Wir entwickeln eine positive und offene Haltung, verzeihen Fehler, sehen Dinge nach – einfach weil wir jemanden mögen.

Sympathie- und Antipathiefehler

Bei der **Wahrnehmung** uns **unsympathischer Mitmenschen** sind wir unverhältnismäßig kritisch und geneigt, ihnen bereits in einer negativen Haltung gegenüber zu treten. Typisch menschliche Verhaltensweisen wie Lachen, unpünktlich sein oder einen Fehler machen interpretieren wir eher als „Wie der schon lacht; natürlich ist der unpünktlich – das passt zu ihm; der kann aber auch gar nichts." Positive Seiten werden teilweise gar nicht wahrgenommen, denn sie liefern keine direkte Bestätigung für die (angebliche) Antipathie.

Bei **Personen, die wir mögen**, würde dasselbe Verhalten dagegen die Gedanken „Da lacht ja Klaus, den mag ich; ach, der kommt immer

ein bisschen unpünktlich – Fehler macht doch jeder von uns" auslösen. Durch Sympathie und Antipathie wird die Wahrnehmung auf
subjektive Weise „gefiltert". Dieser Filter beeinträchtigt uns in der
Wahrnehmung im weiterem Umgang mit anderen. Manchmal sind
wir erstaunt, dass jemand, den wir anfangs gar nicht mochten,
später unser Freund wird, oder ein angeblich unsympathischer Kollege sich als sehr freundlich und hilfsbereit erweist, kurz: dass wir
unsere Wahrnehmung korrigieren müssen.

Körperausdruck und Persönlichkeit

Nehmen wir Menschen wahr, achten wir unbewusst auf die äußere
körperliche Erscheinung (groß, klein, dünn, alt, Frisur, Bart, Brille,
Kleidung), auf Gestik (Handbewegungen) und Mimik (Gesichtsausdruck, Zornesfalten, Stirnrunzeln, Lächeln, Augen). Die Körper-
sprache – die den nonverbalen Anteil der menschlichen Kommunikation ausmacht – vermittelt uns ohne Worte z. B., ob ein Mensch
krank ist, sich müde fühlt, Kopf-, Bauch- oder Zahnschmerzen hat.
Vom körperlichen Ausdruck eines Menschen ziehen wir Schlüsse auf
seine Persönlichkeit.

Übung

Stellen Sie sich zwei Menschen/Patienten vor, den einen mit aufrech-
ter Körperhaltung, den anderen mit krummem Rücken und hängen-
den, nach vorn gezogenen Schultern. Wie unterschiedlich wirken
beide auf Sie? Was schließen Sie von der Haltung auf die Persönlichkeit? Inwieweit ist es tatsächlich möglich, den körperlichen Ausdruck
eines Menschen (richtig) zu deuten und ihn nicht auf eine falsche
Weise wahrzunehmen?

Besonders bei fremden Menschen kann es zu Wahrnehmungsfehlern
kommen. Für Pflegepersonal ist es wichtig zu wissen, dass der
Körperausdruck des Patienten **durch Krankheit oder Schmerzen
verändert** ist. Teilweise macht die Medizin und Pflege sich dies zu
Nutze, denn körperliche Anzeichen liefern Krankheitssymptome
oder diagnostische Parameter: Schonhaltung bei Magenschmerzen,
Hinken bei Verstauchungen, Schwitzen bei Fieber u. a.

Halo-Effekt

Bei diesem Wahrnehmungsfehler geht es um eine **hervorstechende
(individuelle) Persönlichkeitseigenschaft**, beispielsweise eine schrille
laute Stimme, Ängstlichkeit, Selbstbewusstsein, Optimismus. Auch
Dinge, die Teil einer Person sind – ein Gehstock, dicke Brillengläser,
der Rollstuhl, ein pfeifendes Hörgerät – vermögen unsere Aufmerksamkeit stark auf sich zu ziehen. Bestimmte Aspekte können so
dominant sein, dass sie uns in der Wahrnehmung beeinflussen können und wir uns deshalb von ihnen leiten lassen. Andere Persönlich-
keitsanteile werden dadurch möglicherweise überdeckt. Vom selbst-
bewusstem Chefarzt wird erwartet, dass er in einer reifen Weise mit
seiner eigenen Krankheitsdiagnose umgehen wird. Das berufliche
Selbstbewusstsein überdeckt die menschliche Angst vor Krankheit.
Selbstbewusstsein als dominantes Merkmal wird auf andere Situationen übertragen.

Ein Patient mit Gehhilfe und Hörgerät (dominante Anteile) führt beim Pflegepersonal zu der Assoziation, er sei sehr hilfsbedürftig – sicherlich das Hörgerät nicht funktionstüchtig sei und man müsse – wie meistens – wieder laut sprechen. Vielleicht hat der Patient sich jedoch auf ein Leben mit Gehhilfe eingestellt und gelernt, gut damit umzugehen. Er legt sehr viel Wert darauf, verstanden zu werden, und unterhält sich gern. Deshalb ist ihm das Hörgerät wichtig, und er achtet peinlich genau darauf, dass es funktioniert. Als der Pfleger anfängt, lauter als nötig mit ihm zu sprechen und ihn „wie einen alten Opa zu betütteln" beginnt, reagiert der Patient ärgerlich. Die Gehhilfe und das Hörgerät wurden vom Pfleger als hervorstechende Merkmale wahrgenommen und bestimmten (dominierten) das Patientenbild.

Beispiel: Halo-Effekt

Kontrastfehler entstehen, wenn **aufeinander folgende ähnliche Situationen oder Personen** wahrgenommen werden.

Kontrastfehler

Nachdem die Pflege von beatmeten Patienten zwei Wochen den Stationsalltag beherrschten, wird die ruhige Phase mit weniger pflegeintensiven Patienten als extrem leichte Arbeitszeit wahrgenommen; sie bildet gewissermaßen einen Kontrast zu den letzten Wochen. Diese überdeutliche Wahrnehmung gibt es auch dann, wenn wir routinemäßig unseren Stationsabläufen nachgehen und ein neuer Krankenpflegeschüler auf die Station kommt. Für ihn sind die Abläufe noch unklar, er stellt Fragen, will Erklärungen. Wir stellen dabei vielleicht fest, wie sehr wir uns an unseren Stationsalltag und die Arbeitsroutine gewöhnt und vieles gar nicht mehr wahrgenommen haben.

Logische Fehler entstehen, indem wir **bestimmte Vorstellungen über etwas oder jemanden miteinander kombinieren.** Wir haben unsere eigene Menschenkenntnis im Lauf des Lebens und der Berufstätigkeit entwickelt. So glauben wir, dass übergewichtige Menschen unsportlich sind, dass dünne junge Mädchen meist magersüchtig sind oder dass ruhige Menschen keine Wutanfalle haben. Bestimmten Persönlichkeitseigenschaften werden spezifische Zuschreibungen gemacht (höflich und bescheiden, frech und fordernd, krank und leidend, liebend und verrückt). Deshalb kann es irritieren, dass ein lauter und frecher Mensch sich als eine sehr geduldige und tapfere Person erweist.

Logische Fehler

Typische Wahrnehmungsfehler und Wahrnehmungsverzerrung entstehen durch
- Auswahl/Selektion des Wahrnehmungspotenzials
- Subjektive situative Komponenten, Stimmungen, psychische Befindlichkeit
- Über tatsächliche Informationen hinausgehende Ergänzung, frei hinzufügend assoziiert
- Strukturieren des Wahrgenommenen und es zu einem stimmigen Ganzen passend machen

Wichtig

7.4 Wahrnehmung und Krankenpflege

Objektivierung der
Wahrnehmung

In der Krankenpflege, speziell für die Krankenbeobachtung, ist das Wissen über Wahrnehmung von zentraler Bedeutung. Wahrnehmung, Interpretation und Bewertung/ Beurteilung stehen in einem engen Zusammenhang. Für eine möglichst objektive Pflegedokumentation ist es wichtig, dies unterscheiden zu können und Wahrnehmungsfehler zu (er)kennen. Das tatsächlich Wahrgenommene am Patienten wie Krankheitssymptome, Beobachtung des Krankheitsverlaufs, (Neben-)Wirkungen von Medikamenten oder die Verschlechterung des Krankheitszustandes des Patienten, sollten so wenig wie möglich Bewertung beinhalten und kaum Raum für subjektive Urteile und Interpretationsmöglichkeiten zulassen. Das Vermischen des Beobachteten mit Wahrnehmungsfehlern oder das Verzerren durch Ergänzung, Auswahl, Gewohnheit, Strukturieren können leicht zu Fehlinformationen und ungerechtfertigten Be-Urteilungen über Patienten führen.

Auf diese Weise entstehen einerseits Missverständnisse und Probleme in der Pflege und im Kontakt zu Patienten, andererseits kann es zu Konflikten innerhalb des Pflegepersonals kommen. Geschulte Wahrnehmung und das Aufdecken von Wahrnehmungsfehlern kann sich nur positiv auf qualitative Pflege auswirken. Während der Übergabe, beim Lesen der Pflegedokumentation oder auf Stationsteamsitzungen sollte deshalb auf konstruktive Weise damit umgegangen werden.

7.5 Gestörte Wahrnehmung

Wahrnehmung und
Handlungssicherheit

Die Wahrnehmung unterstützt Menschen in ihrem natürlichen Bedürfnis nach Sicherheit. Durch die Vorgänge der äußeren Wahrnehmung lernen sie sich zu orientieren. Sie orientieren sich mit Hilfe der Sinne. In einer bekannten Umgebung werden Handlungen automatisiert und laufen sicher ab. In der fremden Umgebung der Welt des Krankenhauses benötigen Patienten Zeit, da sie sich erst zurechtfinden müssen. Wie unsicher ältere Patienten sind, wenn sie durch eine Klinikeinweisung aus der oft lebenslang vertrauten Umgebung ihres Zuhauses gerissen werden, zeigt sich daran, dass sie oft orientierungslos und verwirrt wirken.

Übungen

Orientierungsstörungen oder Erkrankungen der Sinnesorgane haben einen massiven Einfluss auf das Verhalten und Erleben im Alltag. Die folgenden Fragen verdeutlichen die Wichtigkeit all der entwickelten Hilfestellungen, um die Wahrnehmung wieder so normal und funktionsfähig wie möglich herzustellen: Brillen, Kontaktlinsen, Hörgeräte, Gehhilfen, Rollstühle, helfende Hand, Prothesen, Augen-, Ohren- und Nasentropfen. Wie fühlen wir uns, wenn wir Augentropfen bekommen haben, nicht sehen können und jemanden als Begleitung beim Gehen benötigen? Wie verunsichert sind wir bei Seh- und Gleichgewichtsstörungen? Welche Ängste haben wir, wenn wir schlechter hören, andere nicht mehr verstehen können und unsere Kommunikation gestört ist? Wie wenig befriedigend ist es, wenn durch eine Erkältung Geruchs- und Geschmackssinn gestört sind? Wie fühlen wir uns bei schweren Erkrankungen der Nerven, Bandscheiben, wenn die Sensibilität gestört ist, wir unsere Füße nicht mehr spüren bei Lähmungen?

Bei der Beeinträchtigung der inneren Wahrnehmung durch psychische Einflüsse kann unser Leben und Alltag erheblich behindert werden; in Zeiten der Depression, der Suizidalität, der Trauer, des Sterbens anders als in Zeiten der Manie, Euphorie oder der seelischen Stabilität. Die Wahrnehmung ist stark verändert durch schwere psychische Krankheiten wie Schizophrenie oder Wahnvorstellungen (akustische oder visuelle Halluzinationen). Bei Suchterkrankungen aller Art ist die Wahrnehmung motivationsgesteuert und bedürfnisorientiert eingeschränkt, um an das Suchtmittel zu gelangen.

Wahrnehmungsveränderungen und Unsicherheiten

Alles führt jedoch zu Irritation, Unsicherheit und Angst. Für den Umgang mit Patienten ist dies wichtig zu wissen, um mit Hilfe sinnvoller Pflegeziele Ressourcen stärken und gezielt auf Wahrnehmungsbeeinträchtigungen eingehen zu können. Anteile der inneren und sozialen Wahrnehmung des Kranken können krankheitsbedingt und durch den Krankenhausaufenthalt an sich stark verändert und beeinträchtigt sein. Der Patient ist mit seiner Aufmerksamkeit auf sich selbst, auf die Erkrankung, auf Mitpatienten, Pflegepersonal und Ärzte konzentriert und nimmt deshalb Alltägliches wesentlich intensiver wahr. Das Bedürfnis nach Pflege, Hilfe, Trost und medizinischer Versorgung steht für ihn im Vordergrund.

Ebenso wie es zu Reizüberflutung kommen kann *(siehe Abschnitte Organisationsprinzipien und Wahrnehmungsverarbeitung)* und das Gehirn der Schutzmechanismen und Entlastung bedarf, verlangt es nach Anreizen, nach Reizstimulierung. Bei Reizentzug, Monotonie oder Reizverarmung treten schwere psychische Störungen auf. Zum Teil versuchen die Sinnesorgane und das Gehirn das Fehlende auszugleichen. Auf diese Weise können Sinnestäuschungen, Wahn-Sinn oder Gedächtnisstörungen entstehen.

Reizstimulative/Reizarmut

Auch stellt das Krankenhaus eine reizarme Umgebung dar. Die oft steril und einheitlich gestalteten Krankenzimmer, die einheitliche Kleidung des Personals (Uniformität), die trostlosen langen Gänge haben nicht ohne Grund Farbe und Gestaltung dringend nötig gemacht, um mehr Abwechslung, Orientierung und Anreize zu bieten (unterschiedlich bunte Stockwerke, abwechslungsreiche Berufsklei-

Das Krankenhaus – eine reizarme Umgebung (?)

dung, farbige Krankenbetten und -zimmer, schöne Aufenthalts-
räume, Kiosk, Bücherei, flexible Besuchszeiten). Gerade bei Lang-
zeitpatienten, Bettlägerigen (Gips, Querschnittlähmung), chronisch
Erkrankten und Patienten in Isolationszimmern (Chemotherapie,
Infektionserkrankungen) muss der Reizarmut mit kreativer Abwechslung, Stimulation und einfühlendem Verständnis begegnet
werden.

8 Kommunikation – zwischenmenschliche Beziehungen im Spannungsfeld von Pflege und Krankheit

Menschen stehen durch unterschiedliche Beziehungen miteinander in wechselseitigem Kontakt. Kontakt findet durch Kommunikation statt. In der Krankenpflege bestehen Beziehungen zwischen Pflegepersonal und Patienten, zu den anderen Kollegen, den Krankenpflegeschülern, den Ärzten und der Pflegedienstleitung.

Kommunikationspartner

Kommunikation ist ein wesentliches Arbeitsmittel in der Pflege: der Umgang miteinander, Gespräche mit Patienten (instruieren, informieren), mit Angehörigen (trösten, beruhigen) unter Kollegen (bei der Übergabe, in der Zusammenarbeit am Krankenbett, Assistenz bei pflegerischen und ärztlichen Maßnahmen). Ohne Verständigung, ohne Sprache oder nonverbale Kommunikation wäre die Tätigkeit mit Menschen überhaupt nicht vorstellbar.

Wie kommunizieren Menschen? Wie kommt Kontakt zustande? Welche Gemeinsamkeiten und Unterschiede zeigen sich in der Interaktion mit anderen? Wieso verstehen sich Pflegekräfte mit manchen Patienten ganz mühelos, weshalb gestaltet sich die Kommunikation mit den Ärzten oft schwierig und ist unbefriedigend? Weshalb empfindet man das Kommunizieren mit Kollegen ganz anders als mit der Pflegedienstleitung? Was sind Kommunikationsstörungen?

Fragen

Diese Fragen sollen innerhalb des Kapitels geklärt werden.

8.1 Was ist Kommunikation?

> **Kommunikation** ist ein wechselseitiger Prozess, eine Interaktion, in der sich Lebewesen Nachrichten (Wörter, Laute, Gestik) übermitteln.

Definition

Wechselseitig bedeutet, dass gegenseitig Nachrichten (Aussagen) zwischen zwei oder mehr Menschen ausgetauscht werden. Interaktion bezieht sich auf das Hin und Her in einem Gespräch; einer sagt etwas – der andere antwortet darauf – daraufhin reagiert wieder der erste u.s.w. In der obigen Definition wurde bewusst das Wort „Lebewesen" ausgewählt, denn auch Tiere können kommunizieren.

Der Unterschied zum Menschen liegt in seiner **Sprach- und Schreib-fähigkeit**, die die Kommunikation flexibler, detaillierter – aber eben auch komplizierter gestaltet und zu Kommunikationsstörungen und Missverständnissen führt.

8.2 Kommunikation mit und ohne Worte: verbale und nonverbale Kommunikation

Kommunikation wird ermöglicht durch Zeichen, Schriftsprache, Bilder oder die menschliche Sprache. Grundsätzlich unterscheidet man zwischen verbaler und nonverbaler Kommunikation.

8.2.1 Verbale Kommunikation

Verbale Kommunikation bezieht sich auf den sprachlichen Anteil, auf das gesprochene oder geschriebene Wort. Mittels Sprache oder Zeichen verständigen wir uns untereinander, agieren, beeinflussen und reagieren aufeinander, treten in gegenseitigen Kontakt, geben Informationen weiter und tauschen uns aus. Die Stimmsprache (gesprochenes Wort) und die Schriftsprache (geschriebenes Wort) werden mit Hilfe von Sprache und/oder Schrift (Zeichen) übermittelt.

Kommunikationsmittel   Kommunikationsmittel oder Medien/Übertragungsmittel sind:
- Das direkte „face to face"-Gespräch
- Gespräche über das Telefon
- Nachrichten/Informationen über die Medien: TV, Radio, Presse, Internet
- Botschaften durch Telefax, E-mail und Briefe

Explizite und implizite verbale Kommunikation   Im verbalen Kommunikationsanteil kann eine Aussage explizit oder implizit ausgedrückt werden. Explizit bedeutet direkt und ganz klar formuliert. Zum Beispiel sagt ein Patient: *„Ich hätte gerne eine Schlaftablette zur Nacht."*

Anders bei impliziten oder versteckten Botschaften; es wird zwar sprachlich etwas geäußert, aber nicht wirklich deutlich gesagt. Der Sender sagt nicht, was er eigentlich will. *„Ich kann nicht so gut schlafen"* heißt eigentlich: *„Kann ich eine Schlaftablette haben?"* Obwohl sprachlich nicht ausdrücklich formuliert, wird die versteckte Botschaft dennoch vom Empfänger genau verstanden.

8.2.2 Nonverbale Kommunikation

Die nonverbale Kommunikation umfasst alles nicht sprachlich Ge-äußerte. Nonverbale Zeichen beziehen sich vor allem auf Gestik und Mimik. Gestik beinhaltet den Ausdruck der Hände, Arme, Beine und Füße. Gestik in Form von Körper-Haltungen (abweisend oder zugewandt) und Bewegungen sprechen eine eigene Sprache. Sie können die verbale Sprache begleiten, unterstützen, verstärken, er-setzen oder relativieren. Verschränkte Arme können eine ablehnen-de Haltung zum anderen Kommunikationspartner bedeuten. Sie können – zusammen mit einem Kopfschütteln – das „Nein" einer Botschaft unterstützen und verstärken. Auch ein ablehnendes Kopf-schütteln und/oder eine abwehrende Handbewegung für sich allein betrachtet können ein nonverbales „Nein" deutlich machen oder sogar ersetzen.

Gestik

Die menschliche Mimik, welche ein Gespräch unbewusst begleitet, sagt oft mehr als die tatsächlich gesprochenen Worte. Häufig spie-geln sich die wahren Gedanken und Gefühle in unserem Gesichts-ausdruck, unserem Blick, unseren Lippen (beides entspannt oder zusammengekniffen) oder in Stirnfalten (hochgezogen) wider.

Mimik

Wie ist der Gesichtsausdruck im Ganzen? Offen, misstrauisch, ab-wartend? Häufig wird das Geäußerte erst in Verbindung mit dem Gesichtsausdruck des Sprechenden eindeutig interpretierbar.

Die menschliche Stimme (Stimmqualität und Sprechweise) in der Art der Tonlage, Lautstärke, Betonung (ironischer Unterton in der Stim-me) oder Formulierung (salopp, gekonnt, ungeschickt, freundlich formuliert) begleitet und ergänzt unsere Kommunikation.

Stimme

Auch der Dialekt oder die Bedeutung bestimmter Wörter spielen eine Rolle. Z. B. hat der deutsche Begriff Himmel im englischen Wortschatz unterschiedliche Bezeichnungen: sky oder heaven. Was meint der Sender, was versteht der Empfänger?

Einige besondere Ausdrucksweisen, wie Weinen, Lachen oder Schweigen bedürfen keiner Worte. Oft ist es jedoch der situative Kontext, in dem eine Aussage von Bedeutung gemacht wird. Wo wird das Gesagte geäußert (privat/öffentliche Umgebung? Sind an-dere (bestimmte, wichtige/unwichtige) Personen anwesend? Vor welchem psychosozialen Hintergrund erfolgt eine Äußerung? (Wie ist die Situation des Senders? Wo wird etwas gesagt? Wie wird etwas gesagt (sarkastisch, traurig, mahnend, fröhlich)? Zum Beispiel er-hält die Aussage *„Ich fühle mich sterbenskrank"* je nach situativem Kontext eine ganz unterschiedliche Bedeutung: Der eine hat Schnup-fen und sagt es eher im Spaß, der andere ist ein schwer kranker Patient, und hier ist es die Wahrheit.

Einzelaspekte nonverbaler Kommunikation

Augen
Durch Blickkontakt und Blickrichtung kann der Gesprächsverlauf begleitet, reguliert oder abgebrochen werden.

Wie sind Blickkontakt und Blickrichtung? Sehen sich die Kommunikationspartner direkt an oder meidet einer den Blick des anderen? Wie ist der Augenaufschlag – gesenkt oder eher gegen die Decke gerichtet?

Körperhaltung und Bewegung
Ist der eine dem anderen gegenüber zugewandt oder abgewandt, offen oder verschlossen in seiner Körperhaltung, seinen Bewegungen der Hände, Arme, Beine und Füße? Wie schnell, heftig, langsam, ruhig, zögernd oder kraftvoll ist die Bewegung?

Hände
Die begleitende oder ergänzende Gestik verdeutlicht oder verstärkt Botschaften. Sind die Hände offen oder geschlossen, zeigen die Handflächen nach oben? Werden die Hände in den Taschen vergraben? Verschränkt die Person sie vor der Brust oder hinter dem Rücken? Sind sie in die Hüften gestemmt, spielen die Hände mit einem Stift? Wie ist das motorische Verhalten: mit den Fingern trommeln, mit dem Fuß wippen, auf dem Stuhl herumrutschen, zurückweichen, näher kommen.

Innere Haltung/Gemüt
Welche innere Haltung oder Stimmung begleitet die Botschaft: Fröhlichkeit, Liebe, Hass, Wut, Gelassenheit, Interesse, Desinteresse. Zeigen sich physiologische Reaktionen, wie Erröten, Schwitzen, Gänsehaut, Zittern, Husten, Atemnot, Zittrigkeit, Nervosität, Kratzen. Sind die Gesten gehemmt oder offen?

Äußerliche Aspekte
Statussymbole, wie Titel, Anredeformen, Ausbildungen, Bildung oder Kleidung begleiten unbewusst einen Gesprächsverlauf. Dienstkleidung spielt im Krankenhaus eine wichtige Rolle. In der Praxis ist es unterschiedlich, wie eindeutig Pflegepersonal, Ärzte, Reinigungspersonal und andere im medizinisch-pflegerischen Bereich Tätige gekleidet und damit durch ihre Kleidung gekennzeichnet sind.

Auch das gesamte Äußere (gepflegt, ungepflegt, Aufmachung/Outfit insgesamt), bestimmt durch Frisur, Größe, Körperhaltung, Kleidung, Gesichtsausdruck, vermittelt unbewusste Botschaften.

Einerseits erleichtern Kleidung und Äußerliches im alltäglichen Umgang miteinander die Kommunikation, wie beispielsweise die Zugehörigkeit zu bestimmten Gruppen (Beispiel: Dienstkleidung), andererseits trägt dies erheblich zu Stigmatisierungen und Vorurteilen gegenüber (unbekannten) Menschen(gruppen) bei. Dies kann zu Ausgrenzung, Abgrenzung und Distanz führen.

Im Bereich von Pflege, Sozialarbeit und Medizin gerät man in Kontakt mit so genannten Randgruppen (Alkoholiker, Drogenabhängige, „Verrückte", Obdachlose, Verwahrloste).

Der berufsbedingte Kontakt und die daraus gewonnenen Erfahrungen führen jedoch nicht selten zu einem persönlichen Konflikt. Auf der einen Seite hat z. B. jemand die Erfahrung gemacht, wie alkoholabhängige Menschen sind. Andererseits ist es seine Aufgabe, trotz seiner Erfahrungen und den daraus aufgebauten (Vor)urteilen diese Menschen „vorbehaltlos" zu pflegen.

Dies ist ein häufig nicht zu unterschätzender Konflikt in sozialen Berufen: Der Konflikt zwischen mir und meinem Beruf – zwischen Helfen wollen/müssen und Helfen können. Er kann oftmals an die persönlichen Grenzen führen. Der offene Austausch mit Kollegen, sich Abwechseln mit der Betreuung bestimmter Patienten und der Bereich der Psychohygiene sind hierfür elementar *(siehe auch Kapitel 15, 16)*.

Wichtig

Kongruente und inkongruente Zeichen

Neben expliziten (klar formulierten) oder impliziten (versteckten) Botschaften unterscheidet man kongruente und inkongruente Zeichen. Hierbei geht es um die Stimmigkeit zwischen den nonverbalen Anteilen (Mimik, Gestik, Körperausdruck) und dem tatsächlich Gesagten.

Definition

Verbale Aussage	Mimik	Bedeutung
„Mir geht's gut."	☺	Aussage ist kongruent (übereinstimmend, echt), verbale und nonverbale Anteile stimmen überein
„Mir geht's gut."	☹	Aussage ist inkongruent (unstimmig, unwahr), Unstimmigkeit besteht zwischen Körpersignalen, Mimik und Gestik, ein Widerspruch zwischen nonverbalen Anteilen und dem tatsächlich Geäußerten.

Tabelle 1: Kongruente und inkongruente Boschaften (Beispiel)

8.3   Wie funktioniert Kommunikation?

Kommunikationsmodelle

Um Kommunikation besser zu verstehen wurden zahlreiche Kommunikationsmodelle entwickelt (u. a. von WATZLAWIK 1969, SCHULZ VON THUN 1981 u. a.).

Ein einfaches Kommunikationsmodell muss folgende Elemente beinhalten:

Tabelle 2: Elemente eines Kommunikations-modells

Element	Bedeutung
Sender	Wer macht eine Aussage, sendet eine Botschaft?
Empfänger	An wen ist die Nachricht gerichtet?
Information	Was ist Inhalt der Nachricht, worum geht es?
Medium	Wie wird die Botschaft übermittelt? Sprache/Telefon/Gespräch/Brief/Fax/Email)
Effekt, Reaktion	Welche Wirkung hat die gesendete Botschaft beim Empfänger?
Wechselwirkung, Interaktion	Wie reagiert der Empfänger auf die Nachricht, was sagt er zum Sender? Wie gestaltet sich die weitere Kommunikation?

Ein einfaches Kommunikationsmodell mit obigen Elementen gestaltet sich folgendermaßen:

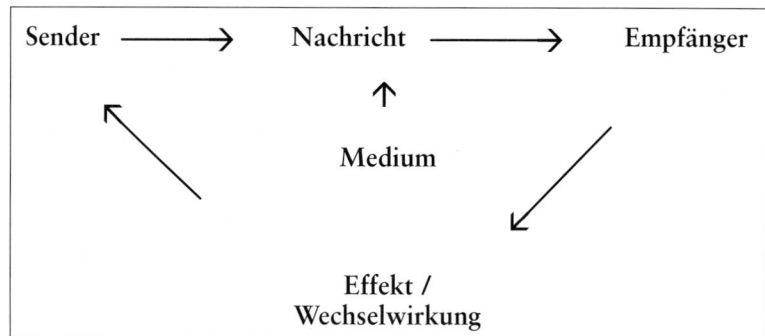

Abbildung 10: Einfaches Kommunikationsmodell

Beispiel: Kommunikationsablauf

Schwester Anne (Sender) informiert Frau Berndt, eine Patientin ihrer Station, über die bevorstehende Untersuchung. Die Sachinformationen über die Untersuchung stellen die übermittelte Nachricht an die Patientin (Empfänger der Nachricht) dar. Das Medium oder Übertragungsmittel, mit welchem die Nachricht übermittelt wird, ist in diesem Fall die Sprache (verbaler Anteil) und die begleitende Mimik, Gestik und die Stimmlage (nonverbale Anteile). Die Aussagen von Schwester Anne bewirken einen Effekt, eine Reaktion bei Frau Berndt: Sie ist erleichtert und versteht jetzt, was in der Untersuchung auf sie zukommen wird. Als Reaktion oder Wechselwirkung auf das Gehörte antwortet die Patientin (nun selbst Sender) mit einem Lächeln und Kopfnicken (nonverbal), sie bedankt sich bei der Schwester (verbal) für das informative Gespräch (die Schwester wird nun zum Empfänger). Zwischen beiden Kommunikationspartnern fand ein Gespräch statt, sie haben miteinander kommuniziert.

8.3.1   Die vier Seiten einer Nachricht

In ein und derselben Nachricht sind gleichzeitig viele verschiedene Botschaften enthalten. Während wir miteinander kommunizieren, nehmen wir diese Anteile unbewusst und auf verschiedene Weise wahr. Man könnte sagen, obwohl jemand „nur" etwas sagt oder schreibt, enthält diese Nachricht noch ganz andere, sozusagen versteckte Botschaften. Man hat herausgefunden, dass sich vier Seiten hinter einer Aussage verbergen: Sachseite, Appellseite, Selbstoffenbarungsseite und die Beziehungsseite.

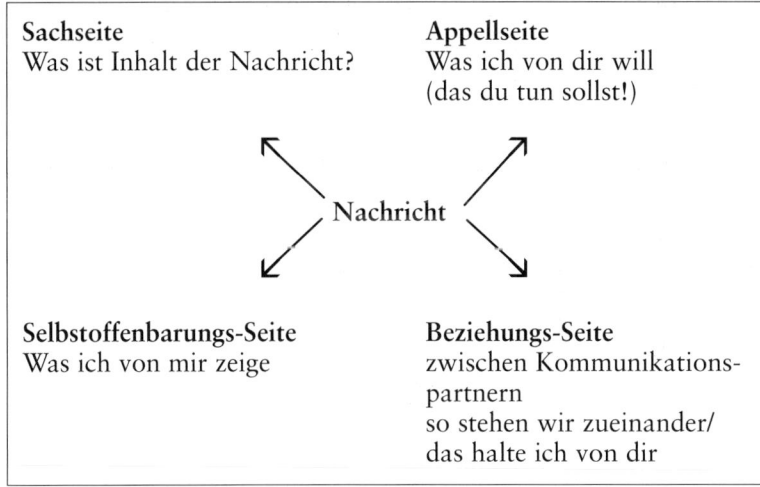

Abbildung 11: Die vier Seiten einer Nachricht

Anhand eines Beispiels sollen die vier Seiten erklärt werden.
Pfleger Jan kommuniziert mit einem Herzinfarktpatienten, der aus dem Bett aufgestanden ist. Er sagt: „Herr Blohm, Sie haben Bettruhe!"

Beispiel: Die vier Seiten einer Nachricht

* Die Sachseite gibt Informationen über den sachlichen Inhalt einer Nachricht. Das Beispiel enthält die Sachinformation, dass der Patient verordnete Bettruhe hat.

- Der versteckte Appell der Aussage heißt: „Legen Sie sich bitte hin, Sie sollten im Bett bleiben!". Mit dem Appellaspekt will der Sender etwas bestimmtes beim Empfänger erreichen oder bewirken. Er ist so zu sagen eine verdeckte Aufforderung, etwas zu tun oder zu lassen.
- Der Selbstoffenbarungsanteil zeigt, was der Sender von sich selbst preisgibt. Hier offenbart sich der Ärger über die Nichteinhaltung der Bettruhe.
- Die Art der Beziehung zwischen Kommunikationspartnern wird durch den Beziehungsaspekt deutlich gemacht. Wie stehen sie zueinander in Beziehung: Wie nah sind sie sich? Was halten sie voneinander? Wie kann sich jeder durch die Art der Beziehung erlauben mit dem anderen zu sprechen (höflich, persönlich, frech?) In welcher Macht-Position stehen die Beteiligten sich möglicherweise gegenüber?

Im obigen Beispiel geht es um die Beziehung zwischen Pflegepersonal und Patient. Diese ist durch eine gewisse „Machtposition" der Pflegekräfte gegenüber den Patienten gekennzeichnet. So hat die Pflegeperson zum Wohl der Patienten die Macht, erzieherisch auf deren Verhalten einwirken zu können. Aus diesem Grund kann sich der Pfleger „erlauben", Herrn Blohm in einer gewissen Weise zurecht zu weisen. Auch durch das pflegersich-medizinische Fachwissen ist der Pfleger dem Patienten gegenüber in einer überlegenen Position. Er vermag die Folgen des Fehlverhaltens bei Herzinfarktpatienten abzuschätzen. Dieser Fachautorität ordnet sich der Patient entsprechend unter *(siehe hierzu auch Compliance in Kapitel 4).*

Symmetrische und asymmetrische Beziehungen

Es gibt verschiedene Arten von zwischenmenschlichen Beziehungen. Man unterscheidet zwischen symmetrischen und asymmetrischen (komplementären) Beziehungskonstellationen.

Bei der **symmetrischen Beziehung** handelt sich um eine ebenbürtige, gleiche Stellung der Kommunikationspartner. Beide sind sich einig, es bestehen keine Unterschiede, ein Streben nach Gleichheit und Gemeinsamkeit kennzeichnet die Kommunikationspartner. Kommunikationsstörungen können auftreten, sobald sich einer der Partner nicht mehr gleichwertig oder unterdrückt fühlt, oder aber der andere sich als der Stärkere offenbart (oder dafür hält) – das heißt, sobald sich einer der beiden neu definiert und Konkurrenz ins Spiel kommt. Beispiele für symmetrische Beziehungen sind Freunde, Partner, Kollegen, ein Team.

Komplementäre Beziehungen basieren auf der unterschiedlichen Position zweier Personen: Chef und Angestellter; Lehrer und Schüler; Mutter und Kind. Es sind einander entsprechende Beziehungen, die nur aufgrund dieser Konstellation überhaupt entstehen und funktionieren können. Ohne Lehrer gibt es keine Schüler – aber ohne Schüler gäbe es eben auch keine Lehrer. Leicht vorstellbar, wann und wie es hier zu Kommunikationsstörungen kommen muss: Wenn der vorher „Untergelegene" aus seiner Position herauswächst, wenn Kinder erwachsen werden, wenn Schüler die letzte Klasse abschließen, wenn Krankenpflegeschüler plötzlich zu examinierten Pflegepersonal werden. Die vorherige klare Selbstdefinition (who is who?) beider Kommunikationspartner beginnt zu bröckeln, und die anfängliche Akzeptanz der Rollen wird in Frage gestellt.

Werden die versteckten Botschaften aufgedeckt, dann sieht das Beispiel „Herr Blohm, Sie haben Bettruhe!" folgendermaßen aus:

Sachseite	**Appellseite**
Was ist Inhalt der Nachricht?	Was ich von dir will
Patient hat verordnete Bettruhe.	(das du tun sollst!).
	„Sie sollen im Bett bleiben!"

↖   ↗

Nachricht
„Herr Blohm, Sie haben Bettruhe!"

↙   ↘

Selbstoffenbarungs-Seite	**Beziehungs-Seite**
Was ich von mir zeige.	zwischen
Es ärgert mich, dass der Patient sich nicht an die Anordnungen hält!	Kommunikationspartnern: so stehen wir zueinander/ das halte ich von dir. Ich bin der Pfleger, du der Patient! Ich weiß besser als du, was für Herzpatienten gut ist!

Abbildung 12: Die vier Seiten einer Nachricht, konkretisiert an einem Beispiel

Obwohl keine der verdeckten Botschaften tatsächlich ausgesprochen wird, nehmen beide Kommunikationspartner diese unbewusst wahr und reagieren entsprechend aufeinander. Der Patient legt sich schuldbewusst ins Bett zurück, der Pfleger ist wieder zufrieden.

8.3.2   Die vier Ohren des Empfängers

Im obigen Beispiel geht es um die Seite des Senders. Wie kommt die gesendete Nachricht jedoch beim Empfänger an? Wie hört der Adressat das Gesagte?

Perspektivenwechsel

Ebenso, wie es die vier Seiten des Senders gibt, spricht man von den vier Ohren des Empfängers. Sie entsprechen wieder den vier Anteilen Sach-, Appell-, Selbstoffenbarungs- und Beziehungsaspekt. Das heißt:

Wichtig

> Eine Botschaft hat nicht nur vier Sender-Aspekte, der Empfänger hört auch mit vier Ohren! Das Problem liegt darin, dass der Empfänger selbst (bewusst oder unbewusst) die Auswahl trifft, auf welchem Ohr er besonders sensibel hört und dementsprechend auf den Sender reagiert.

Es hat sich gezeigt, dass es individuell recht unterschiedlich ist, mit welchem Ohr manche Menschen intensiv oder verstärkt hören. Ganz allgemein hieß es lange, Männer hören eher auf dem Sachohr, Frauen auf dem Beziehungsohr. Man hat herausgefunden, dass es natürlich ist, dass Angehörige bestimmter Berufsgruppen so zu sagen einseitige Empfangsgewohnheiten entwickeln, also auf bestimmten Ohren verstärkt hören, auch wenn eine Nachricht eigentlich einen anderen Aspekt im Vordergrund hat. Personen in helfenden, sozialen Berufen verfügen über ein stark ausgeprägtes Appellohr (Was kann ich für den anderen tun?), Lehrer dagegen hören auf dem Sachohr, Therapeuten und Berater neigen zum Beziehungsohr und achten auf den Selbstoffenbarungsaspekt des Klienten.

Beispiel: Die vier Ohren des Empfängers

Zurück zum obigen Beispiel. Der Patient könnte die Aussage des Pflegers ganz unterschiedlich auffassen:

„Herr Blohm, Sie haben Bettruhe!"

- Sachohr hört: Bettruhe heißt im Bett bleiben. Stimmt, das ist meine ärztliche Verordnung.
- Appellohr hört: Ich sollte mich schnellstens wieder hinlegen und an die Verordnungen halten.
- Selbstoffenbarungsohr hört: Oh, erwischt, Ich bin kein braver Patient!
- Beziehungsohr hört: Sie sind hier der Patient, nicht Arzt oder Pfleger! Wir haben eine asymmetrische Beziehung, ordnen Sie sich entsprechend unseren Rollen unter.

8.3.3 Grundannahmen menschlicher Kommunikation: Die Kommunikationsgesetze

Theoretische Annahmen

Der führende Kommunikationswissenschaftler PAUL WATZLAWIK (1969) hat fünf Grundsätze über Kommunikation aufgestellt:

Man kann nicht nicht kommunizieren.

Es ist unmöglich, sich nicht kommunikativ zu verhalten.

Beispiel: Man hat jemanden angerufen – es erfolgt kein Rückruf. Keine Antwort/Reaktion ist hier eben auch eine Reaktion. Jemand verhält sich, indem er nicht antwortet.

Jede Kommunikation hat einen Inhalts- und einen Beziehungsaspekt

- Jede Nachricht enthält immer einen Sachinhalt, d. h., eine bestimmte Information soll übermittelt werden.
- Jede Nachricht umfasst die persönliche Beziehungsdefinition der einzelnen Kommunikationspartner; sie drückt aus, wie die Beteiligten zueinander stehen.

Der Beziehungsaspekt spielt bei der zwischenmenschlichen Kommunikation die entscheidende Rolle, denn die Art der Beziehung zwischen den Partnern beeinflusst wesentlich deren Kommunikationsverhalten. Schwestern- und Pfleger Kollegen unter sich sprechen anders miteinander als beispielsweise Pflegeschüler und Praxisanleiterin, Ärzte sprechen mit Patienten anders als mit dem Pflegepersonal usw. *(siehe symmetrische-asymmetrische Beziehungskonstellationen).*

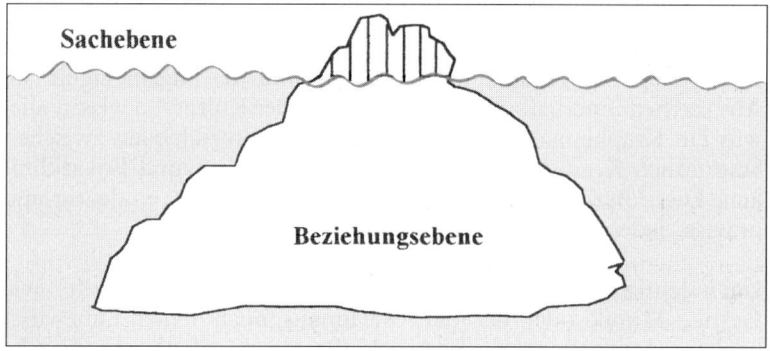

Abbildung 13: Die Rollen von Sach- und Beziehungsebene in der menschlichen Kommunikation – der Eisberg

Kommunikation ist ein nicht endender Kreislauf

Jedes Verhalten der Kommunikationspartner ist Ursache und Wirkung zugleich. Jede Botschaft zieht eine Reaktion nach sich. Sender und Empfänger wechseln sich ab. Dieser Kreislauf kann endlos fortgeführt werden.

Stellt sich die Frage, wer denn überhaupt angefangen hat zu kommunizieren, lässt sich häufig kein klarer Anfang finden:
Insbesondere bei der Kommunikationsstörung, die als Interpunktion bezeichnet wird, streiten die Partner oft darüber, wie sie auf den anderen reagieren und warum sie auf eine bestimmte weise reagieren/kommunizieren: „Ich tue das nur, weil du ... z. B.
Ich komme nur so spät vom Dienst nach Hause, weil du sowieso immer nörgelst –
Ich nörgle nur, weil du so oft Überstunden machst und deshalb so spät heimkommst.

Auf das Beispiel des Infarktpatienten bezogen könnte das folgendermaßen aussehen:

Beispiel: der unendliche Kommunikations-Kreislauf

Herr Blohm liegt nach der „Zurechtweisung'' stocksteif in seinem Bett. Pfleger Jan bemerkt dieses Verhalten und spricht den Patienten deshalb an. Herr Blohm sagt, er halte sich strikt an die Bettruhe. Die sei verordnet und gerade von ihm, dem Pfleger, sei die Wichtigkeit doch betont worden. Der Pfleger reagiert daraufhin verärgert und sagt, er habe doch nur das Wohl des Patienten im Sinn gehabt, deshalb habe er ihn „zurechtgewiesen''...

Wer hat nun angefangen? Der Patient, weil er durch sein Verhalten die Kommunikation mit dem Pfleger initiiert hat – oder Pfleger Jan, weil er darauf reagiert hat?

Keine Verhalten ist Ursache des anderen. Jedes Verhalten ist vielmehr sowohl Ursache als auch Wirkung zugleich.

Kommunikation ist eindeutig und uneindeutig

Verschiedene Spielräume der Interpretation

Einerseits gibt es eindeutige Inhalte bei der Kommunikation. Hierzu verhilft uns unsere detaillierte **Sprache** und die allgemeingültigen Absprachen innerhalb einer Gesellschaft oder Kultur. So wissen alle, was ein Krankenhaus ist. Detailliert wird unterschieden zwischen Städtischen Krankenhäusern, Universitätskliniken und Privatkliniken. Diese Bezeichnungen sind willkürlich gewählt, eindeutig und präzise. Jeder weiß, was sie bedeuten.

Uneindeutig ist dagegen alles nichtsprachliche (nonverbale) wie Gestik, Mimik oder der darüber hinaus noch feiner unbewusst begleitende **paralinguistische Aspekt** (Paralinguistik; das die Sprache begleitende), wie Stimmlage, Lautstärke oder ein ironischer Unterton – eben uneindeutige Bemerkungen, die, wie man weiß, einen sehr weiten Interpretationsspielraum haben und z. B. gefühlsmäßig verunsichern können. Diese schwer fassbaren, aber sehr fein wahrgenommenen Anteile während eines Gesprächs beziehen sich meist auf den Beziehungsaspekt.

Kennen sich die Kommunikationspartner gut genug, um mit dem versteckten Humor umgehen zu können, oder bewirkt dieser eher Verunsicherung? Beispielsweise kann das Phänomen Lachen viel bedeuten: Freude, Anlachen, Auslachen, Schadenfreude, Lachen aus Unsicherheit.

Kommunikation ist symmetrisch oder asymmetrisch

Wie bereits erläutert, gestalten sich Beziehungen entweder symmetrisch, also gleichberechtigt/partnerschaftlich, oder asymmetrisch (komplementär). Das heißt, die Positionen der Gesprächspartner sind unterschiedlich, sie werden durch ein **Machtgefälle** definiert (Chef – Angestellter).

8.4 Kommunikationsstörungen

Wenn Menschen miteinander kommunizieren, kann es zu einer Vielzahl von Missverständnissen kommen. Typische Reaktionen sind dann: So hab' ich das nicht gesagt; das habe ich anders gemeint; du verstehst mich einfach nicht; du hörst mir nicht richtig zu; wie hast du das eigentlich gemeint? u.s.w. Meistens endet die missglückte Kommunikation dann in Trotz, im Beleidigtsein, sich zurückziehen und unverstanden fühlen.

Da Kommunikation sehr komplex und vielseitig ist, können unzählige Kommunikationsstörungen auftreten. Vor allem kommen sie im Sender- und Empfängerbereich vor, sowie bei Missachtung der Kommunikationsgesetze.

8.4.1 Störungen im Senderbereich

Es kann vorkommen, dass der Sender unklare, nicht eindeutige Botschaften sendet, die zu Missverständnissen beim Empfänger führen.

Ein typisches Beispiel ist die in immer mehr Bereichen selbstverständlich verwendete Fachsprache (Computerfachsprache usw.) Im Krankenhaus wird häufig die medizinisch-pflegerische Fachsprache verwendet, über deren Vokabular aber der Patient nicht verfügt. Das Pflegepersonal und die Ärzte senden dadurch für den Patienten unverständliche Informationen, die er nicht entschlüsseln oder verstehen kann. Dies führt häufig zu Angst und Unsicherheit beim Kranken, der sich selten zutraut nachzufragen oder sich in seiner Unkenntnis verstärkt Sorgen über seinen Krankheitszustand macht. Das Informieren, Anleiten und Aufklären des Patienten sollte deshalb in allgemein verständlicher Sprache erfolgen.

Unangemessene Verwendung der Fachsprache

Weitere Störungen beim Sender können praktisch im jedem der vier Bereiche einer Botschaft (Beziehungs-, Appell-, Selbstoffenbarungs- und Sachaspekt) auftreten:

Störungen in allen Bereichen einer Botschaft

- Der Sender definiert seine Beziehung zum Empfänger falsch (z. B. zu vertraulich)
- Eine Botschaft wirkt wie ein Appell, war aber nicht so gemeint
- Der Sender stellt den Sachaspekt über den Beziehungsaspekt, und die Ebenen der Kommunikationspartner vermischen sich
- Menschen versuchen immer wieder viele (eigentliche) Beziehungsstörungen auf der Sachebene auszutragen, anstatt auf der dazugehörigen Beziehungsebene
- Beim Selbstoffenbarungsaspekt kann sich der Sender nach dem Motto „wie ich wirklich bin, das zeige ich dir nicht" hinter einer Maske verstecken. Durch Selbstoffenbarungsängste und Fassadenhaftigkeit – eben wenn Individuen eine Rolle spielen, die

nicht die ihre ist – fühlt der Empfänger unbewusst, dass etwas beim Sender nicht stimmt. Auf diese Weise werden uneindeutige Botschaften vermittelt.

- Es kann auch vorkommen, dass der Sachinhalt einer Botschaft nicht klar ist. Ist der Empfänger im Bild, worum es geht? Verfügt der Empfänger über das gleiche Bildungsniveau, die gleiche Sprache, dasselbe Fachwissen? Kann er den anderen überhaupt inhaltlich verstehen? Gibt es Sprachbarrieren?

8.4.2 Störungen im Empfängerbereich

Die ankommende Nachricht ist nicht allein das Werk des Senders, sie ist auch das, was der Empfänger daraus macht – interpretiert, hört oder (miss)versteht. Störungen auf Seiten des Empfängers stehen im engen Bezug dazu, wie er die Nachricht deutet. Wie entschlüsselt er die Botschaft, mit welchem Ohr hört er (besonders intensiv)?

Verständnisfallen | Durch die „individuelle Vierohrigkeit" filtert der Empfänger die ankommende Nachricht. Hierbei spielen unbewusst die Wahrnehmung, Interpretation, Gefühle, Stimmungen und das Selbstwertgefühl eine erhebliche Rolle. Möglicherweise hört er bevorzugt auf dem Sachohr und vermeidet es auf den anderen Ohren etwas zu hören. Bleibt aber einer der Kommunikationspartner „taub" auf einem bestimmten Ohr, so wird der Sender sagen können was er will – der andere hört ihn einfach nicht. Andererseits entstehen Missverständnisse dadurch, dass beispielsweise ausgeprägt auf dem Appellohr gehört wird, egal was der andere auch sagt. Diese „helfenden," „fürsorglichen" Ohren können den Empfänger verärgern. Vielleicht wollte der andere gar nichts, benötigt keine Hilfe. Dieses Helferohr sollte besonders bei sozialen Berufen einmal selbstkritisch unter die Lupe genommen werden.

8.4.3 Störungen der Kommunikationsgesetze

Der dritte Störungsbereich liegt innerhalb der Kommunikationsgesetze. Wird von einem Kommunikationspartner eine Regel übertreten oder missachtet, treten unwillkürlich Störungen auf.

Folgende Beispiele sollen dies verständlich machen:

Man kann nicht nicht kommunizieren

Ein Pfleger vermeidet es in ein bestimmtes Patientenzimmer zu gehen. Der Patient bemerkt jedoch dieses Verhalten. Der Stationsarzt sieht „zufällig" weg oder tut so, als sei er müde und überarbeitet, wenn jemand ins Arztzimmer sieht. Daraufhin gehen die Patienten höflich vorbei, denn sie wollen nicht stören.

„Keine Kommunikation ist auch Kommunikation!"

Jede Kommunikation hat einen Inhalts- und einen Beziehungsaspekt

Ideale Kommunikation besteht, wenn die beteiligten Partner sich einig sind über Inhalts- und Beziehungsebene. Beide haben dasselbe Verständnis über den Inhalt und haben eine klare Beziehungsdefinition. Der Gegensatz, also der schlimmste Fall liegt vor, wenn sich beide weder auf der Beziehungsebene noch auf der Inhaltsebene einig sind. Hier kann die Störung meist nur mit Hilfe eines dritten geklärt werden.

Symmetrien

Viel häufiger anzutreffen sind so genannte **Mischformen:** Die Kommunikationspartner sind sich über den Inhaltsaspekt uneinig, haben aber eine klare Beziehungsdefinition. Hier handelt es sich um eine reife Form des Miteinanders: Sie ist in Form von Meinungsverschiedenheiten oder Streits zwischen Freunden, Paaren, Kollegen oder in Teams anzutreffen.

Asymmetrien

Der umgekehrte Fall: Man ist sich über den Inhalt einig, aber die Beziehung ist unklar, beziehungsweise einer der Partner will oder hätte gerne eine andere Form der Beziehung. Exempel hierfür sind Arbeitsgruppen oder Kollegen, die an den gleichen Inhalten arbeiten (müssen), sich aber nicht sympathisch sind oder Konkurrenzgefühle entwickelt haben.

Kommunikation ist ein nicht endender Kreislauf

Diese Störung wird als **Interpunktion** bezeichnet. Sozusagen als ein Kreis ohne Anfang und Ende, ein Kreislauf. Die Kommunikationspartner sind sich uneinig über das, was Ursache oder Wirkung des Konfliktes ist. Jede Reaktion des Senders oder Empfängers ist Ursache und Wirkung zugleich *(wie im Beispiel des Infarktpatienten auf Seite 116)*.

Eindeutigkeit/Uneindeutigkeit

Die Krankenpflegeschülerin Anke behauptet, ihre Stationsschwester habe über ihre Unsicherheit beim Verbandwechsel gelächelt und sich über sie lustig gemacht. Die Stationsschwester dagegen sagt, sie habe verständnisvoll gelächelt, um Anke zu ermutigen ruhig weiter zu machen

Die Störung wird oft hervorgerufen durch die Mehrdeutigkeit nonverbaler Mimik oder Gestik (Lächeln, Weinen, Kopfnicken, Kopfschütteln, Winken).

Symmetrische und asymmetrische Beziehungsdefinition

Eine Pflegeschülerin flirtet mit dem Stationsarzt und verhält sich ihm gegenüber unangemessen vertraut, dadurch wird die asymmetrische Beziehungsdefinition verletzt. Der Pflegeschüler Thilo ist bald mit seiner Ausbildung fertig und neigt dazu, sich wie ein examinierter Pfleger zu verhalten, indem er seine Kompetenzen leicht überschätzt. Hierdurch entsteht Ärger mit seinem Stationsteam.

8.4.4 Paradoxe Botschaften (Double Bind)

Eine Sonderform bilden so genannte paradoxe Botschaften, die als „Double Bind" bezeichnet werden. Damit sind widersprüchliche Doppelbotschaften gemeint, die jemand aussendet.

Diese unklaren Botschaften enthalten immer mehr als eine Interpretationsmöglichkeit um auf sie als Empfänger zu reagieren. Jedoch: Wie man auch reagiert, es ist immer falsch und es ist immer Auslegungssache des Senders.

Beispiel: paradoxe Botschaften

Ein Patient sagt z. B. zur Krankenschwester *„Ich sehe ja, Sie haben alle Hände voll zu tun, kümmern Sie sich nicht um mich!"*

Reaktionsmöglichkeit A: Die Krankenschwester ist erleichtert über das Verständnis des Patienten und nimmt dies dankend zur Kenntnis. Im Laufe des weiteren Stationsalltags schaut sie deshalb nicht wiederholt bei ihm ins Zimmer. Beim Verteilen des Abendessens spricht der Patient sie an und sagt leicht vorwurfsvoll „Na heute haben Sie sich aber gar nicht bei mir sehen lassen. Haben Sie mich vergessen?"

Reaktionsmöglichkeit B: Obwohl die Krankenschwester sehr viel zu tun hat mit mehreren Neuzugängen und einigen pflegeintensiven Patienten, ist sie bemüht, sich trotzdem um den Patienten zu kümmern. Deshalb schaut sie während seiner Infusionstherapie mehrmals nach ihm. Der Patient sagt daraufhin ärgerlich: „Ich habe Ihnen doch gesagt, kümmern Sie sich nicht um mich. Sie brauchen nicht nach mir zu sehen – Sie haben doch genug zu tun!"

Fazit: Egal, für welche Möglichkeit sich die Krankenschwester auch entscheidet, es ist immer die falsche Reaktion!

8.5 Wie können Kommunikationsstörungen verhindert oder behoben werden?

Zielsetzung

Störungen beim Sender, beim Empfänger oder durch Missachtung der Kommunikationsgesetze sollen gelöst und geklärt werden, um wieder eine gelungene Kommunikation zu erreichen.

Wenn wir über Kommunikation kommunizieren, über die Kommunikation selbst reden, nennt man das Metakommunikation (meta =

über, darüber). Damit ist gemeint, dass gezielt solche Störungen angesprochen oder aufgedeckt werden. Kommunikationspartner sollten lernen die wahrgenommenen Unstimmigkeiten beim anderen anzusprechen und dadurch zu klären. Bei inkongruenten Botschaften kann gezielt danach gefragt werden „Was willst du wirklich? Wie meinst du das genau? Deine Mimik und das Gesagte stimmen doch nicht überein – ich verstehe nicht, was du mir sagen willst."

Auf diese Weise können Unstimmigkeiten aufgelöst werden.

Erinnern Sie sich einmal an eine missglückte Kommunikation, z. B. während eines unangenehmen Gesprächs: Wo, wann, warum und mit wem treten Kommunikationsstörungen auf?

Ist beispielsweise die Beziehungsebene gestört und müsste diese geklärt werden? Wie stehen die Beteiligten eigentlich zueinander? Verfügen sie über den gleichen Sachinhalt? Worum geht es hier eigentlich? Besitzen sie denselben Informations- und Wissensstand?

Mögliche Fragen/
Anregungen zur
Selbstreflexion

Können Sie selbst erkennen, ob möglicherweise einseitige Empfangsgewohnheiten bestehen? Mit welchem Ohr hört der andere bzw. hören Sie vorzugsweise?

Wie werden die Botschaften vom Sender übermittelt? Klar und deutlich? Sind die Nachrichten explizit, implizit, kongruent oder inkongruent? Wie nehmen Sie verbale und nonverbale Anteile wahr?

Geben Sie dem Gegenüber eine Rückmeldung, ein Feedback, wie das Gesendete bei Ihnen angekommen ist.

Woher kommen die Missverständnisse? Liegen sie vielleicht weder beim Sender noch beim Empfänger, sondern am übertragenden Medium? Hat die Post einen Fehler gemacht, liegen Störungen in der Leitung vor (Telefon, Handy: gestörter Empfang). Sind die Überträgergeräte voll funktionsfähig?

Grundsätzlich sollte daran gedacht werden, dass zum Kommunizieren immer Sender und Empfänger gehören. Beide haben ihre Anteile an der missglückten Kommunikation. Beide haben die Möglichkeit, Störungen anzusprechen und aufzudecken.

8.6 Krankheit und Kommunikation

Im Folgenden soll auf die besondere Kommunikation während des Krankseins eingegangen werden.

8.6.1 Ausdrucksweisen des Körpers bei Krankheit

Körperausdruck Die Vielfältigkeit der Kommunikation ohne Worte, die vor allem durch unseren Körper ausgedrückt wird, spielt in der Krankenpflege eine zentrale Rolle. Der Körperausdruck gibt Anzeichen für Krankheitssymptome und besitzt somit eine Art Signalfunktion für die Krankenbeobachtung. Zahlreiche krankheitsbedingte physiologische Veränderungen oder Funktionseinschränkungen des Körpers/der Körperfunktionen geben Aufschluss über krankhafte Veränderungen und dienen dem Erkennen und der Behandlung von Krankheiten.

8.6.2 Krankenbeobachtung

Die geschulte Wahrnehmung und Beobachtung des Patienten und seines Krankheitsverlaufs durch das Pflegepersonal ist eines der elementaren Werkzeuge qualifizierter Krankenpflege. Im medizinisch-pflegerischen Tätigkeiten ist sie unentbehrlich. Krankenbeobachtung wird insbesondere von Pflegekräften, medizinischem Personal (Arzthelferinnen, KrankengymnastInnen, medizinische Assistenzberufe) und Ärzten aktiv ausgeübt.

Zweck Mit Hilfe unserer Sinnesorgane (äußere und innere Wahrnehmung) und über die Aussagekraft der nonverbalen Kommunikation können eine Vielzahl von wichtigen Parametern und **Informationen über Krankheit, Krankheitszustand sowie Krankheitsverlauf** gewonnen werden. Dadurch können Krankheiten erkannt, präventiv und gezielt verhütet oder entsprechende Maßnahmen ergriffen werden (Medikamente verabreichen, therapeutische Maßnahmen wie Sauerstoffgabe bei Atemnot u.v.a.m.). Auf diese Weise können Komplikationen rechtzeitig erkannt und gegebenenfalls verhindert werden. Die Therapie und der damit in Zusammenhang stehende Krankheitsverlauf und Genesungsprozess können so kontinuierlich verfolgt werden. Reaktionen auf die verordnete therapeutisch-pflegerische und medikamentöse Behandlung werden beobachtet, beurteilt und an Kollegen und Ärzte mitgeteilt sowie schriftlich in der Pflegedokumentation festgehalten. Pflegeplanung und -ziele basieren auf der geschulten Wahrnehmung, Beobachtungsgabe und der Beurteilungsfähigkeit der Pflegekräfte – dem sicheren Unterscheidenkönnen von Wesentlichem und Unwesentlichem – und den daraus resultierenden Maßnahmen am Patienten. Krankenbeobachtung ist beständig Teil qualifizierter Pflege und in die Pflegetätigkeiten integriert.

8.6.3 Nonverbale Ausdrucksweisen des Körpers bei Krankheit

Aus medizinischer Sicht werden vorrangig krankheitsbedingte körperliche Funktionsstörungen beobachtet. So kann es durch bestimmte Krankheiten, Krankheitsfolgen oder durch (Neben-)Wir-
kungen von Medikamenten zu verschiedenen physiologischen Beeinträchtigungen kommen, beispielsweise zu Veränderungen der
Sprache wie Lispeln, Stottern oder eine schleppende, verlangsamte
Sprache bei Apoplexie, Nebenwirkungen von Neuroleptika oder
Psychopharmaka. Die **Mimik** kann verzerrt oder entstellt sein bei
Fazialislähmungen, Apoplexie, M. Parkinson, oder es liegt die typische Mimik bei sterbenden Patienten vor. Augenerkrankungen führen bei Sender und Empfänger zu erheblichen Verunsicherungen in
der Kommunikation. Bei Fehlstellungen der Augen weiß der Empfänger oft nicht, ob er auch wirklich gemeint ist und angesehen wird,
was zu Kommunikationsstörungen führen kann.

Körperliche
Funktionsstörungen

Körperhaltung und Bewegung sind abhängig vom Muskel- und
Skelettbau des Menschen. Erkrankungen des Halte- und Stützappa-
rates beeinträchtigen und behindern die gesunde Haltung. Bei Band-
scheibenschäden, Hexenschuss, Gangstörungen, Muskelzerrungen,
Gelenkversteifungen wirken Menschen schnell steif und unbeweglich. Meist ist dadurch das gesamte Erscheinungsbild eines Menschen verändert. Schmerzen, Koliken und Krämpfe beeinflussen den
Körperausdruck massiv. Schonhaltungen (angewinkelte Beine bei
Schmerzen im Bauchbereich) oder Fehlhaltungen (Rundrücken)
sind mögliche Folgeerscheinungen.

Neben den biologisch-physiologischen Zeichen sind aber auch die
seelischen Ausdrucksweisen von Belang für die Pflege des Patienten.
Hier zeigt sich z. B. das nicht sprechen mögen, das müde sein, der
Wunsch nach Ruhe und wenig Kontakt oder Kommunikation auf
nonverbaler Ebene recht deutlich. Manche Patienten verkriechen
sich unter die Bettdecke, schlafen viel oder stellen sich schlafend,
liegen mit dem Gesicht oder Körper zur Wand. Sie signalisieren
hierdurch, dass sie in Ruhe gelassen werden wollen.

Psychische
Beeinträchtigungen

Im Bereich der **Mimik** erkennt man schmerzverzerrte Gesichter, man
kann regelrecht sehen, dass der Patient wirklich Schmerzen hat.
Manche Patienten weinen, stöhnen, wimmern oder schreien vor
Schmerzen, wieder andere unterdrücken sie, reißen sich zusammen
und versuchen fröhlich zu wirken. Unbewusst greifen viele Kranke
nach der Schmerzstelle (Zahn- oder Bauchschmerzen). Hier finden
sich die oben angesprochenen inkongruenten Botschaften. Wenn
etwas nicht echt wirkt in der Kommunikation, wenn verbale und
nonverbale Anteile nicht übereinstimmen, dann nehmen wir das
sehr genau wahr. Neben den klagenden Patienten gibt es auch den
Patiententyp, der die Tiefe seiner Schmerzen nicht offen zeigt. Hier

sind pflegerisches Geschick und Sensibilität wichtig. Auch bei (männlichen) Kranken, denen anerzogen wurde Schmerz aushalten zu müssen, ist dies ein wichtiger Aspekt.

Die Augen spiegeln oft den Schmerz oder das Leiden des Kranken unwillkürlich wider. Manchmal sprechen sie ihre eigene stumme Sprache von Leiden, Schmerzen, um Hilfe bitten, oder drücken den Wunsch nach Trost aus. Insbesondere das Gemüt, die psychische Verfassung, ist durch Krankheit wesentlich beeinflusst. Bei schweren Krankheiten oder chronischen Leiden ist die Psyche erheblich in Mitleidenschaft gezogen. Viele Erkrankungen sind von seelischen Krisen, depressiven und mutlosen Stimmungen sowie seelischer Labilität gekennzeichnet. Für den Krankheitsverlauf, die Therapie und Genesung sind aber gerade die Gegenteile, Mut, Zuversicht und Optimismus entscheidend. Hierbei wird deutlich, wie wichtig aufmunternde Worte und Gespräche für Patienten sind. Einfühlendes Verstehen und gekonnte Gesprächsführung sind deshalb für Pflegekräfte wesentlich.

Kommunikations- störungen	Im Bereich der menschlichen Wahrnehmung *(siehe Kapitel 7)* kann es durch einige Krankheiten zu Kommunikationsstörungen kommen, unter denen Menschen stark leiden: Hörstörungen und Beeinträchtigungen des Sehvermögens sowie Sprachstörungen verursachen eine Vielzahl von Kommunikationsstörungen. Insbesondere für alte Menschen stellt das immer wieder ein Problem dar. Andere nicht verstehen zu können, nicht zu hören, was andere sagen, nicht mehr alles mitzubekommen, andere nicht zu erkennen, Gesprächen nicht folgen zu können – diese Beeinträchtigungen führen häufig genug zu Scham, Kontaktvermeidung, Kontaktverlust und nicht selten zur Isolation.

8.6.4 Körperkontakt und Kommunikation in der Krankenpflege: Nähe und Distanz

Die Bedeutung der nonverbalen Kommunikation für die Arbeit mit Patienten ist inzwischen deutlich geworden. Der Anteil des menschlichen Körpers als „Sprachrohr" für Ungesagtes, Unausgesprochenes eines Patienten, als Ausdrucksweise des kranken Körpers (Krankheitssymptome) oder der kranken Seele (Stimmung, Einstellung zur Krankheit) ist erheblich.

Nähe und Distanz sind insbesondere bei der Kommunikation Ausdruck der Beziehungsebene zwischen den Kommunikationspartnern.

Wie eng stehen zwei Personen zueinander, wie vertraut/höflich distanziert gehen sie deshalb miteinander um? Wieviel Distanz besteht zwischen beiden?

Sozialpsychologisch werden vier Arten von Distanz unterschieden:

Wichtig: Verschiedene Arten von Distanz

* Die **intime Distanz** findet sich zwischen einander vertrauten Personen: Freunde, Liebes- und Lebenspartner, Geschwister, Familienmitglieder. Dieser Kontakt ist sehr eng, körperlich nah, gefühlsbetont und zum Teil intim.
* Die **persönliche Distanz** ist die häufigste im Alltags- und Berufsleben geltende. Sie besteht aufgrund eines unbewussten sozial erlernten und natürlich gewählten persönlichen Abstands zu anderen Personen. Manchmal ist dieser groß, manchmal wird er verringert. Er variiert im Bereich von ca. 50 cm bis 1,20 m. Intime und persönliche Distanz werden im Pflegeberuf zwangsläufig überschritten.
* Bei der **sozialen Distanz,** ab 1,20 m bis 2,70 m, liegt ein erheblicher Abstand zwischen den Kommunikationspartnern vor. Häufig ist er zwischen Gruppen anzutreffen. Es finden sich weder gefühlsmäßige Nähe noch körperliche Berührung. Abstand spielt hierbei eine zentrale Rolle.
* Die **öffentliche Distanz** (2,5 – 4 m) gilt bei typischen Vortrags- oder Unterrichtssituationen wie in der Schule oder Universität. Sie wird heutzutage jedoch oft in den Bereich der sozialen-persönlichen Distanz verlagert (im Kreis diskutieren, Nähe zu Diskussionspartnern aufbauen, zu Schülern oder Studenten; Klein-Gruppenarbeit, persönliches Ansprechen der Teilnehmer).

Pflegepersonal übt vorwiegend am Körper des Patienten einen Hauptteil seiner pflegerischen Tätigkeiten aus, denn der Körper ist der Ort, an dem Gesundheit und Krankheit stattfinden. Der Körper ist (mit) das individuellste und persönlichste, was wir Menschen besitzen, was unsere Individualität ausmacht, und stellt deshalb einen hochsensiblen Bereich dar. Berufsbedingt muss jedoch gerade dieser Bereich oft überschritten oder ungewollt durch Pflegetätigkeiten verletzt werden. Kontakt, Beziehungsebene, Nähe und Distanz zwischen Patient und Pflegekraft sind hier ganz wesentliche Elemente.

Grenzüberschreitungen

Durch die Krankheitssituation wird die unnatürlich nahe und intensive Beziehung zwischen Kranken und Pflegeperson initiiert. Beide Personen sind einander fremd, müssen aber durch die Krankheit eng zusammen arbeiten, einander entgegenkommen. Ob man einander sympathisch ist oder nicht, ob man Vertrauen entwickeln kann oder nicht – der äußere Rahmen (Krankenhaus), sowie die Krankheitssituation schaffen eine Art künstliche Nähe und eine von Vertrauen und Körperkontakt geprägte Beziehung.

9 Gesprächsführung – ein zentraler Aspekt in der Krankenpflege

9.1 Einführung

Kommunikation und Interaktion zwischen Pflegepersonal und Patient sind die Basis für alle pflegerisch-therapeutischen Maßnahmen. Wie bereits im Kapitel Kommunikation geschrieben sei an dieser Stelle wiederholt gesagt, dass ohne Verständigung, ohne Sprache oder nonverbale Kommunikation die Tätigkeit an und mit Menschen überhaupt nicht vorstellbar ist. Insbesondere im psychosozialen, therapeutischen und pflegerischen Bereich – den so genannten helfenden Berufen – spielt Kommunikation eine zentrale Rolle.

Definition Ein spezieller Bereich der Kommunikationspsychologie ist das Gebiet der Gesprächsführung. Gesprächs-Führung ist die Kunst Gespräche zu führen, zu beeinflussen, zu leiten oder zu steuern. Hierdurch können Gespräche gezielt und sinnvoll geführt werden und auf diese Weise effektiv sein, d. h. eine sinnvolle Wirkung erzielen.

Im Pflegealltag wird eine Vielzahl von Gesprächen geführt. Das Pflegepersonal kommuniziert beständig mit verschiedenen Personengruppen.

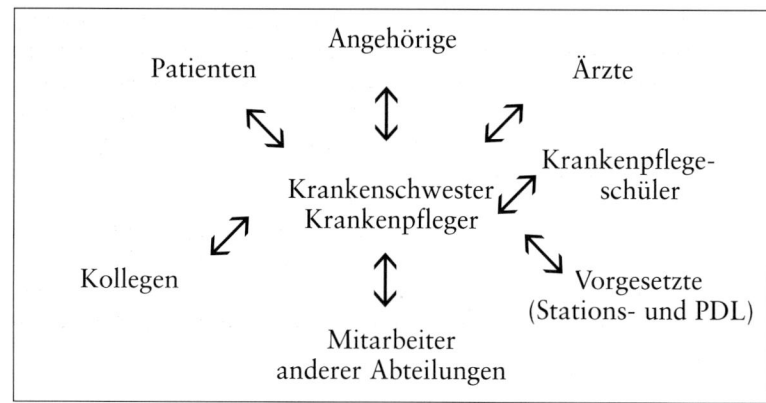

Abbildung 14: Kommunikationspartner des Krankenpflegepersonals

Weil täglich so viele Gespräche geführt werden erscheint es sinnvoll, neben kommunikationspsychologischem Grundwissen ergänzend die Möglichkeiten der Gesprächsführung kennen zu lernen, diese zu beherrschen und anwenden zu können.

9.2   Gesprächsarten

Es gibt verschiedenste Anlässe, weshalb Gespräche geführt werden. Daraus ergibt sich eine Vielzahl von Gesprächsarten. Für die Krankenpflege stehen an erster Stelle Gespräche mit dem Patienten. Sei es über Alltägliches, über Stationsabläufe, das Informieren und Instruieren bei therapeutischen Maßnahmen wie auch über Ängste und Probleme bezüglich der Krankheit. Weitere spezielle Gespräche sind Mitarbeitergespräche, Beurteilungsgespräche, Konfliktgespräche, Team- und Stationsbesprechungen, die Stationsübergabe, Angehörigengespräche sowie fachliche Gespräche mit Ärzten. In diesem Kapitel bezieht sich Gesprächsführung vor allem auf Patientengespräche.

Dennoch sind die Grundhaltungen der Gesprächsführung, die Gesprächsbausteine u. a. ebenfalls auf alle anderen Gesprächssituationen anwendbar beziehungsweise übertragbar.

Alltagsgespräche

Für den Patienten stehen vor allem Gedanken, Ängste und Sorgen über seine Krankheit im Vordergrund vieler Gespräche. Die normale Alltags- und Berufswelt hat sich für den Patienten jetzt in eine Welt des Krankenhausalltags, der Krankheit und des Gesundwerdens verwandelt. Die Auseinandersetzung mit der Krankheit (Untersuchungen, Ergebnisse, Therapie, Medikamente, Folgen für das weitere Leben) und das Leben im Krankenhaus beschäftigen seine Gedanken- und Gefühlswelt.

Gesprächsthemen

Die individuelle Beschäftigung mit der Krankheitssituation ist wichtig, um Bewältigungsmöglichkeiten im Umgang mit der Erkrankung zu entwickeln *(siehe Coping/Compliance; Kapitel 4)*. Hierzu ist die Konfrontation und Auseinandersetzung mit Mitpatienten, Pflegepersonal und Ärzten unumgänglich; eine Menge diesbezüglicher Fragen und die Suche nach Antworten *(Attribution; Kapitel 6)* beschäftigen den Patienten unentwegt.

Vielfach wird der Auseinandersetzung jedoch bewusst oder unbewusst aus dem Weg gegangen und sie wird vermieden. In diesem Fall sollte die Krankenschwester/der Krankenpfleger den Patienten durch **einfühlendes Verstehen** an die Bewältigung der Krankheit heranführen.

Gesprächshaltung

So ergeben sich einerseits problemorientierte Patientengespräche über alles, was mit der Krankheit in Zusammenhang steht. Andererseits kann es jedoch nicht gesundheitsfördernd sein, sich nur noch selbst zu beobachten und sich unentwegt mit der Krankheit auseinander zu setzen. Dies erzeugt nur zusätzlichen Stress und Ängste. Deshalb sind Gespräche, die Ablenkung bieten und dazu verhelfen können, die Gedanken des Patienten zu zerstreuen, von nicht geringer Bedeutung. Plaudereien über Alltägliches, über Bücher, Filme, Fernsehen, das Essen, das Wetter, der Klatsch in den Zeitschriften oder die aktuellen Nachrichten sind unerlässlich. Auch Gespräche über die Arbeit, die Situation Zuhause, die Familie u. a. helfen den Patienten aus der permanenten Beschäftigung mit seiner momentanen Krankheitssituation heraus und im wahrsten Sinne auf andere Gedanken zu kommen.

Gesprächszwecke

Vor diesem Hintergrund wird die Bedeutung und der Sinn von Alltagsgesprächen deutlich. Diese Gespräche geben dem Patienten Sicherheit, vermitteln positive Gefühle in der durcheinander geratenen Welt und haben eine hohe Entlastungsfunktion. Der bewusste und gekonnte Einsatz solcher Gesprächssituationen durch das Einfühlungsvermögen des Pflegepersonals besitzt einen heilenden, helfenden, unterstützenden Wert für einen positiven Therapieverlauf und Genesungsprozess. Die Aspekte **Ablenkung und Entlastung** sind also keineswegs zu unterschätzen. Diese Art unverfänglicher und relativ neutraler Gespräche können praktisch beständig während der pflegerischen Tätigkeit (aus-)geübt und initiiert werden.

Das problemorientierte Gespräch – Gespräche über Krankheit, Sorgen und Ängste des Patienten

Bedeutungs- zusammenhang

Für den Patienten und dessen Therapie- und Genesungsprozess ist die eigene Beschäftigung und Auseinandersetzung mit seiner Krankheit wichtig und sinnvoll. Meistens ist es aber nicht leicht, sich positiv und auf konstruktive Weise seiner Krankheit zu stellen. Anfangs stehen Ängste, Probleme, Unsicherheit und nicht selten Verzweiflung, Depression und Mutlosigkeit im Vordergrund. Krankheit stellt für die meisten Menschen gewissermaßen eine Krise(nsituation) in ihrem bisherigen Alltag, Leben und Beruf dar. Herausgerissen aus dem Alltagsgeschehen sieht das Leben plötzlich vollkommen anders aus. Die Krankheit steht jetzt völlig im Mittelpunkt der Aufmerksamkeit. Die ungewohnte Welt des Krankenhauses, der Stationsalltag, Untersuchungen, Warten auf Untersuchungsergebnisse, Angst vor Operationen, Schmerzen, Verständnis und Akzeptanz von anderen Mitpatienten, den Pflegekräften und Ärzten – all dies bereitet dem Patienten Sorgen und verunsichert ihn.

Gesprächszweck

Gespräche über Ängste und Unsicherheiten sind aus diesem Grund ungemein wichtig. Sie haben vor allem eine Entlastungsfunktion, unterstützen und beraten. Geschickt angewandte Gesprächsführung entlastet den Kranken, wenn er auf Verständnis stößt, in seinen Sorgen ernst genommen wird und einen Zuhörer findet, bei dem er sein Herz ausschütten kann. Auf diese Weise können Ängste zerstreut oder abgebaut werden. Informationen und Erklärungen können beratend und unterstützend sein. Für die problemorientierten Gesprächssituationen sind Einfühlungsvermögen, Zeit, Ruhe und eine allgemein verständliche Sprache erforderlich. Der Fachjargon aus den Spezialgebieten Pflege und Medizin ist gemeinhin oft genug die Ursache für Verunsicherung und unnötige Missverständnisse auf Seiten des Patienten.

Neben den aktuellen Problemen beschäftigen ihn außerdem die Sorgen über sein zukünftiges Leben mit der Krankheit oder den Krankheitsfolgen. Wie kann er damit auch nach dem Krankenhausaufenthalt umgehen? Insbesondere die Art und Schwere sowie die Dauer und möglichen Auswirkungen der Krankheit beeinflussen das weitere Leben des Patienten erheblich. Typische Fragen sind:

Problemstellungen

- Wie kann ich mit dieser Krankheit (weiter)leben, wie lerne ich mit ihr umzugehen, sie gewissermaßen zu akzeptieren und anzunehmen?
- Wie kann ich auf positive Weise aus meiner Krankheit lernen und mein weiteres Leben anders gestalten?
- Was muss oder will ich zukünftig verändern?
- Was muss ich hierfür möglicherweise veranlassen (ambulante Pflege, ein Krankenbett, Rollstuhl, Entspannungskurs besuchen, Ernährungsumstellung lernen....)?
- Wie kann ich weitere Pflege zu Hause organisieren?
- Wie kann ich so weit wie möglich (wieder) alleine zurecht kommen nach der Entlassung?

9.3 Ich-zentrierte und partner-/ patientenorientierte Gesprächsführung

Hauptgesprächspartner und Zuhörer des Patienten wird immer das Pflegepersonal sein. Neben Ärzten und anderem Krankenhauspersonal sind es vor allem die Krankenschwestern und Krankenpfleger, die am meisten und intensivsten Zeit mit dem Kranken verbringen. Im Laufe der Zeit baut sich eine mehr oder weniger intensive persönliche Beziehung zwischen Patient und Pflegekraft auf. Schwester und Pfleger haben eine „Vermittlerposition" zwischen dem Patient, dem Arzt oder den Angehörigen. In ihrer pflegerischen Fachkompetenz können sie beratend und informierend zur Seite stehen. Hier ist dahingehend Achtung geboten, den Patienten nicht mit Ratschlägen oder Erfahrungen zuzuschütten oder von eigenen Problemen auf die des Patienten zu schließen. Dies entspräche der so genannten ich-zentrierten Gesprächshaltung.

Ich-Zentrierung

Die **Reaktion** meines Kommunikationspartners auf diese verstärkt auf mich selbst zentrierte Gesprächshaltung sind meist Abwehr, Nachgeben, sich unverstanden fühlen, das Gespräch unvermittelt beenden wollen. Der Kranke fühlt sich nicht mehr gesehen, und plötzlich ist er es, der zuhört, der sich zurücknimmt. Den Raum für das Gespräch nimmt die Pflegekraft mit ihren Lösungsvorschlägen und ihrem eigenen Erzählbedürfnis ein. Ratschläge, Erfahrungen und Lösungen lassen sich – obwohl gut gemeint – nicht einfach auf einen anderen Menschen übertragen und anwenden.

Patientenorientierung

Aus diesen Erfahrungswerten heraus entwickelte sich die partner-zentrierte – und hier: die patientenorientierte – Gesprächshaltung. Hierbei nimmt sich die Pflegeperson selbst zurück und gibt dem erzählendem Patienten „freien Raum“. Sie greift nicht vorschnell ein, bietet keine Lösungen oder „Patentrezepte“ an, ermuntert eher und hört aufmerksam zu. In dieser Haltung empfindet der Patient sich „gehört“, nimmt wahr, dass er Zeit hat über seine Sorgen zu sprechen, und fühlt sich ernst genommen mit seinen Gedanken und Gefühlen. Denn der angebotene Raum ermöglicht es dem Kranken, eben genau seine individuellen Erlebensweisen auszusprechen, da diese weder bewertet noch abgetan, sondern akzeptiert werden. Um diese **Atmosphäre der Akzeptanz und allgemeinen Wertschätzung** zu erlangen, wurden auf der Basis der humanistischen patientenorien-tierten Gesprächsführung bestimmte Grundvoraussetzungen ent-wickelt.

9.4 Humanistische Grundhaltungen der Gesprächsführung

Die humanistische Gesprächsführung stellt eine spezielle Form der Gesprächsführung dar. Diese geht zurück auf CARL ROGERS, der die klientenzentrierte Psychotherapie entwickelte. Für ROGERS stand die Person (Klient/Patient) als solche in ihrer Individualität und ihrem ganz eigenem Können und Wollen im Mittelpunkt. Er geht von einem positiven humanistischen Menschenbild aus, nach dem der Mensch an sich gut ist in seinem individuellem Sein und Tun. Er ist o.k., so wie er ist, und ihm soll mit Wertschätzung und positiver Akzeptanz begegnet werden.

Grundannahmen

Wie auch immer Menschen handeln, sie tun dies, so gut sie es zum jeweiligen Zeitpunkt vermögen. Dem Menschen wird **selbstverant-wortliches Handeln und Entscheiden** unterstellt. Er verfügt über eigene Möglichkeiten und Kräfte, Konflikte zu lösen und den Schwierigkeiten des Lebens zu begegnen. Darüber hinaus besitzt er **Selbstheilungskräfte**, die es ihm ermöglichen, selbstverantwortlich, aktiv und bewusst in Leben, Gesundheit und Krankheit eingreifen zu können.

Orientierungsfunktion

ROGERS selbst war klar, dass dies ein hohes, beinahe utopisches Ideal vom Menschen und menschlichen Leben war (die so genannte fully functional person – die voll funktionierende und ganzheitliche Persönlichkeit). Dennoch mag es, gerade weil wir alle eher diesem Ideal nicht entsprechen, als sinnvoll erscheinen, sich hieran positiv zu orientieren und nach Möglichkeiten für ein gesundes, sinnvolles und glückliches Leben zu streben.

Anhand dieses aus der Humanistischen Psychologie und der Existenzphilosophie entstandenen Menschenbildes entwickelte ROGERS die Grundvoraussetzungen einer positiven, personenzentrierten Gesprächführung. Diese Grundvoraussetzungen werden auch als unbedingte Gesprächshaltungen bezeichnet. Es sind **Akzeptanz, Empathie und Kongruenz.**

Grundhaltungen

Empathie bedeutet soviel wie einfühlendes Verstehen, sich in die Welt und Sichtweise des anderen hinein versetzen zu wollen und zu können – so zu sagen durch die Brille des Patienten zu sehen und dadurch seine Welt, seine Gefühle und Gedanken besser verstehen zu können.

Empathie

Unter Akzeptanz versteht man die grundsätzliche Wertschätzung gegenüber einem anderen Menschen. Es bedeutet dem anderen möglichst wert- und vorurteilsfrei gegenüber zu treten, und ihm mit Achtung gegenüber seinem So-Sein, seiner Individualität, zu begegnen. Gefühle wie Hass, Ablehnung, Ekel oder Vorurteile gilt es genauso wie Sympathie und Liebe „im Zaum" zu halten und diese zu kontrollieren oder zurück zu stellen. Diese Haltung bietet die Möglichkeit, einander möglichst offen und ohne negative Einstellungen zu begegnen.

Akzeptanz

Kongruenz heißt soviel wie Echtheit. Damit ist gemeint, dass der Gesprächsführer möglichst „authentisch" sein soll in dem was er sagt, fühlt und denkt. In der Gesprächssituation bedeutet das, wahrhaftig zu sein und auch zu seinen Wahrnehmungen und Empfindungen stehen zu können und diese gegenüber dem Gesprächspartner angemessen zu äußern. Damit ist nicht gemeint, ständig frei heraus seine Gedanken und Gefühle mitzuteilen, aber es fordert dazu auf, diese ernst- und wahrzunehmen und gegebenenfalls auszusprechen. Hierzu gehört die bewusste Wahrnehmung der eigenen Grenzen, der Belastbarkeit und eben auch der Vorurteile, die man zwar zurückhalten soll, aber für sich selbst akzeptiert.

Kongruenz

Empathie, Akzeptanz und Kongruenz sind keine „Psychotechniken". Sie sind nicht wirklich erlern- oder trainierbar. Vielmehr kann man diese nur durch eigene Lebenserfahrungen und aus einer inneren Haltung heraus entwickeln. Die eigenen Lebens- und Wertvorstellungen, das individuelle Welt- und Menschenbild sind wesentlicher Bestandteil dieser positiven inneren Einstellung gegenüber dem (Mit-)Menschen.

Wichtig

9.5   Gesprächsführung lernen

Neben den humanistischen Grundhaltungen sind darüber hinaus bestimmte, auf ein Gespräch wirkende **Faktoren** sowie hilfreiche **Gesprächstechniken** wichtig, um eine effektive Gesprächsführung durchführen zu können.

9.5.1 Welche Faktoren beeinflussen ein Gespräch?

Variable des Gesprächsführers Schwester/Pfleger	Variable des Gesprächspartners Patient	Beziehungsvariable Pflegeperson-Patient asymmetrisch/ abhängig
↖	↑	↗
	Gespräch	
↙		↘
Situationsvariable Alltags- oder Problemgespräch		**Äußere Umstände** Ort, Zeit
↙		↘
Gruppenzugehörigkeit Patientengruppe; Pflege- personal männlich/ weiblich		**Biografische Einflüsse** Persönlichkeitseigenschaften und Erfahrungsschatz der Gesprächspartner

Abbildung 15:
Gesprächsbeeinflussende Faktoren

Die dargestellten Gesprächsfaktoren sollen im Einzelnen erläutert werden.

Variable des Gesprächsführers

Hierunter gehören Aspekte wie Rolle (Schwesternrolle, Berufsrolle), Erfahrung, Fachkompetenz, Verhaltensweise, momentane Stimmung, Vertrauen oder Misstrauen gegenüber dem Gesprächspartner, Ausstrahlung, Lust am Beruf, Zeitdruck, Situation am Arbeitsplatz.

Wird die Person in ihrer Berufsrolle und Fachkompetenz akzeptiert?

Variable des Gesprächspartners

Die Bestimmungsgrößen sind ähnlich wie beim Gesprächsführer. Es ist jedoch im speziellen die Patientenrolle gemeint, d. h. die Krankheit und die Situation als Laie in Pflege und Medizin.

Beziehungsvariable

Der Beziehungsaspekt zwischen Pflegekraft und Patient ist geprägt durch die asymmetrische Beziehungskonstellation. Achtung, Akzeptanz, Vertrauensverhältnis, Sympathie und Antipathie sind hier von Bedeutung.

In welcher Situation findet das Gespräch statt? Ist es ein persönliches Gespräch, wird etwas erklärt? Geht es um Kritik oder Lob? Ist es ein Einzel- oder Gruppengespräch? Häufige Situationen sind die Visite, das Informieren und Instruieren des Patienten durch das Pflegepersonal. Auch vertrauliche Gespräche gehören dazu, in deren Mittelpunkt Trost spenden, Mut machen, sein Herz ausschütten, Ängste vermindern z. B. vor Operationen, therapeutischen Maßnahmen oder Untersuchungen steht.

Situationsvariable

Bedeutung haben vor allem der Rahmen und Zeitaspekte des Gesprächs: Steht genügend Zeit zur Verfügung, die für ein ausführliches oder wichtiges Gespräch benötigt wird, oder findet das Gespräch zwischen Tür und Angel beim Verlassen des Zimmers statt? Ist es der richtige Zeitpunkt? Ist einer der Partner in Zeitdruck?

Äußere Umstände

Auch die gleiche oder unterschiedliche Gruppenzugehörigkeit beeinflusst das Gespräch. Im Klinikbereich stehen sich Patienten- und Pflegegruppe gegenüber. Andere Gruppen sind Besucher, Ärzte, Pflegeschüler, Laborassistenten, Krankengymnasten, Reinigungspersonal, Extrawachen oder das Verwaltungspersonal. Im Hinblick auf Alter, Geschlecht, sozialer Rolle, sozialen Status oder Vorurteile (z. B. ausländische Patienten) wird ein Gespräch unbewusst stark beeinträchtigt.

Gruppenzugehörigkeit

Unter die biografischen Einflüsse fallen alle sozialisationsbedingten Prägungen, Erfahrungen, Einflüsse eines Menschen. Entsprechend fließt dieser individuelle Erfahrungsschatz, insbesondere auch berufliche Erfahrungen, mit in Gespräche ein. Beide Gesprächspartner bringen ihre Erfahrungen und Eindrücke vorheriger Begegnungen mit und haben sie unbewusst gespeichert.

Biografische Einflüsse

9.5.2 Ausgewählte Gesprächsbausteine für Krankenpflegepersonal

Im Rahmen der Gesprächsführung gibt es zahlreiche spezielle Möglichkeiten und „Gesprächstechniken", die besonders förderlich für eine positive Gesprächsführung sind. Einige wichtige sollen dargestellt werden, da sie für die Kommunikation in der Krankenpflege, vor allem zwischen Pflegepersonal und Patient, hilfreich sein können.

Gesprächsbaustein: Zuhören

Dieser Baustein ist wohl am entscheidensten. Die meisten Menschen meinen, sie seien gute Zuhörer aber fallen sie dem anderen nicht öfter mal ins Wort? Haben sie nicht beständig das Bedürfnis zu sagen, was sie dazu meinen, denken, tun würden oder selbst erlebt und deshalb zu berichten haben?

Unmerklich wechselt bei einem Stichwort plötzlich die Aufmerksamkeit zum eigentlichen Zuhörer, der nun selbst zum Erzählendem wird. Eigentlich hört auf diese Weise keiner dem anderen richtig zu. Wie anders verläuft dagegen ein Gespräch, wenn der andere Raum und Zeit erhält, in Ruhe das zu sagen, was er sagen möchte. Es gilt also, die eigene spontane Reaktion zu kontrollieren und zu beobachten, und zu lernen, sich selbst mehr zurück zu nehmen. Lernen Sie aktiv zuzuhören. Unterbrechungen zu vermeiden und den anderen in Ruhe berichten zu lassen.

Genau dies geschieht in therapeutischen Situationen. Und eben diese Zeit und Möglichkeit, dass jemand sich zurückhält, aber gleichzeitig Interesse und Aufmerksamkeit seinem Gegenüber zeigt, motiviert zum Sprechen und beeinflusst das Gespräch auf positive Weise.

Gesprächsbaustein: Pausen ertragen

Ganz ähnlich der Tatsache, dass wir es „verlernt haben" einem anderen Menschen richtig zu zuhören, können wir schlecht Pausen in Gesprächen ertragen. Gesprächspausen oder Schweigen beunruhigt uns und verunsichert. Oftmals assoziieren wir damit Langeweile, dass man sich nichts (mehr) zu sagen hat, peinliches Schweigen – überwiegend negative Gefühle oder Gedanken. Häufig empfinden Gesprächspartner dies jedoch ganz unterschiedlich: Für Gedankengänge, Resümieren, Nachdenken, sich konzentrieren, etwas erst mal verarbeiten – all diese geschieht in Redepausen. Auch vor belastenden oder schwierigen Gesprächsinhalten benötigt der Erzähler eine Anwärm- oder Anlaufzeit, um sich etwas von der Seele zu reden. Für den Zuhörer oder Gesprächsführer dagegen gilt es diese Pausen auszuhalten. Nicht vorschnell diese Stille mit Kommentaren zu füllen um das Schweigen zu überbrücken oder zu beenden. Beobachten Sie sich einmal, wie gut oder schwer Sie Gesprächspausen „ertragen" können.

Gesprächsbaustein: Distanz zum Inhalt haben

Existenzielle Erfahrungen

Gerade im Pflegeberuf wird man mit den schwersten Dingen des menschlichen Daseins konfrontiert. Schmerz, Krankheit, Leiden, Sterben, Hilflosigkeit und Verzweiflung berühren. Schicksale erschüttern, und es fällt nicht leicht, all das nicht zu nahe an sich heran kommen zu lassen. Viele Tätige im sozialen Bereich fühlen sich durch die Problematik ihres Klientels, ihrer Patienten selbst berührt und oft an die eigene Lebensgeschichte oder ähnliche Probleme erinnert.

Sharing – etwas teilen – wird das im Fachvokabular genannt. Schmerzen zu teilen und sich betroffen zu fühlen ist sicherlich ein Grund, warum gerade die fürsorglichen, helfenden und heilenden

Tätigkeit mit Menschen so viel Kraft kosten. Es wichtig, eine „gesunde" Distanz zum Inhalt aufzubauen, eigene Erlebnisse, Bewertungen, Meinungen, Erfahrungen wahrzunehmen und entsprechend zu kontrollieren. Es sollte gelernt werden, den eigenen emotionalen Bezug zum Inhalt zurück zu halten.

Um Missverständnisse zu vermeiden: Es geht nicht darum, sich kühl und distanziert seinem Gegenüber zu verhalten. Anteilnahme, Verständnis und Aufmerksamkeit sind gerade hier enorm wichtig. Dennoch sollte der Inhalt im Vordergrund bleiben und auf diesen eingegangen werden. Es nützt nichts, mit dem Patienten „mitzuweinen". Es soll deutlich werden, dass man sich gut in die Situation des anderen hineinversetzen kann und hierfür Verständnis zeigt (Empathie), dennoch erscheint es nicht hilfreich, durch die eigene Betroffenheit blockiert zu sein, den anderen mit Ratschlägen oder eigenen Bewältigungsstrategien zu überfordern oder ihm damit helfen zu wollen. Distanz in diesem Sinne bedeutet nicht Teilnahmslosigkeit, sondern ermöglicht vielmehr offen dem anderen begegnen zu können. Es geht darum, dass der Betroffene selbstständig seine eigenen Ressourcen und Bewältigungsmöglichkeiten erkennt und nutzt.

Baustein: Den eigenen emotionalen Bezug angemessen äußern

Anknüpfend an den vorherigen Baustein gilt es dennoch während eines Gesprächs kongruent – echt – zu sein und zu bleiben. So kann es recht künstlich wirken, wenn man sich übermenschlich bemüht, die persönliche Betroffenheit zurück zu stellen. Wir sind alle nur Menschen und keine Roboter! Unbewusst spürt der Empfänger ohnehin sehr genau, wenn etwas nicht echt ist oder sich der Gesprächspartner verstellt. Auf diese Weise entsteht schnell eine Gesprächsbarriere, das Gespräch fließt nicht mehr und wird plötzlich abgebrochen. Aus dieser Erkenntnis heraus wurde dieser Baustein entwickelt.

Kommt es zu der Situation, dass man selbst zu sehr betroffen ist vom Erzählten, so ist es am effektivsten den eigenen emotionalen Bezug ehrlich anzusprechen, die eigene Anspannung und Betroffenheit offen zu legen. Daraus ergibt es sich manchmal, dass ein Gespräch möglicherweise abgebrochen wird. Dennoch geht es um die Ehrlichkeit der Gesprächspartner. Vielleicht erweist es sich dann als hilfreicher, mit einer weniger persönlich betroffenen Person das Gespräch fortzuführen. Die Ehrlichkeit und Offenheit wird mehr geschätzt werden als die künstliche Distanz.

Baustein: Achtung, Gespräch gestört!

Es gibt äußere und innere Umstände, welche einen Gesprächsverlauf beeinflussen. Wenn beispielsweise Zeitdruck vorhanden ist, während eines Gesprächs ein dritter dazu kommt oder das Telefon klingelt, dann wird das Gespräch gestört *(siehe auch Abbildung*

15 auf S. 132). Umstände solcher Art sollten bei wichtigen Gesprächen vorher abgeklärt und bedacht werden. Bei einem Patienten-Arzt-Gespräch sollte ein „Bitte nicht stören-Schild" existieren oder spezielle Patientensprechstunden auf der Station für Patienten bekannt sein.

In einigen Einrichtungen wurden deshalb in der Übergabezeit Anrufbeantworter angeschafft, deren Text auf diese Nicht-Sprechzeiten aufmerksam macht und die Möglichkeit bietet, dennoch (s)ein Anliegen zu hinterlassen. Es können während der Übergabezeit durch Aushang mit den Zeiten und der Bitte, dann nicht zu stören, Patienten und Besucher darauf aufmerksam gemacht werden.

Innere Störungen

Innere Gesprächsstörungen können durch ungeschickte Gesprächsführung auftreten. Hierzu zählen beispielsweise: Bewertungen, Vorurteile, direkte oder manipulative Fragen, die den anderen in die Enge treiben, Ausfragen, persönliche Meinungen, Ratschläge abgeben oder aufzwängen, ungefragt Lösungen anbieten oder aufdrängen, sich in den Vordergrund drängen und damit den anderen verdrängen, Monologisieren, keine Pausen ertragen, den anderen oder das Gesagte herunter spielen.

Merke

> Wichtig ist vorrangig, sich dieser Störungen bewusst(er) zu werden und sich selbst bei Gesprächen zu beobachten – und damit Gesprächsführung zu (er)lernen. Seien Sie hierbei geduldig mit sich. Nur beständiges Üben in der Praxis vermittelt ein Verständnis von Gesprächsführung.

9.5.3 Tipps

Den Abschluss dieses Kapitels bildet eine Liste mit hilfreichen Tipps für die Praxis der Gesprächsführung.

Hinweise zur Gesprächsführung

- Schulen Sie Ihre Wahrnehmung während eines Gesprächs. Wie nehme ich mich selbst wahr bei Gesprächspausen, bei Betroffenheit, bei eigenen Vorurteilen, wann bewerte ich? Wem gegenüber bin ich voreingenommen – warum?
- Wie gut können Sie „aktiv" bewusst zuhören? Wann unterbrechen Sie den anderen?
- Sprechen Sie Störungen, die Sie während eines Gespräches wahrnehmen, an! Klären Sie sie!
- Vermeiden Sie Interpretationen – was hat der andere tatsächlich gesagt?
- Lernen Sie Rückfragen zu stellen, dem Gegenüber ein Feedback zu geben – wie ist seine (oder Ihre) Botschaft angekommen?
- Sprechen Sie so klar und eindeutig wie möglich, um so seltener ist Raum für Missverständnisse.

- Vermeiden Sie „Gesprächskiller" wie Drohungen, Beschimpfen, Vorwürfe, Ironisieren, Belehrungen, Herabspielen, Geringschätzung.
- Vermeiden Sie Ratschläge! Was Ihnen geholfen hat, muss nicht gut für den anderen sein.
- Sprechen Sie per Ich und nicht per Du: Ich habe das so verstanden – nicht: Du hast das so gesagt.
- Sprechen Sie von sich selbst und nicht über den anderen.
- Stoppen Sie das Gespräch, wenn Sie etwas nicht verstanden haben oder nicht folgen können.
- Nutzen Sie die Zeit, die zur Verfügung steht; auch kurze Gespräche können gut sein!
- Machen Sie deutlich, wie viel Zeit Sie für ein Gespräch im Moment haben!
- Halten Sie Distanz zum Inhalt – schützen Sie sich, wenn Sie etwas sehr betroffen macht!
- Sprechen Sie es an, wenn Sie glauben, nicht der „richtige" Gesprächspartner zu sein.
- Machen Sie deutlich, wann Sie ein Gespräch beenden möchten – oder bieten Sie einen günstigeren Zeitpunkt an!

10 Soziale Einstellungen – wie Menschen sich begegnen

In diesem Kapitel geht es um die Einstellungen, die im sozialen Handeln und Denken eine Rolle spielen. Überall, wo wir mit Menschen arbeiten oder in Kontakt treten, werden wir geleitet von bestimmten sozialen Einstellungen, Vor-Urteilen, Stereotypen und Stigmata.

10.1 Typologie

10.1.1 Einstellungen

Wichtig

> Menschen besitzen bestimmte Einstellungen, die das individuelle Verhalten, Denken und Fühlen entsprechend beeinflussen. Hierdurch geht man mit einer positiven oder negativen, dementsprechend offenen oder verschlossenen Haltung auf Menschen, Dinge, Situationen oder Ideen zu. Einstellungen besitzen das Merkmal, dass sie **tief verinnerlicht und relativ stabil** sind. Deshalb sind sie schwer zu verändern.

Auch wenn jemand seinen festen Vorstellungen zum Trotz neue Erfahrungen macht, die eben nicht seinem Vorurteil entsprechen, kann er sie nur schwer korrigieren.

Grundsätzlich lässt sich sagen, dass Einstellungen auf drei Ebenen Einfluss nehmen:

Einflussnahme auf die Gedanken/kognitive Ebene

Jeder hat eine gedankliche Vorstellung, d. h. ein festes Bild von Menschen, bestimmte Menschengruppen, Situationen oder Dinge. Neue Wahrnehmungen verknüpft er automatisch damit.

Zum Beispiel haben über die Institution Krankenhaus viele Menschen eine Meinung. Sie finden es furchtbar ins Krankenhaus zu müssen, es bedeutet Krankheit, Schmerzen und Leid. Nach einem Klinikaufenthalt war alles gar nicht so negativ und schrecklich. Manche Patienten haben wichtige Erfahrungen durch ihre Krankheit gemacht, haben enge Kontakte zum Pflegepersonal oder Mitpatienten gehabt. Das ursprünglich negativ geprägte Bild wird aber lediglich als Ausnahme „Ich lag eben auf einer besonders netten Station" bewertet, und reicht somit nicht aus, die festgefahrenen Einstellungen zu verändern.

Welche Gefühle löst meine Einstellung aus? Welche Emotionen verbindet jemand mit bestimmten Menschen, Situationen oder Dingen? Handelt es sich um positive oder negative Gefühle (Sympathie/ Antipathie; Lust/Unlust; Freude/Unmut).

Einflussnahme auf die Gefühle/affektive Ebene

Hat jemand gegenüber einem anderen angenehme Gefühle, dann verbindet er automatisch Freude, Sympathie und Offenheit mit diesem Menschen. Er hat eine positive Haltung, wenn er diesem Menschen begegnet.

Die Handlungsbereitschaft eines Menschen und sein Verhalten ist abhängig von seiner Haltung gegenüber bestimmten Menschen, Situationen u.s.w.

Einfluss auf die Handlungs- oder Verhaltensebene

Z. B. verfügt jemand über eine positive Einstellung zu seiner Arbeit, dann bringt er eine viel größere Handlungsbereitschaft und Offenheit mit kollegial zu sein, Überstunden zu machen, Dienste zu tauschen usw., als wenn er sich ohnehin schon überlastet fühlt. In diesem Fall wäre die Bereitschaft berufsbedingte Zugeständnisse zu machen recht gering („Ich habe schon so viele Überstunden gemacht").

10.1.2 Vorurteile

> Vorurteile stellen eine besondere Art der negativen Einstellung – vorrangig gegenüber Personen oder Personengruppen – dar. Meist handelt es sich um eine herabsetzende, vorgefestigte Bewertung, die gegenüber allen oder den meisten Menschen bestimmter Gruppen entgegen gebracht wird.

Definition

Vorurteile sind ebenfalls **stabil und schwer zu verändern,** selbst bei gegenteiliger Erfahrung. Sie entstehen durch lückenhafte, vereinzelte Erfahrungswerte, die dann verallgemeinert werden und sich zu einem generellen Vorurteil entwickeln.

Negative Einzelerfahrungen werden auf Menschen, bzw. Gruppen übertragen. Die ablehnende Einstellung wird von vornherein – ohne eine Offenheit gegenüber einer neuen Erfahrung – zugeschrieben. Typische Merkmale für Vorurteile sind neben der generellen Verallgemeinerung (*„Alle* Ärzte sind so.''), eine gewisse Starrheit, die nur schwer verändert werden kann. Vielfach sind Vorurteile von Gefühlen (Wut, aufgeregt oder aufgebracht sein, Ärger) begleitet.

10.1.3 Stereotype

Definition

> Stereotype lassen sich am besten mit dem umgangssprachlichen „Schubladendenken" übersetzen. Bereits wenige Merkmale reichen aus um ein bestimmtes Klischee entstehen zu lassen. Überwiegend werden diese „Schablonen" bestimmten Menschen sozialer Kategorien (z. B. Berufsgruppenkategorie = alle Krankenschwestern/ Krankenpfleger, alle Ärzte) übergestülpt.

Stereotypisierungen gegenüber bestimmten sozialen Gruppen werden häufig von mehreren Personen einer Gruppe geteilt. Hierdurch entsteht eine gewisse Solidarität, denn Personen mit ähnlichen Einstellungen, Meinungen aber auch Vorurteilen solidarisieren sich. Auf diese Weise entstehen „Gruppen-Vorurteile", welche meist die eigene Gruppe, das eigene Gruppenselbstbild (Autostereotyp) gegenüber der anderen fremden Gruppe (Heterostereotyp) auf- und damit entsprechend die Fremdgruppe abwertet. Stereotypisierungen existieren zuhauf in unserer Gesellschaft. Beispiele sind:

Beispiele
- Geschlechtsstereotyp: *„Typisch männlich, typisch weiblich"*
- Klassenstereotyp: *„reich und exzentrisch – arm und verrückt"*
- Kulturstereotyp: *„Deutsche sind ordentlich und pünktlich; Südländer langsam und schlampig"*
- Altersstereotyp: *„Alte sind geizig und missgünstig"*
- Berufsstereotyp: *„Akademiker besitzen linke Hände"*
- Religionsstereotyp: *„Viele Religionen sind Sekten und ihre Anhänger fanatisch"*
- Autostereotyp: *„Wir" sind besser als..."*
- Heterostereotyp: *„Die anderen" sind bloß, ...haben aber nur...- können nicht so gut, wie wir."*

10.1.4 Stigmata

Definition

> Stigma bedeutet soviel wie Brand-, oder Schandmal. Durch Stigmatisierung werden jemandem bestimmte, von der Gesellschaft als negativ bewertete Merkmale zugeschrieben. Dadurch wird eine Person oder Personengruppe diskriminiert, abgewertet und im Extremfall abgestempelt.

Im medizinisch-pflegerischen und dem gesamten sozialen Bereich finden sich zahlreiche Stigmatisierungen. Insbesondere bei bestimmten Krankheiten erfolgt eine Abwertung, der Kranke wird mit einem „Etikett" versehen. Beispiele sind: der Krebskranke, der Patient aus der „Klapsmühle", der Alkoholiker, der Selbstmörder, der Hypochonder, der HIV-Infizierte u. a.

10.2   Funktionen sozialer Einstellungen

Einstellungen, Vorurteile, Stereotype und Stigmata haben wichtige Funktionen für das soziale Handeln. Auf den ersten Blick mag das Entsetzen hervorrufen, denn wir wollen gut und menschlich sein und sollten uns bemühen, Vorurteile abzulegen.

10.2.1 Orientierungshilfe und Vermeiden von Unsicherheit

Es gilt gerade heute offen gegenüber Veränderungen und Neuem zu sein, und es erweist sich immer als positiv eine Bereitschaft zum lebenslangen Um-Lernen und Um-Denken mitzubringen. Dennoch sind Menschen nicht frei von (negativen) sozialen Einstellungen und bringen individuelle Erfahrungen mit, mit denen sie sich in der Welt bewegen. Soziale Einstellungen helfen ihnen sich leichter, schneller und besser in ihrer Umgebung zurecht zu finden. Sie bieten daher eine Orientierungsfunktion.

Wir „wissen" mit Hilfe von festen Einstellungen, wie wir uns verhalten können, wir finden uns zurecht. Das vermittelt insbesondere in ungewohnten und fremden Situationen ein Gefühl von Sicherheit, denn Neues erzeugt unwillkürlich Angst und Unsicherheit. Wenn jemand bestimmte Menschen, Gruppen oder Organisationen gut in sein Weltbild einordnen kann, dann wird dieses auch nicht gestört oder muss hinterfragt werden. Es bietet dadurch eine Möglichkeit, sich gerade nicht mit Fremdem oder Unbekanntem auseinandersetzen zu müssen, eine Art persönliches Alibi, um weiterhin bei seinen Vorurteilen bleiben zu können und diese erneut bestätigt zu wissen. Auf diese Weise kann ein gewisser psychischer Gewinn erzielt werden, indem man Angst, Unsicherheit und Auseinandersetzung vermeiden kann.

10.2.2 Bewertungsfunktion

Durch vorgefasste Einstellungen, Vorurteile, Stereotypisierungen und Stigmata werden immer **moralische Wertungen** vorgenommen. Meistens sind diese moralischen Urteile durch gesellschaftlich-historisch rigide – und genau genommen eigentlich veraltete Vorstellungen entstanden. Auf Personen oder Gruppen bezogen findet sich hier häufig eine „Sündenbockfunktion". Die Bewertung, in der ich Einzelpersonen oder Gruppen mit anderen vergleichen und oder zumindest über sie urteilen, vermittelt eine „Aufwertung" des eigenen Selbstwerts oder gar das einer ganzen Gruppe *(s. Stereotype),* indem es andere abwertet. Es erfolgt eine deutliche Abgrenzung gegenüber den „anderen".

10.2.3 Handlungsfunktion

Bestimmte Einstellungen wirken sich auf das Handeln aus. Wenn Menschen Vorurteile haben, dann beeinflussen sie ihr Verhalten gegenüber dem betreffenden Empfänger dieses Vorurteils. Sobald sie jemandem mit einer bestimmten Einstellung entgegentreten, wird auch ihre Wahrnehmung entsprechend sein.

Wir nehmen genau das wahr, was wir erwarten. Und in dieser oft ablehnenden Haltung, die mein Gegenüber unbewusst genau spürt, wird der andere sich auch mir gegenüber verhalten. Diese so genannten **selbsterfüllenden Prophezeiungen** stellen eine Art Teufelskreislauf dar. Man gewährt dem anderen keine Chance, seine Einstellung verändern zu können. Im Gegenteil, durch negatives Verhalten bringt man den anderen geradezu in Bedrängnis und löst Verunsicherung bei ihm aus.

Das falsche oder ungerechtfertigte Vorurteil gegenüber einer Situation, Gruppe oder einer neuen Idee kann die Situation/Person schließlich so beeinflussen, dass das Vorurteil tatsächlich erneut bestätigt werden wird! Zu einer erneuten Bestätigung einer (vorgefassten) Einstellung trägt jeder auch selbst bei.

11 Menschliche Rollen – soziologische und psychologische Aspekte

11.1 Die Bedeutung von Rollen und Normen

> Unter einer sozialen Rolle wird die Summe der von einer Person erwarteten Verhaltensweisen bezüglich einer bestimmten sozialen Position verstanden.

Es gibt ein ganzes Spektrum sozialer Rollen, mit denen feste Verhaltensvorstellungen verknüpft werden. Die Rolle der Krankenschwester/des Krankenpflegers ist eine **Berufsrolle.** Von einer Pflegekraft werden ganz bestimmte Verhaltensweisen erwartet oder mit dieser Rolle verbunden: gepflegtes Äußeres, saubere weiße Dienstkleidung, Freundlichkeit, Hilfsbereitschaft und Fürsorge.

Gleichzeitig hat aber jeder Mensch eine **Privatrolle** wie die der Partnerin, Freundin, Mutter, Tochter oder Sportsfreundin.

Im Laufe der privaten und beruflichen Entwicklung (Sozialisation) übernehmen Menschen eine Vielzahl von Rollen. Diese Rollenabfolge (Rollensequenz) sieht im allgemeinen wie folgt aus:
- Sozialbiologische Rollen/Altersrollensequenz: Kind – Jungendlicher – Erwachsener – alter Mensch
- In der beruflichen Sozialisation der Pflege zeigt sich z. B. folgende Rollensequenz: Krankenpflegeschüler – examinierte Pflegekraft – Stationsleitung oder Fachpflegekraft (für Unterricht, Anästhesie- und Intensivpflege, OP u. a.) – Pflegedienstleitung

In jeder Rolle ergeben sich neue Rollenanforderungen oder Rollenkonflikte *(siehe Abschnitt 11.2; 11.3)*

> Normen sind Vorstellungen darüber, wie Personen (Rolleninhaber, Rollenträger) sich in bestimmten Situationen aufgrund ihrer Rolle verhalten sollten.

Diese Vorstellungen sind im allgemeinen weit verbreitet und werden von den Mitgliedern einer Gesellschaft überwiegend geteilt. Aus soziologischer Sicht spricht man von allgemein anerkannten sozial gültigen Regeln des Handels.

Normen stellen bestimmte **Verhaltensanforderungen** an den Inhaber sozialer Rollen. Damit ist gemeint: Die Norm setzt voraus, dass eine Mutter (Mutterrolle) sich um ihre Kinder kümmert und sie erzieht (Normerfüllung des erzieherischen Auftrags). Hierfür sind auch sozial-gesellschaftliche Werte von Bedeutung. Gesellschaftliche Wertvorstellungen vermitteln die Bedeutsamkeit darüber, was eine Gesellschaft als erstrebenswert und wichtig ansieht: Gesundheit, Geld, Gerechtigkeit, Freiheit, Glück, Familie, Beruf.

Wichtig

> Bei Rollen und Normen geht es darum, dass jeder Mensch als Rolleninhaber verschiedenster Rollen bestimmten Rollenanforderungen, die mit dieser Rolle zusammenhängen, gerecht werden muss. Es handelt sich um allgemeine Erwartungen an die Rolle als solche (z. B. die Arztrolle), sowie an konkrete Inhaber dieser Rolle (den Stationsarzt Dr. Schmidt).

11.2 Rollenerwartungen, Rollenattribute und -stereotype

Rollenerwartungen sind durch soziale Normen und Werte der Gesellschaft geprägt. Gesellschaftliche Vorstellungen sind häufig im Laufe der geschichtlichen Entwicklung entstanden, sie beruhen auf Traditionen oder Erfahrungswerten. Auf diese Weise hat die Gesellschaft sich ein bestimmtes Bild aufgebaut, welche die betreffende Person erfüllen muss, oder kann. Dieses Bild setzt sich aus Folgendem zusammen:
- Rollen und Rollenträger (z. B. Arztrolle) und die damit verknüpften
- Rollenanforderungen (z. B. an Ärzte: sie sollen Krankheiten lindern oder heilen,
- Rollenattribute (weiße Berufskleidung, berufstypisches Material wie Arztkoffer, Stethoskop) oder
- Stereotype (medizinisches Fachwissen, Verständnis für Kranke).

Erfüllung und Nichterfüllung von Rollenerwartungen

Wird der Rollenträger diesen Gesellschaftsanforderungen gerecht, wird er anerkannt, gelobt oder geachtet. Erfüllt er diese Vorstellungen jedoch nicht, kann es zu typischen „Sanktionen" kommen, wie Zurechtweisung, Beschwerden, Missbilligung, Verachtung, Strafen oder Kündigung – was praktisch den Verlust einer Rolle mit sich bringt.

Für den Rolleninhaber ergeben sich durch Rollen und Rollenanforderungen oftmals Spannungen und Konfliktmomente: Will, soll oder kann ich einer Rolle gerecht werden oder nicht? Was überwiegt für eine Person: der eigene Anspruch oder die gesellschaftlichen Vorstellungen?

Am Beispiel der Berufsrolle einer Krankenschwester soll anhand einiger Fragen verdeutlicht werden, welche vielfältigen Rollenanforderungen und gesellschaftlichen Erwartungen an die Pflegerolle beziehungsweise an deren Rolleninhaber gestellt werden. Was muss, soll oder kann diese Berufsrolle mit sich bringen? Muss, soll oder kann eine Krankenschwester diesen Anforderungen und Vorstellungen überhaupt gerecht werden?

Berufsrollen in der Pflege

- Aufgrund der Ausbildung müsste und sollte eine examinierte Krankenschwester eine kompetente Schwester sein. Dennoch kann sie sich unsicher fühlen.
- Sie sollte über fachliche Kompetenz verfügen, sie sollte pflegerisches Geschick besitzen. Dennoch kann es sein, dass beides nicht der Fall ist.
- Erfüllt sie die Rollenattribute (Krankenschwesterattribute: weiße Schutzkleidung, hygienische Erscheinung – kein Schmuck, ordentliche Frisur, kurze Fingernägel)?
- und Stereotype (berufsbezogene Verhaltenserwartungen: hilfsbereit, fürsorglich u. a.)
- Oder fühlt sie eine Rollenüberforderung?
  Kann/will sie manchen Anforderungen nicht gerecht werden?
- Wie ist ihr Rollenselbstbild?
  wie sieht sie sich selbst als Krankenschwester, was verbindet sie mit dieser Berufsrolle?
  Was nicht? Wo hat sie selbst andere Vorstellungen als die Patienten, als ihre Kollegen, als die Pflegedienstleitung?
- Wie ist das Rollenfremdbild?
  Wie sehen die anderen diese Schwester?
  Wird sie den Normvorstellungen der anderen überhaupt gerecht?
- Gibt es Rollenkonflikte zwischen dem Rollenselbst und -fremdbild?
- Wird sie den Rollenkonflikten innerhalb ihrer Schwesternrolle gerecht?
  (Intrarollenkonflikt – Erwartungen der Patienten, der Ärzte, der Kollegen an sie als Krankenschwester)
- Wird ihr für ihre individuelle Rollengestaltung (z. B. geschminkt zu arbeiten) Verständnis von Kollegen, Patienten, Pflegedienstleitung entgegen gebracht oder nicht? (Rollentoleranz gegenüber dem Inhaber einer bestimmten Rollen)
- Wird sie den unterschiedlichen Rollen gerecht? (Interrollenkonflikt: Berufsrolle, Privatrolle)
- Kann sich die Krankenschwester mit ihrer Rolle identifizieren? Annahme der Rolle = Rollenkonformität oder nicht = Rollendistanz
- Identifiziert sie sich, dann ist sie gerne in der Pflege tätig und steht zu ihrem Beruf. Fühlt sie sich beruflich unzufrieden und sucht nach Alternativen, dann distanziert sie sich von ihrer Berufsrolle.

Rollenanforderungen an eine Krankenschwester

(Das kann sich unbewusst durch häufiges Kranksein, Desinteresse oder Unlust ausdrücken).

Wie vielfältig die Anforderungen an einen Rollenträger sind, ist nun deutlich geworden. Was für Konflikte können dadurch entstehen?

11.3   Typische Rollenkonflikte

Intrarollenkonflikte

Intrarollenkonflikte bezeichnen Unstimmigkeiten innerhalb ein und derselben Rolle.

In der Berufsrolle des Krankenpflegers können Konflikte entstehen durch die unterschiedlichen Erwartungen, die Ärzte, Kollegen, Patienten, Pflegeschüler, Pflegedienstleitung und Krankenhausverwaltung an den Inhaber der Rolle stellen.

Beispiel:
Intrarollenkonflikt

Der Patient, Herr Schmidt, benötigt sehr viel teure Schmerzmittel. Vom Pfleger erwartet er Analgetika zu erhalten, sobald Schmerzen auftreten. Der Pfleger ist durch die Stationsärztin jedoch dazu angehalten, nur nach Anordnung und nicht bei Bedarf Schmerzmittel zu verabreichen. Die Klinikverwaltung erwartet den sparsamen Umgang mit teuren Medikamenten. Der Patient und die Angehörigen setzen einen ,,selbstverständlichen'' Einsatz von Medikamenten voraus. Der Schüler versteht nicht, warum Herr Schmidt nicht einfach ein Schmerzmittel erhält, und begegnet dem Pfleger mit vorwurfsvollem Blick.

All diesen Ansprüchen ist der Pfleger ausgesetzt. Wem soll er gerecht werden? Innerhalb der Pflegerolle können diese gegensätzlichen Anforderungen oft zu Konflikten führen.

Interrollenkonflikt

Beim Interrollenkonflikt geht es um die Auseinandersetzung zwischen den Erwartungen zweier oder mehrerer unterschiedlicher Rollen, die eine Person inne hat.

Schwester Elvira hat zahlreiche Rollen, ihr Rollenset sieht so aus:

Mutterrolle	Krankenschwester	Kollegin
↖	↑	↗
Joggerin ←	Elvira →	Stationsleitung
↙		↘
Partnerin		Freundin von Gabi

Abbildung 16: Rollenset

Schwester Elvira ist als Stationsleitung für die Belange des Stationsteams zuständig. Ein Beurteilungsgespräch mit einem Pflegeschüler
und einer neuen Kollegin stehen an. Die beiden Gespräche nehmen
mehr Zeit in Anspruch als geplant, so dass Elvira durch ihre Verpflichtungen und Erwartungen bezüglich ihrer Berufsrolle in einen Konflikt
mit ihren Privatrollen kommt. Da sie sich neben dem Dienst auch
noch um ihr Kind kümmern muss (Mutterrolle), hat sie immer seltener Zeit für ihre Freundin Gabi, für ihren Partner und für Sport
(Privatrollen). Bleibt sie wie so oft länger auf Station, wird sie zwar
ihrer Berufsrolle gerecht, nicht aber den Privatrollen. Sie hat einen
Interrollenkonflikt.

**Beispiel:
Interrollenkonflikt**

11.4 Welche Lösungsmöglichkeiten gibt es, wenn Rollenkonflikte bestehen?

Grundsätzlich lässt sich sagen, dass Menschen unbewusst gelernt
haben, den vielfältigen Rollen und Rollenanforderungen irgendwie
gerecht zu werden. Viele Ansprüche sind gar nicht bewusst – sie
haben sich an sie gewöhnt und nehmen sie deshalb kaum noch wahr.
Erst dann, wenn sie überlastet sind, Stress empfinden oder bemerken, dass sie bestimmten Ansprüchen (plötzlich) nicht mehr gerecht
werden können, werden die Rollenanforderungen ihnen wieder bewusst.

Alltagshandeln

Die Anforderungen der heutigen Umwelt-, Gesellschafts- und Le-
bensbedingungen sind enorm gestiegen. Immer mehr Menschen
fühlen sich überfordert im privaten wie auch im beruflichen Bereich.
Viele können den Anforderungen nicht mehr gerecht werden. Sie
fühlen sich ausgelaugt, müde, überfordert, unzufrieden, sie werden
krank, stehen unter Stress *(siehe hierzu auch Kapitel 15, 16)*. Die
Lösungsmöglichkeiten sind oft genug darauf beschränkt, das „beste" aus einer Situation zu machen. Rollentrennung ist meist unrealistisch oder wirkt künstlich: Wenn ich einen anstrengenden Dienst
hatte und mich ein schwerkranker Patient beschäftigt, dann nehme
ich von diesen Belastungen auch etwas mit in meinen Privatbereich.
Gleichzeitig will ich aber privat von beruflichen Problemen nichts
hören....

Folgen von
Rollenkonflikten

Im Pflegebereich lässt sich ein deutlicher Trend zum Berufswechsel
oder zur Reduzierung der Wochenarbeitsstunden erkennen. Das
Bemühen um mehr Austausch über berufliche Belastungen oder
Konflikte (Teambesprechungen, Supervision) ist noch schwach ausgeprägt und wird erstaunlicher Weise zum Teil sogar abgelehnt. So
versucht die Mehrzahl auf individuelle Weise Kompromisse zu finden – sei es durch Einstellungsänderungen zum Pflegeberuf, eine
klare Rollentrennung, oder eine gewisse Akzeptanz dahin gehend,

Auswirkungen bei
Pflegekräften

die Bereiche beruflich und privat eben nicht trennen zu können – sei es durch Versetzungen, Stundenreduzierung, Kündigung oder durch eine neue Berufsorientierung.

Es kommt vor allem auf die individuelle Entscheidung an, *wo* jemand Prioritäten setzen will: beruflich oder privat? In welchen Bereich fühlt er sich unzufrieden oder wird den Erwartungen nicht gerecht? Möglicherweise hat er bereits eine innere Distanz (Rollendistanz) zu seiner Berufsrolle aufgebaut und bemerkt, wie ungern er auf Station arbeitet (Arbeitszufriedenheit). Oder kann er sich trotz der Anforderungen und Probleme dennoch mit seiner Pflegerolle identifizieren, sie annehmen, weil er diesen Beruf gerne ausübt (Rollenkonformität)? Ist ihm sein Beruf wichtiger als sein Privatleben?

Allgemeine Lösungswege

Allgemeine Lösungswege zum Umgang beziehungsweise zur Bewältigung von Konflikten liegen in
- Der Kommunikation; ich kann mit Kollegen sprechen, im Team, bei der Übergabe.
  Auf diese Weise können Missverständnisse und die unterschiedlichen Erwartungen eine Chance zur Klärung erhalten. Oft kann durch ein einfaches Gespräch viel bewirkt/geklärt werden.
- Der Möglichkeit für einzelne oder Teams, „Klärungshilfe" in Anspruch zu nehmen oder auszuprobieren, wie z. B. durch Supervision (Reflexion über das berufliche Tun).
- Sich selbst Unterstützung und Entlastung zu suchen bei Kollegen oder Personen mit ähnlichen Konflikten (hieraus entstanden in den USA die Balintgruppen für Ärzte).
- Selbstreflexion – sich selbst mit dem Rollenkonflikt auseinander zu setzen, sich das Problem konkret ansehen.

Konflikte – Lösungswege

Im Mittelpunkt sollte dabei stehen: Was für einen Rollenkonflikt hat jemand? Liegt ein Interrollenkonflikt vor, also zwischen Privat- und Berufsrolle, oder kann ich mit den Rollenanforderungen an mich als Pflegekraft nicht umgehen (Intrarollenkonflikt)?

Wie sehen Selbst- und Fremdbild meiner Berufsrolle aus? Was erwarte ich von mir, wie pflege ich? Was stellt meine Station für Anforderungen an meine Rolle als Krankenschwester? Wird mir gesagt, was für Vorstellungen an das Pflegepersonal gestellt werden, was erwartet wird? Kann ich die stationsinternen Rollenattribute und Stereotype erfüllen? Wie sehr kann ich das akzeptieren oder nicht?

Besondere Hilfen

Sind die Rollenkonflikte so stark, dass sie psychisch oder körperlich krank machen und Besserung nicht absehbar ist, dann sollte therapeutisch-beraterische Hilfe gesucht werden. Lässt sich ein Konflikt weder lindern noch lösen, dann kann eine berufliche Veränderung nötig werden (Versetzung o.ä.).

In der Konfliktbewältigung spricht man auch von den drei „L's – Konflikte lassen sich lösen oder lindern, oder man muss sie lassen, da sie nicht lösbar sind. Ist letzteres der Fall, so muss man selbst entscheiden, in wie weit und ob man damit leben und arbeiten kann.

11.5   Die Rolle des Krankenpflegeschülers

In Bezug auf den Krankenpflegeschüler besteht beispielsweise die Anspruchshaltung, er solle gerne mit Menschen arbeiten, Pflegen als eine sinnvolle Aufgabe ansehen, die Bereitschaft besitzen, mit Krankheit oder Schmerzen umgehen zu lernen. In anderen Ausbildungsberufen werden andere berufliche Normen und Werte vertreten und erwartet (Banklehrling, Tischler).

Rollenanforderungen

Die gesellschaftlichen Norm- und Wertvorstellungen des Pflegeberufs/der Berufsrolle einer Pflegekraft sind für die Ausbildung der Pflegeschüler Ausschlag gebend (Helfen, Pflegen, Trösten, Versorgen). Darüber hinaus wird die Schülerrolle durch folgende allgemeine Erwartungen bestimmt:
- durch Patienten: Verständnis oder Misstrauen gegenüber dem Schülerstatus?
- durch Pflegekräfte: wie verhält der Schüler sich in der praktischen Krankenpflege? Wie geht er mit Patienten um? Wie teamfähig ist er?
- durch Unterrichtskräfte: wie sind die theoretischen Leistungen?
- durch sich selbst bestimmt: Welche Vorbilder existieren? Die persönliche Anspruchshaltung, ein(e) ideale(r) Krankenpfleger/Krankenschwester werden zu wollen.

Erwartungen richten sich an die Rolle der Krankenpflegeschüler im allgemeinen sowie an den Inhaber einer bestimmten Rolle der Schüler Stefan aus dem zweiten Kurs. Im Unterschied zu examinierten Pflegepersonen, die bereits mehrere Berufsjahre in der Pflege tätig sind und die über Berufsroutine verfügen, muss der Schüler ganz anderen Anforderungen gerecht werden. Er steht noch am Anfang, sein eigenes Rollenselbstbild aufzubauen. Die Zeit von der Schwesternschülerin Daniela bis zum Examen und dem Status als examinierte Kraft stellt einen Entwicklungsweg dar. Unterschiedlichste Rollenanforderungen kommen innerhalb der Ausbildung auf einen Krankenpflegeschüler zu: Der Schüler muss sich erst an Rollenattribute und Stereotype gewöhnen. Berufsbezogene Verhaltensweisen müssen erlernt werden. Die eigene Rollenidentität muss noch aufgebaut werden. Neben der Spaltung zwischen Theorie und Praxis werden durch den Praxisschock, durch Anforderungen der Lehrkräfte ebenso wie durch Kollegen und Mitschüler auf Station eigene

Berufsrollenfindung

und fremde Norm- und Wertvorstellungen immer wieder in Frage gestellt werden.

Zahlreiche Rollenkonflikte werden eine Person dennoch vom Schülerstatus zur examinierten Pflegekraft reifen lassen. Die Bewältigung der Rollenanforderungen sowie der Umgang mit den Rollenkonflikten innerhalb der Ausbildungszeit – während verschiedener Stationseinsätze und in der Institution Krankenpflegeschule – werden dahingehend entscheidend sein, ob jemand eine Rollenüberforderung empfindet oder nicht. Je nachdem, ob jemand eine Rollenidentität oder Rollendistanz aufbaut, werden sich bestimmte Rollenkonflikte herauskristallisieren. Letztlich geht es darum, ob die Person der Berufsrolle „Krankenschwester/Krankenpfleger" entsprechen will/kann und sich für diesen Beruf entscheidet.

12 Die Gruppe –
Funktion und Bedeutung

Wo immer Menschen zusammen arbeiten, zu zweit oder mehr Personen bilden sie Gruppen. Im Krankenhaus gibt es eine Vielzahl von unterschiedlichen Personengruppen, die Arbeitsteams bilden:

Pflege- und Ärzteteam können gemeinsam Visite machen. Man kann das Stationsteam und das Ärzteteam getrennt als zwei Berufs-Gruppen sehen. Aber auch innerhalb der Gruppen können wiederum **Untergruppen** existieren: So kann im Schichtdienst ein Team im Frühdienst, eines im Spätdienst sein; alle Stationsärzte sind eine eigene Gruppe innerhalb der Klinikärzte u.s.w.

Unterschiedliche Komplexität

Es gibt Berufsgruppen oder Arbeitsteams, man spricht von Zusammenarbeit, von Konflikten oder Problemen in und zwischen Gruppen, wir kennen Kollegen, die mit- oder gegeneinander arbeiten. Manchmal arbeiten beispielsweise innerhalb eines Pflegeteams zwei Schichten gegeneinander, statt sich zu unterstützen und zu entlasten. Innerhalb von Stationsteams gibt es ungeliebte Kollegen, Sündenböcke oder echte Leitfiguren. Diesen Phänomenen soll hier ebenso nachgegangen werden wie den folgenden Fragen:
* Was sind Gruppen?
* Was macht eine Anzahl von Menschen überhaupt zu einer Grupppe?
* Welche Bedeutung haben Gruppen oder die Gruppenzugehörigkeit für Menschen? Wieso identifizieren wir uns mit bestimmten Gruppen?
* Welche Arten von Gruppen gibt es?

12.1 Was heißt eigentlich „Gruppe"?

Der Begriff „Gruppe" wird in unserer Alltagssprache ganz selbstverständlich verwendet.

Tatsächlich wird jedoch soziologisch sehr genau unterschieden zwischen situativer Gruppierung, sozialer Kategorie und sozialer Gruppe.

Situative Gruppierung

Definition

> Unter siuativer Gruppierung fasst man eine gewisse **Anzahl** von Personen als Gruppe zusammen, die aus einem bestimmten Grund zusammentreffen, aber sie sind weder zum Erreichen eines Ziels voneinander abhängig, noch sind sie zusammen, um überhaupt ein konkretes Ziel zu erreichen. Vielmehr bilden sie **zufällig**, anonym, **aktuell und nur kurzzeitig** eine bestimmte Art von Gruppe.

Beispiele für „zufällige" Gruppen (situative Gruppierungen) sind: die Gruppe der Angehörigen in der Besuchszeit, die Patienten im Wartezimmer, die Zuhörer beim Diabetesvortrag. Alltagsbeispiele sind die Leute im Bus, im Supermarkt, in Wartesituationen, am Strand, im Schwimmbad usw. Man könnte sagen, dass diese Gruppen durch bestimmte situative Gegebenheiten entstehen: Wenn ich zum Arzt gehe, komme ich automatisch in die Situation, im Wartezimmer mit anderen zusammen (in der Gruppe der Patienten) zu warten.

Soziale Kategorie

Definition

> Ganz anders gestaltet sich dagegen die soziale Kategorie. Diese Gruppenart bezeichnet meist große Personen-Gruppen. Die Gruppenmitglieder sind jedoch unanbhängig voneinander, obwohl sie recht **ähnliche Ziele oder Vorstellungen** verfolgen und deshalb auch gleiche Merkmale aufweisen. Hierzu zählen Berufsgruppen im Allgemeinen z. B. die Berufsgruppe der Krankenschwestern, der Sozialarbeiter, der Psychotherapeuten, der Krankengymnasten, der Rettungssanitäter. Alle haben das gemeinsame Merkmal ihrer Berufszugehörigkeit. Obwohl die einzelnen Personen sich nicht untereinander kennen, bilden sie dennoch eine gedachte, gemeinsame Gruppe mit einem gewissen Loyalitäts- und Solidaritätsgefühl.

Im Alltag lassen sich zahlreiche soziale Kategorien finden: Die Gruppe der Autofahrer oder der Radfahrer; der Raucher, der Nichtraucher; der Mütter, der alleinerziehenden Väter, der Jogger, der Internetuser, der Leser, der Hundebesitzer. Im medizinisch-pflegerischen Bereich finden sich bestimmte Patientengruppen wie Herzinfarktpatienten, Diabetiker, MS-Erkrankte. Ihr gemeinsames Merkmal ist das Teilen der Krankheit und der damit verbundenen speziellen Lebens- und/oder Ernährungsweise.

Soziale Gruppe

Eine soziale Gruppe bilden mindestens zwei (Dyade) oder mehrere Personen, die ein **gemeinsames Ziel** haben und deshalb eine **bestimmte Zeit** zusammen sind/arbeiten, um dieses bestimmte Ziel zu erreichen. Die einzelnen Gruppenmitglieder sind innerhalb dieser Zeit und zum Erreichen des Ziels voneinander in gewisser Weise **abhängig.** Nur miteinander können sie ihr Ziel erlangen.

Beispiele sind das Stationsteam, die Klasse der Krankenpflegeschüler, die Ärzteschaft des Krankenhauses, das Laborteam, das Unterrichtskollegium der Krankenpflegeschule, das Reinigungspersonal.

Man spricht von einer sozialen Gruppe, wenn mindestens folgende Merkmale vorhanden sind: • Gemeinsames Ziel   • Bestimmte gemeinsam verbrachte Zeit   • Gegenseitige Abhängigkeit für das Erreichen des Ziels.

Wichtig

Befasst man sich jedoch genauer mit der Thematik „Gruppe", so lassen sich weitere Merkmale erkennen:

Weitere Merkmale

- Die Mitglieder wissen um diese Abhängigkeit
- Die Abhängigkeit zeigt sich in einer Beziehung, einem gemeinsamen Kontakt (Interaktion; Wechselbeziehung – Austausch der Einzelnen über Ziele u. a.)
- Durch das gemeinsame Ziel, die Zeitdauer, die Abhägigkeit und die Beziehung untereinander entsteht ein Wir-Gefühl („unser" Stationsteam)
- Innerhalb dieser Gruppe existieren bestimmte Regeln, Normen und Werte, die genau diese Gruppe ausmachen
- Es gibt bestimmte Rollen innerhalb einer Gruppe (der Anführer, der Sündenbock, der Spaßvogel, der Langsame, der Besserwisser).

Werden die Gruppenmerkmale z. B. auf das Stationsteam der chirurgischen Abteilung übertragen, ergibt sich folgendes Bild:

Beispiel eines Pflegeteams

Das **Ziel** der Gruppe ist die chirurgische Fachpflege und Versorgung der Patienten auf Station. Hierzu wird u. a. mit dem Instrument der Pflegeplanung gearbeitet. Die **Zeitdauer** erstreckt sich auf die Dienstzeit bzw. die im Pflegeplan vorgesehene Zeit. Pflegekräfte wissen um ihre **Abhängigkeit** zum Erreichen gemeinsamer Pflegeziele. Das Pflegeteam steht in gegenseitigem Austausch über Patienten und Pflege (= **Interaktion**) Sie entwickeln ein **Wir-Gefühl** als Stationsteam der chirurgischen Abteilung. Innerhalb des Stationsteams bestehen ausgesprochene und unausgesprochene Regeln und Gesetze, nach denen die Mitglieder arbeiten. Außerdem gelten bestimmte Werte wie Kollegialität, Teamgeist.

Die **Rollen der einzelnen** Gruppenmitglieder sind z. B. wie folgt verteilt:

Beispiel: Rollen einzelner Gruppenmitglieder

Schwester Maria ist zwar offiziell Stationsschwester, aber die wahre Leitung liegt bei Schwester Anne. Schwesternhelferinnen sind auf dieser Station die Sündenböcke. Pflegeschüler müssen sich erst bewähren, bevor sie Anerkennung finden.

12.2 Gruppenarten

Gruppenarten

Neben dem allgemeinen Verständnis und den typischen Merkmalen von Gruppen unterscheidet man bestimmte Gruppenarten:
- Primär-/Kleingruppen und Sekundär-/Großgruppen
- Formelle und informelle Gruppen
- Bezugsgruppen
- Offene und geschlossene Gruppen
- Eigen- und Fremdgruppen
- Homogene oder heterogene Gruppen.

Primärgruppen oder Kleingruppen

Definition

Primärgruppen sind kleine, persönliche, intensive Gruppen. Sie haben eine große Bedeutung für die Gruppenmitglieder, es besteht meist ein Vertrauensverhältnis, tiefer enger Kontakt, ein ausgeprägtes „wir-Gefühl" sowie eine lange Zeit des Existierens/ Bestehens der Gruppe an sich.

Die erste Primärgruppe des Menschen ist im allgemeinen die Familie. Spätere sind Freunde(sgruppen), Schulklasse(n), Kollegen aus dem Beruf oder Interessengruppen. Die Anzahl der Gruppenmitglieder ist begrenzt, klein und überschaubar. Es besteht ein regelmäßiger oder zumindest beständiger Kontakt, oft über Jahre. Entscheidend sind hierbei die sehr persönliche Ebene, der stark prägende Einfluss der gruppeneigenen Werte, Normen und Vorstellungen auf die Sozialisation der Gruppenmitglieder.

Effekte

Diese Gruppenart vermittelt einerseits ein starkes Zusammengehörigkeitsgefühl (Wir- oder Gemeinschaftsgefühl), eine gewisse Geborgenheit, Schutz und Verständnis. Darüber hinaus besteht Kontrolle über das Verhalten und die Einstellungen des Mitgliedes, ein gewisser Leistungsdruck, um den Normen und Werten gerecht zu werden.

Oftmals besitzen Primärgruppen eigene Rituale, eine eigene Sprache oder bestimmte Symbole und Verhaltensmuster, die das Gruppengefühl erzeugen und stärken und die bewirken, dass man sich als eigene Gruppe nach außen hin abgrenzt – und andere damit möglicherweise ausgrenzt. An den Beispielen von Ärzten und Sportlern sind dies: Fachsprache (medizinische oder Sportbegriffe), bestimmte

Kleidungsordnung, Symbole wie Stethoskop, Sportschuhe, Knie-
schützer oder Tennisschläger, Golf- oder Surfausrüstung.

Sekundärgruppen; Großgruppen

Diese Gruppenform bildet sich meistens aus einem bestimmten Grund und um ein gemeinsames Ziel zu erreichen. Sie besteht aus einer größeren Anzahl von Gruppenmitgliedern, die sich kaum untereinander kennen. Kontakte entstehen eher zufällig und haben einen unpersönlichen, unverbindlichen Charakter.	Definition

Häufig steht etwas Sachliches, der Zweck der Gruppenbildung, im
Vordergrund. Es existieren eher allgemeingültige Regeln des Miteinanders. Ist das Ziel erreicht, löst sich die Gruppe auf. Der Gruppenzusammenhalt (Kohäsion) basiert darauf, gemeinsam ein Ziel zu
erreichen oder eine Aufgabe/Zweck zu erfüllen.

Beispiele für Sekundärgruppen sind Arbeitsgruppen, Partei, Ge-
werkschaft, Religionsgemeinschaften, Volkshochschulkurse, Semi-
narteilnehmergruppe, Hobby- und Interessenvereine aller Art.

Formelle und informelle Gruppen

Formelle Gruppen entstehen von außen, nicht auf freiwilliger Basis, und sollen einen vorgegebenen Zweck verfolgen.	Definition

Die Mitglieder übernehmen bestimmte Aufgaben, Rollen oder
Funktionen. Meist besteht eine gewisse Unlust und eine relativ
geringe Motivationsbereitschaft bei formellen Gruppen mitzuma-
chen. Es sind beispielsweise betriebseigene Arbeitsgruppen (Pflege-
zirkel, Gruppe für hygienische Maßnahmen in der Klinik), ein Aus-
schuss für Feste oder bestimmte organisatorische Aufgaben.

Informelle Gruppen basieren eher auf gemeinsamen Interessen, gemeinsamer positiver Zielerreichung. Sie entstehen häufig spon- tan, die Mitglieder haben Lust und sind motiviert, zusammen zu arbeiten. Es herrscht eine persönliche Atmosphäre, Freundlich- keit und Engagement untereinander. Beispiele sind die Interessen- gruppe, Freunde, die spontan gegründete Lerngruppe.	Definition

Bezugsgruppen oder Identifikationsgruppen

Bei Bezugsgruppen liegt der Schwerpunkt auf der individuellen Identifikation und dem Zugehörigkeitsgefühl.	Definition

Sobald jemand sich mit einer Gruppe identifiziert, übernimmt er
deren Ziele und versucht diese auf sich selbst und seine eigene

Lebensweise zu übertragen. Er vergleicht sich mit Anhängern der eigenen Bezugsgruppe oder mit Fremdgruppen, was häufig eine Auf- oder Abwertung beinhaltet.

Bedeutung Bezugsgruppen haben ähnlich wie Bezugspersonen eine große Bedeutung für das Individuum. Sie beeinflussen auf positive oder negative Weise das Selbstwertgefühl und die persönliche Zufriedenheit.

Als Schulkinder sind unsere Lehrer oft unsere Bezugsgruppe/Bezugspersonen. Aber auch Vorbilder im Beruf, aus den Medien, aus der Politik oder Menschen, die Dinge tun, die wir als sinnvoll empfinden, können für uns zur Bezugsperson/-gruppe werden.

Offene und Geschlossene Gruppen; Eigen- und Fremdgruppe; Homogene/heterogene Gruppen und Cliquen

Offene und geschlossene Gruppen Der **Gruppenrahmen** kann **offen** gehalten sein, d .h., es können jederzeit neue Mitglieder der Gruppe beitreten. Flexibilität, Veränderungsbereitschaft und Offenheit für neue Mitglieder sind typische Kennzeichen. Oder aber es werden feste, **geschlossene Gruppen** gebildet, die über einen festgelegten Zeitraum eine gewisse Beständigkeit garantieren und dadurch eine Vertrauensbasis ermöglichen, die einen Schutzraum gewährleisten (Selbsthilfegruppen, Therapiegruppen, Supervisionsgruppen).

Eigen- und Fremdgruppe Als **Eigengruppe** bezeichnet jemand immer die Gruppe, als deren Mitglied er sich sieht; die **Fremdgruppe** – das sind die anderen. Häufig kommt es durch das „Wir-Gefühl" der eigenen Gruppe zum Vergleich oder zur Abwertung der Fremdgruppe (unsere Station/die Nachbarstation). Vorurteile und Wahrnehmungsfehler sind hier typisch.

Homogene und heterogene Gruppen **Homogen** bedeutet „gleicher Art" und meint Mitglieder gleichen Berufs, gleichen Geschlechts, gleichen Alters mit gemeinsamen Interessen. Männer oder Frauengruppen, die Arbeitsgruppe männlicher Pflegekräfte oder eine Frauenselbsthilfegruppe.

Heterogen ist demnach „gemischt, unterschiedlicher Art". Z. B. sind bei einem Betriebsfest des Krankenhauses alle Berufsgruppen, Frauen und Männer unterschiedlicher Arbeitsbereiche, Krankenpflegeschüler und Praktikanten vertreten.

Cliquen Eine Sonderform bilden Untergruppen – meist innerhalb von Organisationen oder größeren Teams –, die sich durch die Identifikation gemeinsamer Ziele oder Interessen „stark" machen und solidarisieren. Häufig vertreten sie Gegenpositionen und stellen sich in Konkurrenz zu anderen Gruppen, Personen oder Meinungen. Diese Bezugsgruppenart nennt man Clique.

Im Krankenhaus kann dies eine Clique unzufriedener Pflegekräfte sein oder der Zusammenschluss mehrerer Krankenpflegeschüler, die sich gegen althergebrachte Pflegestandards wehren und gegen das bekannte „das haben wir schon immer so gemacht" aufbegehren.

12.3   Gruppenfunktionen und ihre Bedeutung

Historisch betrachtet haben Gruppen immer eine Bedeutung für den Menschen gehabt. Selbst in frühen Kulturen schlossen Menschen sich zusammen (Jäger, Sammler, Siedler, Dörfer). Waren es damals noch überwiegend Gründe um gemeinsam zu überleben oder sich zu schützen, so haben Gruppen heute einerseits eine sozial-emotionale und psychologische Bedeutung, andererseits einen Nutzeneffekt im Sinne einer Sach- oder Informationsfunktion. Oftmals haben Gruppen bestimmte Anteile aus beiden Bereichen, die für die Gruppenmitglieder entscheidend sind und sie dazu bewegten, in dieser Gruppe zu sein.

Gründe für Gruppenbildungen

Hauptfunktionen von Gruppen

Sozial-emotionale und psychologische Funktion:
* Schutz
* Entlastung
* Versorgung
* Identifikation, gemeinsame Ziele und Interessen

Sach- und Informationsfunktion:
* Leistung und Leistungssteigerung
* Arbeitserleichterung
* Wissensvermittlung
* Informationsvermittlung

Wichtig

Aus sozial-emotionalen Bedürfnissen nach Kontakt, Anerkennung, Wertschätzung, Liebe und Unterstützung können Gruppen eine Schutzfunktion, Entlastung und Versorgungsbedeutung für ihre Gruppenmitglieder haben. Freunde oder die Familie können jemanden schützen und lieben. Durch mein Arbeitsteam kann ich Unterstützung, Wertschätzung und Anerkennung erfahren. Ich arbeite mit anderen an gleichen Zielen, mit derselben Ausbildung mit ähnlichen Interessen zusammen und kann mich mit ihnen und meinem Arbeitsfeld identifizieren.

Sozial-emotionale Bedürfnisse

Die Sach- und Informationsfunktion erfüllen Gruppen, in denen es um Aus- und Weiterbildung geht, in denen man Informationen erhält, seine Qualifikationen verbessern kann. Vorrangig geht es um Nutzen und Gewinn. Eine Person will möglicherweise etwas Neues

Sach- und Informationsfunktion

lernen, erhofft sich durch mehr Wissen und Können berufliche, finanzielle Verbesserungen. Sie kann Leistungssteigerung und Arbeitsteilung erzielen, indem sie mit anderen an ähnlichen Zielen arbeitet, es kann eine Arbeitserleichterung bedeuten, wenn sie bestimmte Aufgaben dadurch zukünftig übernehmen kann.

Auf der individuellen Ebene geht es um Ansehen, Lob, Können und Macht, um Anerkennung durch andere und das Individuum selbst. Sein persönliches Selbstwertgefühl kann dadurch gesteigert werden.

Anziehungskriterien

Gruppen – Anziehungskriterien Entscheidend für die Mitgliedschaft ist, ob es sich um eine freiwillige/informelle oder unfreiwillige/formelle Gruppe handelt. Manchen Gruppen muss ich mich zwangsläufig anschließen, ob ich will oder nicht. Wenn ich eine Fortbildung besuche oder durch äußeren Druck dazu aufgefordert werde, an einem Qualitätszirkel teilzunehmen, steht die Sach- oder Informationsbedeutung im Vordergrund. Ein bestimmter Zweck führt zur Teilnahme. Gehe ich dagegen freiwillig zum Sport, stehen meine Bedürfnisse nach Gleich gesinnten, nach Bewegung im Mittelpunkt. Ich habe mir diese Sportgruppe oder den Sportcenter ausgewählt. Wenn wir die Wahl haben, einer Gruppe beizutreten, gibt es bestimmte unbewusste Kriterien, nach denen wir uns für eine Gruppe entscheiden.

Anziehungskriterien

Anziehungskriterien sind:
- Aussehen/Attraktivität der äußeren Erscheinung von Gruppenmitgliedern: Wir werden unbewusst durch ein sympathisches, ansprechendes Äußeres angezogen.
- Sympathie: Wenn wir jemanden mögen, haben wir Lust, gemeinsam etwas zu machen, ein Interesse an Kontakt entsteht.
- Ähnlichkeit: Wenn Menschen einander ähnlich sind, fühlen sie sich zueinander hingezogen oder
- Ergänzung: Wenn Menschen unterschiedlich sind, können sie einander ergänzen oder finden es interessant und sinnvoll, das Andere/Gegensätzliche kennen zu lernen.

Anregungen zur Selbstexploration

Wenn Sie einmal überlegen, was für Gruppen Sie kennen oder in welchen Sie selbst Mitglied sind – zumindest eines der genannten Anziehungskriterien wird vorhanden sein. Je mehr Punkte davon erfüllt werden, desto häufiger wird diese Gruppe sich treffen, miteinander gerne arbeiten oder sich austauschen und Kontakt suchen. Je öfter sich dadurch die Personen treffen werden, desto mehr steigen die positiven Anziehungskriterien. Man wird sich noch sympathischer, man entdeckt mehr gemeinsame Ziele, man teilt Interessen und Meinungen.

Umgekehrt verbringen wir nicht gerne unsere Zeit mit Menschen, die wir nicht mögen, wir meiden den Kontakt oder erfinden Ausreden, um nicht zum nächsten Treffen kommen zu müssen.

Insbesondere in formellen Gruppen, bei denen eine äußere oder vorgegebene Aufgabe die Gruppenbildung bestimmt, sind keine oder wenig Anziehungspunkte vorhanden. Die Gruppenarbeit funktioniert schlecht, die Motivation ist gering, eine unpersönliche Atmosphäre herrscht. Wir quälen uns aus „Vernunftgründen" zur Teilnahme an der Gruppe (weil die Stationsleitung mich dorthin geschickt hat, weil die Pflegedienstleitung das erwartet...).

Pfleger Bernd ist vor allem am Austausch mit anderen Kollegen interessiert, deshalb sucht er Kontakt zu anderen in seinem Ausbildungskurs. Für ihn steht der emotionale Aspekt im Vordergrund. Krankenpflegeschülerin Anne dagegen ist sehr wissbegierig und möchte in ihrer Ausbildung viel pflegerisches Fachwissen erwerben. Die Klasse ist ihr nicht so wichtig, für sie ist die Sachfunktion und der Zweck ihres Ausbildungskurses entscheidend.

Beispiel: Unterschiedliche Bedürfnisse

Als mit dem Examen die Auflösung des Kurses bevorsteht, bedauert Bernd dies sehr. Die Beziehung und der Kontakt zu den anderen Kursteilnehmern haben ihm viel bedeutet. Anne dagegen findet es schade, dass sie keinen Unterricht mehr hat. Das Lernen hat ihr Spaß gemacht, es war eine Abwechslung von der praktischen Krankenpflege.

12.4 Entwicklungsprozesse von Gruppen – Gruppenphasen

Wenn Menschen Gruppen bilden, geschieht dies in einem prozesshaften Verlauf. Das heißt, dass nicht einfach eine Anzahl von Menschen mit den typischen Gruppenmerkmalen allein schon eine Gruppe ausmachen. Vielmehr entwickelt sich eine Gruppe indem sie bestimmte Entwicklungsschritte durchmacht. In wissenschaftlichen Studien wurden bestimmte Phasen erkannt und gelten daher als typisch bei Gruppenbildungsprozessen (vgl. TUCKMAN 1965).

Entwicklungsschritte

Dauer, Intensität und Verlaufsformen können je nach Gruppe variieren – denn ihre Mitglieder sind schließlich Individuen –, dennoch lassen sich folgende Phasen beobachten:

Vorphase
(1) Formingphase (Gruppe entsteht)
(2) Stormingphase (Konflikte in der Gruppe)
(3) Normingphase (Gruppe wächst zusammen)
(4) Performingphase (Arbeiten an der Gruppenaufgabe)

(5) Informingphase (Ergebnisse; Auflösung der Gruppe)

Abbildung 17: Phasen der Gruppenentwicklung

Vorphase

In der Vorphase macht ein Individuum sich darüber Gedanken, einer bestimmten Gruppe beizutreten. Es geht um die Entscheidung sich einer Gruppe anzuschließen.

Beispiel: Entscheidungsprozess in der Vorphase

Schwester Elke möchte sich beruflich verändern. Indem sie sich für eine Stelle auf der Intensivstation bewirbt, entscheidet sie sich für ein neues Stationsteam und damit eine neue Gruppe. Damit sind Gefühle der Angst und Unsicherheit vor neuen Kollegen, dem fremden Stationsteam, den ungewohnten Arbeitsabläufen verbunden. Andererseits besteht ein Wunsch nach Veränderung, nach neuen beruflichen Herausforderungen, Vorfreude auf neue Bereiche der Pflege, spezielle Patientengruppen, andere Kollegen.

Als Schwester Elke schließlich auf der internistischen Intensivstation anfangen soll, endet diese Vorphase und geht in die erste Phase, die Formingphase genannt wird, über.

(1) Formingphase

Als Schwester Elke als „die neue Kollegin" ihren ersten Arbeitstag auf der Intensivstation hat, kommt sie in das bereits bestehende Stationsteam als weiteres Mitglied hinzu.

Auswirkungen neuer Mitglieder auf den Gruppenprozess

Neue Gruppenmitglieder haben immer Auswirkungen auf die bereits bestehende Gruppe und auf den Gruppenprozess. Dadurch kann ein an sich gefestigtes Pflegeteam in Frage gestellt werden und sich plötzlich verändern. Eine Gruppe kann erneut in eine andere Phase zurückverfallen und diese nochmals durchlaufen. Auf beiden Seiten existiert deshalb Unsicherheit, Anonymität, Zurückhaltung, Misstrauen – ebenso wie Neugierde, Freundlichkeit, Offenheit, sich kennen lernen wollen usw. Beide Seiten „beschnuppern" sich, orientieren sich und beginnen Kontakt aufzunehmen. Oftmals wird deshalb neuen Kollegen mit Ablehnung und Vorurteilen begegnet, denn bereits bestehende Stationsgewohnheiten, Stationsabläufe, die Normen und Regeln könn(t)en plötzlich Kritik erfahren. Einzelne fühlen sich bedroht oder verunsichert.

So geht es in dieser Phase um Fragen wie: Mag ich die anderen, mögen sie mich? Werde ich akzeptiert? Wer hat hier Führungsansprüche? An wem kann und will ich mich orientieren? Von wem kann ich Hilfe und Unterstützung erfahren? Wen finde ich sympathisch, wen nicht? Welche Regeln, Verhaltensweisen oder Einstellungen zur Pflegepraxis und den Patienten, welche Pflegeziele und –standards gelten hier?

In der bestehenden Gruppe können folgende Problemstellungen auftauchen: Wie ist die neue Schwester? Passt sie in unser Team?

> In der Formingphase stehen das Einschätzen der neuen Situation und Kollegen im Vordergrund. Es wird nach Anhaltspunkten zur Orientierung gesucht. Ein gegenseitiges Abtasten, Orientieren, Kennen lernen findet statt.

Wichtig

(2) Stormingphase

In der zweiten Phase, der Stormingphase, finden so zu sagen „Gärung und Klärung" statt. Es ist die Konfliktphase.

Im Mittelpunkt stehen Machtpositionen, Konkurrenz, Führungspositionen. Dementsprechend geht es um Anpassung, Unterordnen, Akzeptanz der Kollegen (Gruppenmitglieder) untereinander. Dadurch entstehen zahlreiche Konflikte innerhalb der Gruppe. Spannungen, Positionsgerangel und Feindseligkeiten treten auf. Die gemeinsamen Aufgaben und angestrebten Ziele werden kritisiert. Es können Widerstände gegen bisher Bestehendes auftreten, Unmut an den Aufgaben wird geäußert. Auch an Kollegen, an den Leitungspersonen oder an bestimmten geltenden Normen wird gezweifelt und Kritik geübt. Personen oder Aufgaben können abgelehnt werden.

Schwester Elke stellt sich die genannten Fragen, um sich in ihrer neuen Arbeitssituation Orientierung zu verschaffen. Die Kollegen merken, dass ein neuer Wind in den staubigen Stationsablauf und ins Team hineinweht. Sie reflektieren ihre Arbeitszufriedenheit und werden wach für bereits lange bestehende Mängel, die versteckte Unzufriedenheit mit der Machtstellung der Stationsleitung wird offenbar.

**Beispiel:
Konfliktaufbruch in der
Stormingphase**

Es kann aber auch sein, dass das Stationsteam am Alten und Gewohnten festhalten will und sich als Gruppe gegen neue Kollegen stellt. Hier treten Machtkämpfe auf bezüglich der Frage, ob Einstellungen und Verhaltensmuster gegenseitig akzeptiert werden. Innerhalb dieser Krisenphase können sich Cliquen bilden, die in Konkurrenz zu anderen Meinungen oder Kollegen stehen. Neben diesen Untergruppenbildungen können auch offen oder verdeckt Kollegen ausgegrenzt, abgelehnt oder gemobbt werden. Dies kann zu erheblichem Leidensdruck einzelner gehen und so weit führen, dass sie krank werden oder die Gruppe verlassen (Kündigung, Versetzung).

Zeigt sich jedoch eine gewisse Offenheit für Kritik, für die Entwicklung neuer Pflegeziele, Änderung der routinierten Stationsabläufe o. ä., kann durch diese Krise eine Möglichkeit entstanden sein, positive Veränderungen herbeizuführen.

(3) Normingphase

In der Normingphase ist der „Kampf", die Krisenzeit, vorüber. Die Luft scheint gereinigt, die Gruppenmitglieder begegnen sich mit einer gewissen Akzeptanz. Die psychische Ebene ist geklärt, so dass es zur Harmonisierung der Beziehungen kommt. Nun entwickelt sich langsam das „Wir-Gefühl" – die Pflegegruppe sieht sich wieder als ein Stationsteam. Das Gruppenklima ist geklärt. Die Mitglieder wenden sich der eigentlichen Gruppenaufgabe, der Pflege der Patienten, zu und nehmen damit wieder am allgemeinen Gruppengeschehen teil.

Beispiel: Klärungsprozess in der Normingphase

Nachdem sich das Stationsteam und Schwester Elke im Laufe der Wochen kennen gelernt haben, beginnen sie sich gegenseitig zu akzeptieren. Die Zusammenarbeit klappt, und die neue Schwester fühlt sich dem Stationsteam der Intensivstation zugehörig – es ist jetzt auch „ihre" Station geworden. Sie interessiert sich für die spezielle Pflege von beatmeten Patienten, lernt den Umgang mit Beatmungsgeräten und ist erfreut über die Hilfsbereitschaft der Kollegen, die ihr eine gute Einarbeitungszeit ermöglichen. Das Pflegeteam erkennt in Elke eine fähige Kollegin, die eine Unterstützung in der Arbeit auf Station darstellen kann.

(4) Performingphase

Jetzt beginnt die so genannte Performingphase. Sie ist gekennzeichnet durch Arbeitslust, Produktivität und Leistungsbereitschaft.

Es besteht Interesse am gemeinsamen Ziel und an der Bewältigung der damit verbundenen Aufgaben. Kenntnisse, Verbesserungsvorschläge, wichtige Informationen werden jetzt offen aufgenommen und als wertvoll und nützlich für das Gruppenziel angesehen. Es entwickelt sich die Basis für eine produktive Zusammenarbeit. Wo vorher Machtgerangel und Konkurrenz herrschten, nutzt die Gruppe jetzt die Fähigkeiten und Fertigkeiten der einzelnen Teammitglieder zur Bewältigung des Gruppenziels. Die Akzeptanz bestimmter Rollen im Stationsteam und der damit einher gehenden Aufgaben werden nun positiv betrachtet und zum Wohle der Gruppe angesehen. Durch die funktionelle Rollenbezogenheit einzelner Gruppenmitglieder können spezifische Aufgaben bewältigt werden, was als Hilfe und Entlastung begreifbar ist. Z. B. hat eine Schwester die Aufgabe übernommen, die Beatmungsgeräte regelmäßig zu checken. Damit hat sie eine funktionelle Rolle, die der Gruppe Entlastung bietet.

Diese positive Entwicklung zu einer strukturierten kooperativen und arbeitsfähigen Gruppe ist schließlich durch den gemeinsamen Gruppenentwicklungsprozess erst möglich geworden.

Beispiel: Produktivität in der Performingphase

Nach der Einarbeitungsphase wird Elke als Kollegin voll akzeptiert. Schwester Gabi fühlt sich inzwischen nicht mehr in ihrer Kompetenz als Fachschwester in Frage gestellt – die Rollen sind geklärt. Auftretende Konflikte werden konstruktiv gelöst. Jeder weiß, was er kann, und die Zusammenarbeit steht im Vordergrund.

An diesem Punkt kann der Gruppenprozess abgeschlossen sein. Bei Vorliegen einer spezifischen Aufgabe oder eines bestimmten Ziels schließt sich die Informingphase an.

(5) Informingphase

In dieser letzten Phase ist das Team durch die gemeinsame Arbeit oder Aufgabe gewachsen und stabil. Lösungen, Erfolge – die erreichten Ziele – sollen nun nach außen getragen werden. Es besteht der Wunsch nach Kontakt und Austausch mit anderen Gruppen, was wiederum die Identität der Gruppe stärkt. Nun werden auch Vergleiche zu anderen gezogen.

Je nachdem, um was für eine Gruppe oder um welches Ziel es sich handelt, kann es schließlich zum Interessenverlust kommen, denn die Aufgaben sind bewältigt worden. In Arbeitsteams kommt es zur Auflösung der Gruppe. Für manche Gruppenteilnehmer ist ein klares Ende der Gruppe völlig stimmig, um sich nun neuen Aufgaben zuzuwenden. Für andere, denen die Gruppe schließlich zur Bezugsgruppe geworden ist, ist die Auflösung jedoch bedrückend (vgl. unterschiedliche Bedürfnisse von Gruppenmitgliedern).

Die Informingphase könnte auftreten, wenn Schwester Elke sich in der Anästhesie- und Intensivfachausbildung befände. Dann hätte sie eine festgelegte Einsatzzeit auf dieser Station, um bestimmte fachliche Qualifikationen zu erlangen (beispielsweise den Umgang mit chirurgischen Intensivpatienten und deren spezifischen Krankheitsbildern. Ist der Stationseinsatz beendet, sollte sie die damit verbundenen Pflegelernziele erreicht haben. Das erlangte Wissen kann sie nun mit anderen Ausbildungsteilnehmern teilen und besprechen.

Beispiel: Gruppenauflösung in der Informingphase

13 Führen und Leiten –
gruppendynamische Aspekte

Nicht nur im Entwicklungs- und Veränderungsprozess von Gruppen geht es dynamisch zu, eigentlich geschieht dies permanent, wenn Menschen zusammen sind oder miteinander arbeiten.

Die Arbeit in der Pflege hat viel mit dem Miteinander, mit Kontakt und zwischenmenschlichen Problemen zu tun. Einerseits arbeiten immer mindestens zwei Personen, die Pflegekraft und der Patient, miteinander, und andererseits wird im Team gemeinsam gepflegt. Pflege geschieht nie allein. Gruppen und gruppendynamische Prozesse finden sich in der Krankenpflege überall.

In allen Gruppen laufen zwischenmenschliche Prozesse ab. Die Gruppenmitglieder, die gemeinsame Aufgabe oder das Gruppenziel beeinflussen die psychosozialen Geschehnisse untereinander. Diese für eine Gruppe typischen Abläufe fasst man zusammen unter dem Begriff Gruppendynamik (HOFSTÄTTER 1975; COHN 1969).

13.1 Gruppenleitung –
Aufgaben und Probleme

Funktionsträger

Zu einer Gruppe gehört neben den einzelnen Gruppenmitgliedern immer eine Person, welche Verantwortung für die gemeinsamen Ziele und Aufgaben übernimmt, die sich um die Geschehnisse innerhalb des Teams kümmert und die Gruppe anleitet. Auf den Stationen im Krankenhaus gibt es immer eine Stationsleitung oder ein Stationsleitungsteam (Stationsschwester/-pfleger und stellvertretende Leitung), eine eben solche Funktion hat auch die Pflegedienstleitung über die gesamten Stationen einer Klinik, eines Pflegeheims oder eines Pflegedienstes.

> Die Teamleitung hat zwei Hauptaufgaben:
> - Sachorientierte Funktion; Aufgaben- und Zielorientheit (Lokomotion)
> - Beziehungsorientierte Funktion; den Gruppenzusammenhalt fördern (Kohäsion).

Die Stationsleitung umfasst allgemeine, pflegespezifische und Leitungsaufgaben. Sie ist im Allgemeinen verantwortlich dafür, dass bestimmte Ziele durch die Stationsarbeit während der Dienstzeit verfolgt und erreicht werden. Hierzu gehören die routinierten und notwendigen Abläufe des Stationsalltags wie Patienten lagern, Verordnungen erledigen, Verbände machen, Medikamente verteilen, die Pflegedokumentation schreiben. Daneben existieren **spezifische Aufgaben** wie Pflegeziele setzen, Pflegeplanung erstellen, fachpflegerische Maßnahmen durchführen.

Sachorientierte Aufgaben

Übergeordnete Aufgaben der Leitung sind: Organisieren, Entscheidungen treffen, Ziele setzen und Planung durchführen. Informieren und Instruieren, Koordinieren, Kontrollieren und Korrigieren der Pflegekräfte und deren pflegerischer Tätigkeiten – sachliche und personelle Probleme oder Konflikte zu erkennen und lösen.

Mit diesen sachorientierten Aufgaben allein kann eine Gruppe nicht zum Team werden und zusammenarbeiten. Hierfür sind personen- und beziehungsorientierte Führung erforderlich.

Personen- und beziehungsorientierte Führung

Neben den Pflegetätigkeiten, muss auch die Pflegekraft der Mensch als solcher, berücksichtigt werden. Um ein gutes Stationsteam – aus gutem Pflegepersonal und deren Fähigkeiten zur qualifizierten Pflege – anzuleiten oder zu führen müssen beide Funktionen durch die Stationsleitung wahrgenommen werden. Nur gutes Personal, das sich als Team versteht, das effektiv zusammen arbeitet, leistet gute Pflege.

Oft mangelt es jedoch an Kompetenz der Stationsleitung. Die formale Stationsleitung muss nicht immer eine gute Leitung sein. Viele fühlen sich überfordert, sind den Aufgaben nicht gewachsen, führen auf autoritäre oder ungerechte Weise ihr Team, fühlen sich Kritik nicht gewachsen. In so einem Fall übernimmt meist ein anderer, informaler Führer, die Stationsleitung. Akzeptiert das Team diese inoffizielle Leitung, dann wird es nicht mehr unter dem Einfluss der „eigentlichen" Stationsleitung arbeiten. Dieses stille Einvernehmen der Gruppe kann gegebenenfalls von der offiziellen Leitung geteilt werden, da sie es als Erleichterung empfindet.

Von Station B wissen alle, dass Schwester Hilde zwar offiziell die Stationsschwester ist, dass aber in Wirklichkeit Schwester Andrea die Station leitet. In wichtigen Angelegenheiten spricht das Pflegepersonal deshalb lieber gleich mit Andrea. Hilde nimmt das zwar wahr, ist aber im Grunde erleichtert, da sie sich seit einem Jahr mit der Leitungsfunktion überfordert fühlt und sie Andrea, der stellvertretenden Leitungsschwester, überlassen hat. Mittlerweile akzeptieren diese Tatsache nicht nur neue Schüler oder Kollegen, sondern auch die Pflegedienstleitung duldet es.

Beispiel: Informelle Führung

Häufig kann man beobachten, dass die beiden Hauptaufgaben auch auf zwei Leitungspersonen verteilt werden: Eine(r) hat mehr die Ziele und die Bewältigung der Stationsaufgaben im Auge (Sachorientierte Funktion;), der/die andere kümmert sich um die zwischenmenschlichen Belange des Stationsteams, um Konfliktlösung zwischen den Mitarbeitern, Gespräche mit einzelnen zu führen und damit für den Zusammenhalt und eine gute Zusammenarbeit zu sorgen (Beziehungsorientierte Funktion).

Beispiel: Arbeitsteilige Führung

Auf Station C teilen sich Stationspfleger Wolfgang und die stellvertretende Leitung, seine Kollegin Beate, die Stationsführung. Da Wolfgang eher die sachlichen Belange interessieren (Personalschlüssel, Dienstpläne, Pflegematerialbestellung, neue Entwicklungen für die Krankenpflege), überlässt er Schwester Beate freie Hand, was die zwischenmenschliche Führung des Stationsteams betrifft. Einige Kollegen finden diese klare Trennung gut, da sie sicher wissen, mit welchen Fragen sie sich an wen wenden können. Andere wünschen sich, dass die Leitung mehr zusammenarbeitet. Schwester Tina versteht sich nicht so gut mit Beate und würde mit ihren Anliegen lieber zu Wolfgang gehen, der sich aber nicht als Ansprechpartner fühlt.

13.2 Führungspersönlichkeit und Macht

Das Miteinander, die Dynamik zwischen den einzelnen Gruppenmitgliedern oder zwischen diesen und der Gruppenleitung lässt sich mit soziologischen Methoden erfassen (Soziometrie) und darstellen (Soziogramm).

Zusammenhang zwischen Führungsstil und Arbeitsverhalten

Mit Hilfe von Soziogrammen erkannte man, dass Gruppen bestimmte Zusammenhänge aufweisen bezüglich des Führungsstils der Leitungsperson und des Verhaltens der Gruppe.

Bestimmte Führungsstile beeinflussen die Arbeitszufriedenheit des Personals, das aufgaben- und leistungsorientierte Arbeitsverhalten (Einstellung zur Arbeit; Lust oder Frust), die Arbeitsweise (zeitaufwändige, ungeplante Arbeitsgänge oder Zeit sparende, koordinierte und unter Kollegen abgesprochene Arbeitsteilung; Teamwork oder isoliertes Arbeiten). Neben der Art des Führungsstils üben auch die Persönlichkeit und das Handhaben von Macht der Leitungsperson(en) einen erheblichen Einfluss auf die ihnen unterstellten Gruppenmitglieder aus.

Führungspersönlichkeit und Macht

Jede Person, die eine Gruppe anleitet, weist immer Anteile der eigenen Persönlichkeitsstruktur in der Art, wie sie führt (Wahl des Führungsstils) auf. Eine autoritäre, strenge Persönlichkeit wird nicht auf demokratische oder chaotische Weise eine Station führen.

Der Führungsstil ist demnach immer ein Ausdruck bestimmter Einstellungen gegenüber Menschen, dem Umgang mit Menschen, Auffassungen in Bezug auf die Arbeit u. a.. Dementsprechend wird die Umgangsweise mit Personal aussehen. Eine disziplinierte, pünktliche und ordentliche Leitung wird durch ihre Vorbildfunktion diese Eigenschaften ebenfalls vom Pflegeteam erwarten oder es entsprechend in seinem Denken, Handeln, der Arbeitsweise und Arbeitsauffassung beeinflussen. Personen, die zusammenarbeiten oder ein Arbeitsteam bilden, teilen früher oder später bestimmte Einstellungen, Arbeitsweisen, Denk- und Handlungsarten – gerade durch gemeinsame Ziele und Aufgaben erscheint dies nur sinnvoll. Kann ein Mitglied sich nicht mit damit identifizieren, so wird der Sinn des Ziels/der Aufgabe ebenso angezweifelt, wie der Wert der Zusammenarbeit. Kann jemand sich nicht mit einem strengen Führungsstil anfreunden, dann wird es schwierig für ihn unter solcher Leitung zufrieden arbeiten zu können.

Neben dem Führungsstil spielt auch Macht bei Leitungspositionen eine wichtige Rolle. Macht steht immer im engem Zusammenhang mit der Macht ausübenden Person. Sie kann sinnvoll und human angewendet oder mißbraucht werden.

Aspekte von Macht

Macht kann einmal durch eine Position oder Qualifikation entstehen, sie ist dann legitimiert. Die Stationsleitung verfügt über die notwendige Qualifikation, die Ausbildung zur/zum Stationsschwester/-pfleger, und hat dadurch eine legitime Machtstellung inne. Sie ist weisungsbefugt, sie bestimmt und regelt. Sie kann darüber hinaus sanktionieren (Sanktionsmacht), indem Personal kontrolliert, korrigiert oder gemaßregelt wird.

Legitimierte Macht

In dieser Leitungsfunktion kann des weiteren Macht ausgeübt werden aufgrund von Wissen und Information. Durch Fachkenntnisse kann einer Person „Macht durch Wissen" zuerkannt werden. Verfügt jemand über spezielle Sachkenntnisse, so gilt er als kompetent auf einem Gebiet. Diese Sachkompetenz kann insofern auch Macht mit sich bringen, als andere, die nicht über dieses Wissen verfügen, auf diese Person angewiesen sind. Über Informationsmacht verfügt immer die Person, die wichtige, für andere Personen entscheidende Informationen besitzt oder über entsprechende Informationsquellen verfügt. Sie hat dadurch die Macht, diese Informationen weiterzugeben oder sie anderen vorzuenthalten.

Wissens- und Informationsmacht

Bei allen Personen, Positionen und der Art der Macht ist die *asymmetrische Beziehungskonstellation (s. Kapitel 8)* von Bedeutung. Ohne Führung gibt es keine Geführten. Ohne Stationsleitung kein angeleitetes Pflegeteam. Auch, wenn diese formale Beziehung vorgegeben ist, kann beispielsweise eine Stationsschwester nur führen, wenn sie von der Gruppe anerkannt wird. Macht kann nur ausgeübt werden, wenn andere Machtausübung akzeptieren. Die Legitimation zur Stationsschwester macht noch keine Stationsschwester aus.

Führen und geführt werden

Genauso wird Personen mit Fachkompetenz oft von vornherein dieses Wissen oder Können zugesprochen oder erwartet. Es wird gewissermaßen vorausgesetzt. Auch, wenn Patienten in diesem Sinne von Pflegepersonal und Ärzten entsprechende Kompetenz erwarten, müssen diese nicht tatsächlich darüber verfügen.

13.3   Führungsstile

Neben der Führungspersönlichkeit, dem Umgang mit Macht, wird auch der Führungsstil einer Leitung von Bedeutung für das Gruppenverhalten sein. Führungsstil und Führungspersönlichkeit entsprechen einander. Ein chaotischer Pfleger wird nie autoritär handeln. Wahrscheinlich werden auch seine Arbeitsweise, seine Einstellungen und der Umgang mit Kollegen eher „locker" sein.

Querverweis   Führungsstile entsprechen pädagogischen Erziehungsstilen (der Art und Weise, wie Eltern ihre Kinder erziehen). Vor allem drei Stile unterscheidet man: den autoritären, den laissez-faire und den demokratischen Führungsstil. Was sie im einzelnen bedeuten, soll ebenso erläutert werden, wie die Auswirkungen eines Stils auf die Gruppe. Übertragen auf die Leitung von Stationen oder Pflegeteams geht es wieder um die anfangs erwähnten Leitungsaufgaben, das Gruppenziel (Pflege und Versorgung der Patienten) und das Gruppenklima, also um Aufgabenorientiertheit (Lokomotion; Arbeit und Leistung) und um die Orientierung am Pflegepersonal selbst (Kohäsion; Teamgeist, Arbeitszufriedenheit).

13.3.1 Der autoritäre Führungsstil

Definition

> Beim autoritären Führungsstil gibt es eine zentrale, eindeutige Leitung.
>
> Sie hat eine zentrale Machtposition, besitzt eine unbestrittene Autorität, mit der sie lenkt, leitet, bestimmt und regelt. Sie gibt Informationen weiter oder hält sie zurück. Alle Stationsangelegenheiten, -arbeiten und -informationen laufen immer über sie. Sie hält alle Fäden in der Hand.

Eine solche strenge Stationsführung beinhaltet viel Kontrolle bzw. Anleitung und zeigt, dass jemand die Station und das Personal fest im Griff hat. Die Stationsabläufe sind genau geregelt und durchorganisiert, jeder weiß, was er für pflegerische Tätigkeiten zu übernehmen hat, wo seine Grenzen sind, was er zu tun und zu lassen hat. Eine zentrale, autoritäre Führungsweise lässt wenig Flexibilität oder selbstverantwortliches Arbeiten und Pflegen für ihre Pflegekräfte zu. Das Personal besitzt keine Eigenverantwortung und wenig Raum für selbstständiges Handeln.

Nach außen hin mag diese Station, ihre Leitung und die Pflegekräfte so wirken, dass hier gute Krankenpflege geleistet wird und es sich um eine ordentliche – vielleicht auf den ersten Blick vorbildliche Station – handelt, was auch der Fall sein kann. Dennoch sollte hinterfragt werden, wie es den Schwestern und Pflegern oder den Patienten auf Station geht. Mag es auf den ersten Blick nach Sicherheit und organisierter Pflege aussehen, so zeigen sich doch Mängel.

Beim Pflegepersonal besteht häufig eine große Unzufriedenheit, denn nichts darf selbst entschieden werden, kein selbstständiges Arbeiten ist erlaubt, alles läuft nach bestem Plan. Der Dienst macht keinen Spaß, weil irgendwie „alle gleich" arbeiten. Keine Individualität ist erlaubt, viele fühlen sich unterdrückt und gemaßregelt, zur Unselbstständigkeit gezwungen. Eine Stationsführung, die ein solches Arbeitsklima durch ihre Machtposition und Art und Weise der Personalführung hervorruft, wirkt sich natürlich auf die Pflegekräfte, deren Arbeitszufriedenheit und Arbeitsweise erheblich aus. Auf autoritären, aufgaben- und leistungsorientiert geleiteten Stationen – die an den Bedürfnissen und der Persönlichkeit ihres Personals vorbei sieht – herrscht häufig eine hohe Fluktuation, Kollegen kündigen, es kommen neue, gehen wieder usw. Die Krankheitsrate ist hoch, die Versetzungs- und Kündigungsneigung auffällig. Kollegen, die über längere Zeit dennoch auf Station bleiben, können die Lust an der Pflege und ihrem Beruf verlieren und das Burnoutsyndrom (ausgezehrt sein vom Beruf) entwickeln. Sie gehen verdeckt in Opposition zur Stationsleitung, weil die offene Auseinandersetzung und Kritik an der Stationsordnung nicht geduldet wird. So kann jemand seine Aufgaben einfach langsamer erledigen, weniger leisten oder häufig krank sein und dadurch unbewusst gegen das bestehende System rebellieren.

Mängel

Personal, das jedoch Orientierung und strikte Führung sucht und bevorzugt, wo jeder genau weiß was er zu tun oder zu lassen hat und die Arbeiten genau organisiert sind, fühlt sich auf einer autoritär geführten Station wohl. Die Stationsleitung und der geregelte Stationsablauf vermitteln Sicherheit während des Dienstes, es wird viel geschafft, und die gemeinsame Aufgabe, die Pflege der Patienten, steht im Mittelpunkt des Pflegeteams.

Vorteile

Auf der autoritär- und aufgabenorientierten Station steht das Wohl des Patienten im Zentrum der Arbeit. Pflege, Versorgung und Betreuung der Patienten kann so viel Bedeutung beigemessen werden, dass dadurch Patient und Personal auf gewisse Weise entmündigt werden können. Der „total betreute" und dauernd kontrollierte Patient kann dadurch auch in seiner Unselbstständigkeit gefördert werden. Seine – auch während oder durch die Krankheit hervorgerufenen Einschränkungen – sind immer noch im Hinblick auf seine Ressourcen zu verstehen: Was kann er (trotz der Krankheit) noch? Wie kann seine Selbstständigkeit wieder gefördert werden? Zu viel Pflege, Fürsorge, Trösten, Verständnis und Hilfe können auch behindern und den Patienten abhängig und hilflos machen. Auch die Tendenz einiger Patienten, sich verwöhnen (oder gar bedienen) zu lassen, kann durch „zu viel Pflege" eher gefördert werden.

Hier lässt sich auch der Zusammenhang zwischen Leitung – Personal – Patient und Pflege gut erkennen. Die autoritäre Haltung der Stationsleitung spiegelt sich im Pflegeverhalten des Personals wider und färbt auf den Patienten ab. Auf einer Station, in deren Mittelpunkt Patient und Pflege stehen, wird diese Haltung durch die Stationsschwester vermittelt werden. Diese Einstellung übernimmt das Personal und arbeitet entsprechend. So kann es sein, dass die strenge Arbeitseinstellung auch auf die Patienten übertragen wird. Von ihnen wird ebenfalls Disziplin, Unterordnung und eine gewisse Gehorsamkeit erwartet, ein braver Patient also, der den Stationsablauf nicht stören darf – ebenso wenig wie das Pflegepersonal selbst.

13.3.2 Team ohne Leitung

DefinitionDiese freie, offene, als laissez-faire-Stil (es einfach laufen lassen) bezeichnete Führungsweise stellt gewissermaßen den Gegensatz zum autoritären Stil dar.

Hier fehlt eine Leitung, jeder arbeitet für sich, die Aufgabenverteilung ist unstrukturiert, jeder macht alles. Vieles geschieht planlos und unkoordiniert. Arbeiten können doppelt oder zeitaufwändig ausgeführt werden, da man nebeneinander und ohne Absprache arbeitet.

Im Vordergrund steht zwar die Pflege, noch mehr aber das gemeinsame Ziel, die Stationsarbeit überhaupt „irgendwie" zu bewältigen, so dass die Station „irgendwie" läuft und nicht im Chaos versinkt. Ist in einem Stationsteam keinerlei Leitung, Absprache, Orientierung oder Miteinander vorhanden, ist eine Gruppe sich selbst überlassen. Beim laissez-faire-Führungsstil ist der Gruppenzusammenhalt (Kohäsion) ebenso wenig ausgeprägt, wie die gemeinsame Zielorientiertheit oder Aufgabenstellung.

Mängel Das Pflegepersonal ohne Lenkung wirkt zwar selbstständig und selbstverantwortlich, aber da keinerlei Feedback oder Kontrolle – weder durch die Stationsleitung noch durch Kollegen – erfolgt, weil keiner sich verantwortlich fühlt, ist es tatsächlich von hoher Unzufriedenheit geprägt. Herrscht im autoritären Führungsverhalten zu viel Kontrolle und Unselbstständigkeit, so mangelt ebenfalls an Arbeitsmotivation, wenn allen alles egal zu sein scheint. Dadurch sinkt die Arbeitsmoral und Leistungsbereitschaft des Personals erheblich. Man geht zum Dienst, weil man Geld verdienen muss. Die Arbeit wird gemacht, weil sie erledigt werden muss.

Die Kommunikation untereinander ist gering, obwohl auch Pflegetätigkeiten zusammen ausgeführt werden. Überwiegend arbeitet man jedoch allein, sucht sich seine Aufgaben, macht alleine Pause. Kritisch gesehen werden muss, dass mache Arbeiten nicht nur doppelt und dadurch mit hohem Zeitaufwand erledigt werden, sondern dass manche nur zufällig (weil einer sie ausgeführt hat) oder gar nicht mehr gemacht werden – was zu Lasten des Patienten gehen kann oder fahrlässig ist. Insbesondere die Patientenversorgung kann auf einer solchen chaotischen Station gefährdet sein. Da jeder sich selbst überlassen ist, ist letztlich auch der Patient sich selbst überlassen, was nicht zulässig und nicht zu verantworten ist. So unglaublich diese Art der Stationsführung klingen mag, existiert sie dennoch im Klinikalltag häufiger als man glaubt. Oftmals gelingt die Stationsarbeit und Pflege nur, weil einzelne Pflegekräfte bemüht sind, dennoch gute Pflege zu leisten, und versuchen, Pflegefehler oder Mängel auszugleichen.

13.3.3 Der demokratische Führungsstil

> Hierbei handelt es sich um einen dezentralen, an Aufgaben (der Pflege/dem Patienten) und an Personal (die einzelne Pflegekraft oder das Stationsteam) gleichermaßen interessierten und orientierten Führungsstil.

Definition

Die Stationsführung ist zwar festgelegt, dennoch übernehmen alle aus dem Team wechselseitig die anfallenden Arbeiten. So gestaltet sich die Stationsarbeit abwechslungsreich und in gegenseitiger gemeinsamer Absprache. Einzelne fühlen sich in ihrer Pflegekompetenz ebenso anerkannt, wie auch das gesamte Stationsteam als Gruppe ein starkes „Wir-Gefühl" besitzen kann. Selbstständiges verantwortungsbewusstes Pflegen entsteht, wenn die Stationsführung delegieren kann und ihrem Personal Verantwortung überträgt und wenn einzelne bereit sind, diese auch zu übernehmen.

Im demokratischen Miteinander kann eine gut koordinierte und kooperative Zusammenarbeit (Teamarbeit) entstehen. Hierdurch kann die Leistungs- und Motivationsbereitschaft gesteigert sein, da man gerne miteinander und nicht gegeneinander arbeitet. Darüber hinaus wird durch die Teamarbeit Zeit- und Arbeitsersparnis erreicht – was wiederum zu einem befriedigenden Arbeitsergebnis und Arbeitsklima auf der Station führt.

Auch hier kann sich durch das Führungsvorbild eine demokratische Haltung auf das Pflegepersonal und weiter auf die Patienten übertragen. Die Patienten werden kompetent gepflegt und zur Selbstständigkeit aufgefordert.

Für Pflegekräfte, die nicht gerne selbstverantwortlich arbeiten und bereit sind, verschiedene Aufgaben zeitweise zu übernehmen, eignet sich dieser Führungsstil nicht. Er wirkt dann eher bedrohlich, und die Arbeit kann mit Angst verbunden sein.

Wichtig

> Wie man auch immer die einzelnen Führungsstile und die daraus resultierende Arbeitsweise bewerten mag, alle haben Vor- und Nachteile, da Menschen verschieden sind und dementsprechend auch unterschiedliche Vorlieben oder Bedürfnisse bezüglich ihrer Arbeit entwickeln/bevorzugen: Was für den einen Pfleger selbstverantwortliches Arbeiten heißt, kann den anderen verunsichern. Was für die eine Schwester der Kontrolle und Unselbstständigkeit gleichkommt, kann der anderen Sicherheit vermitteln.

14 Erziehung – pädagogisches Handwerkszeug für die Pflege

Ziele

Die „normale Erziehungskarriere" umfasst den Erziehungs- und Lernprozess von der Kindheit/Jugend – Zuhause, im Kindergarten und in der Schule – bis hin in die Berufsausbildung oder das Studium. Einerseits geht es in diesem Erziehungsprozess um bestimmte Verhaltensnormen, andererseits um den Erwerb von Wissen.

Verhaltensnormen

Zu den Verhaltensnormen gehören die sozialen Verhaltensweisen zwischen Menschen, wie Freundlichkeit, Höflichkeit, Hilfsbereitschaft, Teilen oder das Benehmen gegenüber anderen ebenso wie das Verhalten innerhalb und außerhalb der Familie, gegenüber anderen Kindern und Mitschülern, gegenüber allen „erziehenden Personen". Dazu gehören auch die Umgangsweisen als bereits Erwachsener zwischen Partnern, zwischen Freunden oder Berufskollegen.

Wissenserwerb

Grundlagen aller Art, wie Allgemeinbildung/Schulbildung, berufsspezifisches Fachwissen u. a. werden im Erziehungsprozess ebenfalls vermittelt und erworben.

Unsere heutige Gesellschaft stellt eine Lern- und Leistungsgesellschaft dar, wobei es tendenziell so ist, dass mittlerweile etwa 30 % der durchschnittlichen Lebenszeit für den Erwerb von (Fach-)Wissen investiert wird. Hieraus entstand der Begriff des Lebenslangen Lernens (oder bekannter unter Life long learnig, ROSE & NICHOLL 1998). Das Alter scheint dabei keine Rolle zu spielen.

Wichtig

> Erziehen oder Erlernen von Verhaltensweisen und Wissen ist ein lebenslanger Prozess – bei und zwischen Menschen – egal ob als Kind, Erwachsener, Senior, ob in Ausbildungen oder nicht, krank oder gesund: erzogen und gelernt wird überall.

Erziehen ist ein altes Thema, das die Menschheit seit je her mit folgenden Fragen beschäftigt:
- Warum müssen Menschen erzogen werden?
- Weshalb sind Menschen erziehungsbedürftig?
- Was haben wir für Erziehungsziele?
- Was für Absichten verfolgen wir, wenn wir andere zu erziehen versuchen?

14.1   Das Grundverständnis von Erziehung

Erziehen kann mit folgenden Assoziationen in Verbindung gebracht werden:
- Wachstums- und Entwicklungsprozess
- Jemanden unterstützen, jemandem helfen zurecht zu kommen
- Jemanden verändern, beeinflussen wollen
- „Führen auf die rechte Bahn" – wissen, was für den anderen gut ist
- Jemanden ändern wollen (nach den eigenen Vorstellungen, Zielen, Absichten)
- Erfahrungen aus dem eigenen Leben an andere weitergeben
- Ziehen, Zerren in eine bestimmte Richtung
- Führen, Leiten, Anpassen, Unterordnen, brav sein, den Mund halten, klein sein, tun, was andere sagen – und man selbst nicht gern machen will
- Hören auf den, der mich erzieht (Gehorsam)
- Wachsen lassen, sich entwickeln können
- Üben, Fehler machen dürfen
- Abgucken, wie es andere machen
- Begleiten, unterstützen, weiter helfen
- Jemand (er)zieht – jemand wird (ge)zogen
- Erziehen ist ein wechselseitiger Prozess – jeder erzieht jeden

Vielleicht finden Sie einige Assoziationen zu ihren Vorstellungen von Erziehung in der obigen Liste wieder, möglicherweise stellen die Gedanken eine Ergänzung zu Ihren eigenen dar. Es geht hierbei nicht um „richtig oder falsch", was Erziehung ist, sondern darum, ein Verständnis zum Thema „Erziehung" zu entwickeln.

In jedem der bisherigen Gedanken stecken bestimmte „Bilder" von Erziehung, die immer wieder auf zwei gegensätzliche Grundverständnisse zurück gehen:

Bild 1: Der Erzieher als Handwerker

In dieser Vorstellung kann man Erziehung verstehen als „produktives Machen" im Sinne der handwerklichen Herstellung eines „Gegenstandes", der gebaut, bearbeitet, verfeinert, repariert, verändert oder verbessert werden kann. Dieses Bild des Erziehers ist das eines typischer Handwerkers, der mit Hilfe bestimmter Methoden seinen Gegenstand bearbeitet und mit seinen Werkzeugen am zu bearbeitendem Werkstück (Zögling) „Hand anlegt". Das Handeln übertragen auf erziehen steht hierbei im Vordergrund. Der Erzieher ist tätig, greift aktiv handelnd in die Natur des Erziehungsprozesses ein. Er überlässt nichts der Natur (des Menschen), er formt mit.

Bild 2: Der Erzieher als Gärtner

Im zweiten Bild ist der Erzieher eine Art Gärtner, der seine Pflanze dem natürlichen Entwicklungs- und Wachstumsprozess überlässt, der Entwicklungsspielraum zulässt. Erziehen heißt hier, der Zögling entfaltet sich auf seine eigene Art und Weise aus sich selbst heraus. Er wird lediglich unterstützt und begleitet durch den Gärtner (gießen, Unkräuter entfernen, vor Schädlingen bewahren). Übertragen auf das Erziehen bedeutet das, den Menschen fürsorglich in seinen vorhandenen Möglichkeiten zu fördern. Pflegend und schützend wird beim Entwicklungsprozess geholfen, es wird nicht dauernd aktiv eingegriffen.

Beide Bilder haben die Erziehung und Pädagogik maßgeblich beeinflusst. Die Chance liegt jedoch in der **Verbindung beider Grundgedanken** über Erziehung, nicht in dem Gegeneinander oder gegenseitigen einander ausschließen. „Führen und Wachsen lassen" müssen keine Gegensätze (Dichotomien) darstellen, sondern können/sollten einander als Prozess ergänzen, sollten Polaritäten darstellen, ähnlich wie Gesundheit und Krankheit – beide gehören zum Lebensprozess:

Aus der Verknüpfung von Führen und Wachsen lassen, dem Eingreifen und sich natürlich entwickeln lassen, kann zusammen etwas Gutes entstehen. Nicht aber beim einseitigem Verständnis oder Anwenden: entweder lenken oder laufen lassen. Erziehung allein als Wachsen lassen hebt sich selbst auf, Erziehung allein als Führen schafft keine Selbstständigkeit sondern kann schnell zu Totalität und Unterdrückung führen.

14.2 Erziehungsbedürftigkeit und Erziehungsfähigkeit des Menschen

Biologisch betrachtet ist der Mensch gegenüber den Tieren nach der Geburt mit einigen Schwächen ausgestattet. So besitzt er keine Instinkte, sich z. B. hygienisch, selbstständig zu verhalten. Menschen müssen erst lernen, sich zu säubern, zu waschen, zu pflegen – Tiere können sich schnell nach der Geburt putzen oder baden. Später jedoch entwickeln wir sogar Körperhygiene und -pflege, eine Verhaltensstufe, die Tiere nie erreichen können (Sauberkeitserziehung). Dennoch ist der Mensch anfangs nicht mit lebenswichtigen Überlebensfertigkeiten, wie scharfen Augen, sehr gutem Gehör, Schnelligkeit oder warmem Fell ausgestattet. Aufgrund dieser **Instinktarmut** ist das Neugeborene hilflos und abhängig im ersten Jahr nach der Geburt. Neben der neun Monate dauernden Schwangerschaft benötigt er praktisch noch ein weiteres Jahr Entwicklungszeit, um nur annähernd den Geburtszustand im Hinblick auf Selbst-

Biologische Grundlagen

ständigkeit und Überlebensfähigkeit zahlreicher Tiere zu erlangen. Worüber wir verfügen, sind allein Schutzreflexe (Lidschluss-, Saug- und Greifreflex).

Diese biologischen Gegebenheiten machen uns Menschen erziehungsbedürfig und abhängig von anderen. Ohne die Hilfe, Fürsorge, Unterstützung und Anleitung anderer schaffen wir es nicht, uns in der Welt zurecht zu finden und zu überleben. Allein durch Erziehung lernen wir, was die Tiere bereits aufgrund ihres Instinktes vermögen: Auf Reize aus der Umwelt (z. B. Bedrohung) richtig zu reagieren.

Nur in der Interaktion und Beziehung mit anderen Menschen können „Lebenstechniken" erlernt werden und sich entwickeln (Denken, Lernen, Handeln, Sprache, Empfinden). Somit ermöglicht erst Erziehung dem Menschen, den Tieren vorerst gleich- und später höhergestellt zu sein.

Im Gegensatz zu Tieren bringen Menschen Fähigkeiten wie Offenheit, Anpassungsfähigkeit, Flexibilität, Entscheidungs- und Handlungsfähigkeit ebenso mit, wie Denk- und Merkfähigkeit sowie ein Höchstmaß an Lernbereitschaft und Neugierde. Als instinktarmes Lebewesen besitzt der Mensch hierdurch eine Art **Weltoffenheit,** die ihn für Erziehung bereit macht, all die Dinge lernen zu wollen, die ihm die Chance ermöglichen, selbstständig und unabhängig zu (er)-leben, sich zu entwickeln und zu wachsen. Der Gegensatz zu Tieren wäre hier die unnatürliche Erziehung, Dressur, das Abhalten und Umlernen vom angeborenen Instinktverhalten (beißen, kratzen, bellen). Werden Tiere erzogen, geht es darum, sie den typisch menschlichen Welt- und Verhaltensvorstellungen anzupassen (stubenrein zu werden, nicht zu bellen, nicht zu jagen).

14.3 Erziehungsstile – Führungsstile

Querverweis In diesem Zusammenhang sollen die drei typischen Erziehungsstile erwähnt werden. Sie wurden bereits ausführlich als _Führungsstile in Kapitel 13_ erläutert und sollten ergänzend zu diesem Abschnitt gelesen werden. Von Erziehungsstilen spricht man eher im pädagogischen Bereich der Aus- und Fortbildung. Als Führungsstile werden sie im Bereich der Mitarbeiter- oder Personalführung bezeichnet.

Die allgemeine Erziehung des Menschen setzt sich vorwiegend aus Mischtypen der drei Erziehungsstile zusammen: Je nach Erzieher, nach Erzieherverhalten und der Intensität mit der ein bestimmter Stil bevorzugt ausgeübt wird, überwiegt der eine oder andere Stil, der den zu Erziehenden schließlich prägt. Die meisten Pädagogen sind mal geduldig, verständnisvoll (demokratischer Stil), mal autoritär und streng (autoritärer Stil), mal ist alles egal und wird den Zöglingen überwiegend selbst überlassen (Laissez-faire-Stil). Dennoch sollte uns bewusst sein, dass jeder Erziehungsstil Auswirkungen auf den betreffenden Menschen haben wird – oft ein Leben lang.

Natürlich verfolgen alle Erzieher ursprünglich das Ziel, durch erzieherische Maßnahmen nur Gutes bewirken zu wollen und dem zu Erziehenden möglichst keinen Schaden zukommen zu lassen. Leider zeigt die Geschichte der Erziehung jedoch vermehrt die sich beständig wiederholenden Erziehungsfehler, die sich darüber hinaus zumeist von einer Generation unbewusst wieder auf die nachfolgende weiter übertragen. | *Erziehungsfehler*

In sozialpsychologischen Studien konnte belegt werden, dass Erwachsene, die mit körperlicher Gewalt erzogen wurden, später selbst die eigenen Kinder mit Hilfe dieser „Erziehungsmethode" zu erziehen versuchen (BRAUNMÜHL 1983,4. FLITNER, A. 1982; 1992; MILLER 1979, 1983.).

Bedauerlicherweise existiert mehr Wissen darüber, was zu Erziehenden Schaden zugefügt hat, als zu deren Nutzen war. Vielleicht ist es sinnvoll, sich immer wieder die beiden Erzieher-Bilder, das des lenkenden, führenden und aktiv eingreifenden Handwerkers ebenso ins Bewusstsein zu rufen, wie die Kunst des Gärtners, der Vertrauen in den Zögling selbst besitzt, sich aus sich heraus zu entwickeln und zu wachsen. Wir sollten achtsam bleiben im Umgang und Kontakt mit anderen. Denn wir wissen: Erzogen wird tagtäglich, jeder erzieht (irgendwie) jeden, und das ganze geschieht ein Leben lang.

14.4 Das wissenschaftliche Verständnis von Erziehung in der Pädagogik

Wissenschaftlich betrachtet geht es in der Pädagogik um die **Ausbildung** und **Erziehung** des Menschen (PALLASCH 1993) sowie um deren **Institutionalisierung** (schulische und außerschulische Einrichtungen in denen beides stattfinden kann). **Bildung** und Erziehung sind dabei zentrale Grundbegriffe. Bildung wird verstanden als eine absichtsvolle Vermittlung und Weitergabe von Informationen und Wissen an Lernende. | *Definition*

Ziel ist es, die individuelle Informations- und Wissenskompetenz zu unterstützen und zu fördern. „**Individuell**" bezieht sich auf die einzigartigen persönlichen Fähigkeiten, Neigungen und Begabungen von Menschen, die unterschiedlich stark ausgeprägt sind (z. B. musische Begabung). **Gesellschaftliche Ziele** sind die Entwicklung und | *Bildungsziele*

Steigerung der Leistungsfähigkeit und Leistungsbereitschaft des Individuums sowie die Fähigkeit, über eine kommunikative Wissens- und Verständigungsebene zu verfügen, um den gesellschaftlichen Anforderungen, Normen und Werten entsprechen zu können.

Beispielsweise ist heut zu Tage die möglichst frühe Vermittlung und Schulung von Computerwissen (im Unterricht von allgemeinbildenden Schulen und außerschulischen Bildungseinrichtungen, wie etwa der Volkshochschule) notwendig, um den gesellschaftlichen Anforderungen des Arbeitsmarktes genügen zu können.

Erziehungsdimensionen | Erziehung bezieht sich auf
- einen bestimmten Prozess und ein damit angestrebtes Ergebnis
  Z. B. Gesundheitserziehung mit dem Ziel, einer Person gesundheitsförderndes und krankheitsverhütendes Verhalten zu vermitteln (Herzinfarktpatienten, Diabetiker u. a.).
- eine bestimmte Absicht
  Z. B. einen weiteren Herzinfarkt zu vermeiden, noch lange zu leben.
- ein angestrebtes Handeln beim Zögling (dem zu Erziehenden)
  Entsprechendes selbstständiges gesundheitsbewusstes Handeln beim betreffenden Herzinfarktpatienten erreichen.
- den Zustand und die Bedingungen des Zöglings
  Die Umstände des Patienten bedenken: Verfügt er bereits über Einsicht oder Wissen? Bringt er eine Lern- und Erziehungsbedürftigkeit/-bereitschaft mit?

Erziehung versteht sich als Wachstums- und Entwicklungsprozess auf individueller und gesellschaftlicher Ebene. Sie umfasst die persönliche und allgemeine Reifung (Sozialisation) des Menschen hinsichtlich seiner Möglichkeiten, Fähigkeiten und Ziele. Erziehungsziele sind die kontinuierliche und absichtsvolle Entwicklung, Förderung und Veränderung menschlicher Verhaltens- und Erlebensweisen anhand von Idealen, Werten und Normen sowie die Identitätsentwicklung und Ausbildung einer individuellen Persönlichkeit.

Grundvoraussetzungen beim betreffenden Individuum | Bildung und Erziehung erfordern gewisse Grundvoraussetzungen beim betreffenden Individuum: Bedingung für Erziehung ist die Erziehungsbedürftigkeit aufgrund mangelnder Erfahrungswerte, Entwicklungszustände, Reifungsprozesse, Unmündigkeit. Der zu Erziehende muss eine bestimmte Lern- und Veränderungsbereitschaft mitbringen. Die Voraussetzung beim Lernenden ist Bildungsbedürftigkeit, bedingt durch den Mangel an Wissen, Können und ausgebildeten Fähigkeiten.

14.5 Erziehungsziele

Pädagogische Ziele umfassen die langfristige, kontinuierliche und absichtsvolle Förderung des Menschen in seinem individuellen Verhalten, Erleben und Lernen. Darüber hinaus steht die Ausbildung von individueller Reife, Selbstständigkeit, Gewissens- und Moralbildung, sowie sozialer Kompetenz, Werten und Normen der Gesellschaft im Mittelpunkt der pädagogischen Bemühungen.

Allgemeine Erziehungsziele sind: • Mündigkeit, Selbstständigkeit, selbstverantwortliches Handeln • Erlernen und Erhalten von gesellschaftlichen Normen/Werten und sozialen Grundregeln für zwischenmenschliches Zusammenleben. • Aktuell und zukünftig handlungsfähig und selbstständig sein/lernen	Wichtig

Erziehung erfolgt vorrangig durch Eltern und andere Erzieher. Im Laufe des Lebens werden erzieherische Aufgaben von verschiedensten **Pädagogen** – Lehrer, Ausbilder, Dozenten der Erwachsenenbildung, Kindergärtnerinnen, Sozialpädagogen, Betreuern u. a. – und den entsprechenden **Institutionen** im schulischen Bereich (Grundschule und alle aufbauenden Schulformen) sowie im außerschulischen Bereich (z. B. Fortbildungsinstitut, Volkshochschule) wahrgenommen.

Erziehende

Pädagogen versuchen durch erzieherische Ziele, Absichten, Aufgaben zu Erziehende im Verhalten/Wissen
• zu verbessern
• zu beeinflussen
• zu verändern.

14.6 Erziehen in der Pflege

Erziehen, Anleiten, (Um-)Lernen, sich entwickeln, selbstständig werden – allein und/oder durch die Mithilfe und Unterstützung im Austausch mit anderen – durchdringen alle Bereiche des Lebens. Lehrer, Erzieher, Anleiter, Ausbilder begleiten und begegnen uns überall. Aber, nicht nur wir werden erzogen, auch wir selbst erziehen uns oder andere, lernen selbst dazu, zeigen anderen etwas, teilen unser Wissen und Können anderen mit.

So gesehen weitet sich Erziehen und Lernen im Allgemeinen und Speziellen auch auf den beruflichen Bereich aus, indem wir andere anleiten oder anlernen, z. B. wenn ein neuer Kollege eingearbeitet werden soll, wenn Pflegeschüler angeleitet werden müssen, wenn Patienten zu informieren sind oder man beispielsweise instruiert, wie sie sich subcutan Insulin injizieren, selbstständig ihren Blutzucker überprüfen oder ihre Ernährung auf Diabetes/Broteinheiten umzustellen lernen. Allein in diesen Beispielen steckt so viel „pure Pädagogik". Erziehung in der Krankenpflege ist nun also nicht mehr ganz so abwegig.

Pflegepädagogische Aspekte

Typisch pädagogisch-erzieherische Aspekte in der Pflege sind:
- Pflegeziele/Pflegeplanung – Patientenziel: Gesundheit (Erziehungsziele)
- Erziehungsstile/Führungsstile der Stationsleitung, der Pflegedienstleitung
- Eine Station wird „geführt" mit Hilfe eines bestimmten Führungsstils
- Stationsleitung leitet/führt Stationspersonal und Krankenpflegeschüler an
- Pflegepersonal erzieht/leitet an/unterstützt neue Kollegen, Pflegeschüler, Patienten
- Erziehungsbedürftigkeit und Erziehungsfähigkeit des Patienten
- Erzieherische Aufgaben/Verantwortung des Pflegepersonals gegenüber dem Patienten, seiner krankheitsbedingten Situation/ seiner Gesundheit
- Pädagogische Arbeit mit Krankenpflegeschülern (Anleiten, praktisches Üben usw.)
- Gesundheitserziehung/Krankheitsverhütung vermitteln
- Gesundheitsförderung; präventive und unterstützende Maßnahmen
- Den Umgang mit der Krankheit nahe bringen, vermitteln
- Vermittlung von pflegerischem und medizinischem Fachwissen an Patienten, Pflegeschüler
- Informieren und Instruieren (Kollegen, Ärzte, Pflegeschüler, Patienten)
- Patienten im Rahmen ihrer Ressourcen zur Mithilfe erziehen, fördern, (auf)fordern
- Patienten zur Selbstständigkeit erziehen, ermuntern.

14.6.1 Wo und wann erziehen Krankenschwestern und Krankenpfleger?

Die allgemeinen Erziehungsziele „langfristig, kontnuierlich und absichsvoll Menschen in ihren individuellen Verhalten, Erleben und Lernen im gesellschaftlichen Bereich genauso wie beim Erwerb von Wissen und Fertigkeiten zu unterstützen" lassen sich sehr gut auf die Aufgabenfelder der Krankenpflege übertragen. Insbesondere die Arbeit mit den Patienten und Krankenpflegeschülern basiert darauf, diese in ihrem Handeln und Wissen hinsichtlich ihrer Selbstständigkeit zu erziehen.

> Pflegepersonal versucht durch Pflegeziele den Patienten im Hei-
> lungsprozess zu fördern. Durch Pflegemaßnahmen wie Anleiten,
> Informieren, Wissensvermittlung usw. soll die durch die Krank-
> heit bedingte Unmündigkeit positiv verändert, verbessert und in
> Richtung Selbstständigkeit gefördert werden.

Wichtig

Beispiele:
* Pflegeziele bei Patienten mit Anus praeter
  - hygienische Maßnahmen, Handhabung
  - Umstellung der Ernährungs- und Lebensgewohnheiten
  - Gespräche über Scham und Sexualität
* Pflegeziele bei Patienten mit Diabetes
  - selbstständige Blutzucker-Bestimmung mit Abschätzen der zu
    injizierenden Insulineinheiten
  - praktisches Üben des Injizierens
  - Hygiene und Entsorgung des Injektionsmaterials lernen.

Die Pflegeziele sind erreicht, wenn der Patient von der Pflegekraft
den selbstständigen Umgang mit seiner Krankheit (und den Folgen)
gelernt hat.

14.6.2 „Patienten sind wie Kinder" – Zur Erziehungsbedürftigkeit und Erziehungsfähigkeit des Patienten

'Patienten sind wie Kinder" ist ein Ausspruch, den man im Umgang
mit kranken Menschen immer wieder hört. Wie kommt das?

Werden sie sich nochmals den biologischen Gegebenheiten und
sozialen Umständen des Menschen während der Säuglings- und
Kindheitszeit bewusst. Eine Vielzahl von Tätigkeiten müssen erst
erlernt und anerzogen werden. In Zeiten der Krankheit verfallen
Menschen häufig gezwungermaßen auf die Kindheitsstufen, je nach
Art und Schwere einer Erkrankung, zurück. Sie regredieren, d. h. sie
fühlen und verhalten sich (wieder) wie kleine Kinder *(siehe auch
Kapitel 4; Abschnitt Regression).* Das Hilflosigkeits- und Abhängig-
keitsgefühl während des Krankheitsprozesses ist den meisten Menschen bekannt. Die Erinnerung daran, andere um Hilfe bitten zu
müssen, ist unangenehm und mit Schamgefühlen behaftet. Oftmals
vermögen die Betroffenen die einfachsten und selbstverständlichsten
Dinge nicht mehr ohne die Unterstützung von anderen zu bewerk-
stelligen:

Regression

Durch einen gebrochenen Arm, behindert, kann man sich nicht
selbstständig waschen, kämmen, ankleiden, essen. Durch den Bän-
derriss muss jemand in eine krankengymnastische Gehschule und
wieder laufen lernen. Durch die Krankheitsfolgen des Apoplexes übt

Beispiele von
Hilfsbedürftigkeit

der Patient wieder zu sprechen. Er lernt Bilder und Sprache zu erinnern und zu verbinden. Aufgrund von Alterserkrankungen hat sich Harninkontinez eingestellt; der Patient wird „gewindelt". Nach der Operation ist der erste Gang in Begleitung zur Toilette eine Weltreise. Bei psychischen Erkrankungen können Verwahrlosungstendenzen auftreten; der Kranke, sein Zuhause und die Alltagsstruktur beginnen zu verwahrlosen. Es werden sozialtherapeutische Verhaltenstrainings mit Patienten durchgeführt, um den Alltag wieder allein bewältigen zu können (sozialpsychiatrische Pflege).

Neben der praktischen/theoretischen Hilfe bedarf es außerdem einer Menge erzieherischer Verstärker: Auch seelisch bzw. moralisch werden Kranke ermutigt, getröstet, gelobt, angespornt. Sie werden mit Hilfe des pädagogischen Könnens der Pflegekräfte motiviert und dadurch in ihrem Heilungsprozess positiv bestärkt.

Die oben angesprochenen „kleinen Dinge des Alltags" werden als Aktivitäten des Lebens ATL's (nach JUCHLI 2000) oder AEDL's, Aktivitäten und existenzielle Erfahrungen des Lebens (nach KROH-WINKEL 1992) in Pflegemodellen im Hinblick auf Pflegeplanung und Pflegeziele zusammengefasst. In allen Bereichen unterstützen, helfen, erziehen Pflegekräfte und vermitteln gegebenenfalls Fachwissen, damit der Patient den Umgang mit seiner Krankheit lernen kann.

Tabelle 3: Vergleich der Pflegemodelle ATL – AEDL

ATL's – Aktivitäten des tägl. Lebens	AEDL's – Aktivitäten und existenzielle Erfahrungen des Lebens
Sich sicher fühlen und verhalten	Kommunizieren
Kommunizieren	Sich bewegen
Atmen, Puls und Blutdruck	Sich pflegen
Essen und trinken	Vitale Funktionen aufrecht erhalten
Ausscheiden	Essen und trinken
Sich waschen und kleiden	Ausscheiden
Körpertemperatur regulieren	Sich kleiden
Sich bewegen	Ruhen, schlafen und sich entspannen
Raum und Zeit gestalten – arbeiten und spielen	Sich beschäftigen, lernen und sich entwickeln
Kind, Frau, Mann sein	Sich als Frau oder Mann fühlen und verhalten

ATL's – Aktivitäten des tägl. Lebens	AEDL's – Aktivitäten und existenzielle Erfahrungen des Lebens
Wach sein und schlafen	Für eine sichere/fördernde Umgebung sorgen
Sinn finden im Werden – Sein – Vergehen	Beziehungen sichern und soziale Bereiche
	Mit existenziellen Erfahrungen des Lebens umgehen (Geburt, Krankheit, Sterben, Tod, Verlust)

Die Auflistung zeigt, wie wichtig diese Aktivitäten des Lebensalltags für die Selbstständigkeit des Menschen sind. Und sie verdeutlichen, wie hilfs- und unterstützungsbedürftig – erziehungsbedürftig – wir durch Krankheit wieder werden können. In allen Bereichen erfordert dies eine Menge pädagogischer Fähigkeiten und erzieherischen Geschicks vom Pflegepersonal.

Die Patientenregression steht auch im engem Zusammenhang mit den psychologischen Phänomen der Übertragung und Gegenübertragung *(nachzulesen in Kapitel 4)*. Hierbei werden, ähnlich der Kindheitssituation zwischen Eltern und Kind, die Krankenschwestern und Krankenpfleger zu Bezugspersonen des Patienten. *Die Pflegetätigkeiten in Verbindung mit Zuwendung und Fürsorge bei den Aktivitäten des täglichen Lebens ähneln stark den Erziehungsaufgaben von Eltern.*

Im Umgang mit Patienten stoßen Pflegekräfte daher immer von neuem auf Widerstand, Aggression, Trotz oder dem Widersetzen von verordneten pflege-therapeutischen Gesundheitsmaßnahmen, wie das Aufstehen bei verordneter Bettruhe oder das Naschen bei Diabetikern. All die typisch kindlichen Trotzreaktionen gegen und Verbote spiegeln sich im Widerstandsverhalten des Patienten genau so. Anpassung, Widerstand, Hilflosigkeit, Unselbstständigkeit, Selbstständigkeit und Kooperationsbereitschaft (Compliance) des Patienten erfordern eine Vielfalt pädagogischer Verhaltensmaßnahmen vom Pflegepersonal in seiner Auseinandersetzung mit dem Patienten. Dies alles immer im Hinblick auf das Pflegeziel: die Gesundheit des Patienten – ihn in seinem Genesungsprozess zu fördern und seine Ressourcen zu verbessern, um schließlich insgesamt seine durch die Krankheit entstandene Unmündigkeit zu überwinden.

14.6.3 Jeder erzieht jeden

Erziehung stellt einen Prozess aus Führen und Wachsen lassen – aus leitendem Eingreifen und dem Belassen natürlicher Entwicklung dar. Erziehung geschieht demnach immer durch Interaktion, durch die Beziehung zwischen Menschen, die sich gegenseitig positiv oder negativ beeinflussen.

Im Krankenhaus findet dieser wechselseitige Austausch vor allem zwischen folgenden Personen ununterbrochen und tagtäglich statt – ohne, dass es uns bewusst ist:
* Pflegepersonal/Pflegeschüler – Patient
* Arzt – Patient
* Patient – Patient
* Pflegepersonal, Pflegeschüler, Ärzte, Patienten – Angehörige/Besucher
* anderes Krankenhauspersonal (Laborassistenten, Krankengymnasten, Diätassistenten, Reinigungspersonal, Küchen- und Apothekenpersonal u. a.)

Im Umgang miteinander – während wir kommunizieren, pflegen, arbeiten, anleiten, informieren – erziehen wir uns auch alle untereinander/gegenseitig. Das bedeutet beispielsweise, dass nicht nur Krankenschwestern und Krankenpfleger den Patienten erziehen, sondern umgekehrt auch, dass Patienten ihrerseits das Pflegepersonal oder die Ärzte erziehen. Sie lernen die Grenzen von Erziehung(smaßnahmen) kennen, wenn sie auf Widerstand bei Patienten stoßen, an Barrieren gelangen, die die Krankheit ihnen setzt.

Patienten erziehen Pflegekraft

Auf diese Weise lernen wir vom Patienten, uns in Geduld zu üben, wenn er nicht so viel kann, wie wir erwartet haben. Wir erkennen, dass unsere Pflegeplanung und die gesetzten Pflegeziele nicht immer vom Patienten erfüllt werden (können). Wir lernen zu akzeptieren, dass der Kranke trotz seiner krankheitsbedingten Abhängigkeit einen eigenen Willen besitzt im Umgang mit seiner Krankheit. Gesundheitserziehung, im Sinne von pflegerisch-medizinisch-therapeutischen Maßnahmen, während der Krankheitsphasen sollten daher aus Führen/Anleiten ebenso bestehen, wie dem Patienten seine eigene Zeit und Entwicklungsmölichkeiten im Rahmen seiner Individualität und Ressourcefähigkeit zuzugestehen.

Dem Patienten pädagogische Chancen geben

Es sollte dem Patienten während seines Krankenhausaufenthaltes die Chance gegeben werden, mit zu entscheiden, zu üben, zu kritisieren, nein zu sagen, Therapievorschläge überdenken oder ablehnen zu können, routinemäßige Untersuchungen verweigern zu dürfen, Fehler zu machen, resignieren zu dürfen u.v.a. Dem Patienten sollte Gelegenheit gegeben werden, auch einen eigenen Umgang mit dem Krankenhausalltag (feste Besuchs- oder Essenszeiten, Mehrbettzimmer, Mitpatienten), seiner Krankheitssituation (Krankheitsdiagnose, Prognose, Therapie) sowie der Krankheitsbewältigung zu finden. Kankheitsadäquates Verhalten muss erst erlernt werden, bevor es in das Alltagsleben integriert und schließlich vom Kranken selbst akzeptiert werden kann.

Man sollte daher den Patienten in diesem Prozess begleiten und ihn langsam zu einem lebenswerten Leben mit der Krankheit hinführen.

Beispiel: Die Lage des Betroffenen

Versetzen Sie sich einmal in die Situation eines Patienten – nach Herzinfarkt, nach der Diagnosestellung von Krebs oder Aids, nach Diagnostizieren von Diabetes, bei Dialyse, nach Hysterektomie, bei Anus praeter, nach Amputation – und versuchen Sie sich vorzustellen, wie sehr diese krankheitsverändernde Situation alle Lebensbereiche beeinflusst und verändert. Stellen Sie sich vor, wie Sie selbst als Patient darauf reagieren würden, Vieles neu zu (er)lernen. Wie bereit wären Sie, vom Pflegepersonal Gesundheitserziehung,Gesundheitsprävention oder Krankheitsbewältigungsmaßnahmen anzunehmen, zu lernen, sich zeigen zu lassen?

Die enge Vernetzung zwischen Krankenpflege und psychologisch-soziologischen Grundwissen sollte inzwischen deutlich geworden sein: Krankenschwestern und Krankenpfleger sind, beruflich gesehen, zum Teil neben medizinischen Pflegeexperten auch Psychologen, Therapeuten und Sozialpsychologen in einem. Nun wird deutlich, wie viel pädagogische Arbeit Pflegekräfte darüber hinaus leisten.

14.7 Spezielle pflege-pädagogische Aufgaben: Informieren und Instruieren

Beim Informationsaustausch im Klinikalltag geht es vor allem um zwei wesentliche Kommunikationsarten: das Informieren und das Instruieren.

Definition

> Informieren bedeutet, jemanden etwas erklären, erläutern, Auskunft erteilen.
> Instruieren heißt, jemanden anleiten, etwas beibringen/ lehren, unterweisen.

Informieren

Das Informieren beinhaltet:
- Auskünfte, Erklärung z. B. über Medikamente (Einnahmezeiten, Dosierung, Wirkungsweise), über die Krankheit (Krankheitslehre), über Maßnahmen zur Gesundheitsprävention, zur Krankheitsverhütung

- Aufklärung über Pflegemaßnahmen, über Untersuchungsvorbereitungen, über Stationsabläufe u. a.
- Klärung, d. h. der Prozess des offenen An- oder Aussprechens zwischen Pflegepersonal und Patient, z. B. über Probleme mit Mitpatienten, über Antipathie gegenüber bestimmten Kollegen, über Missverständnisse betreffs der Pflegemaßnahmen o.ä.

Aufklärung

Auskunft über Diagnose und Prognose der Krankheit zu erteilen obliegt dem Arzt. Dennoch haben viele Patienten mehr Vertrauen zu den Pflegekräften und wenden sich deshalb mit Fragen, Ängsten und Bedenken vor allem an diese. So hat das Pflegepersonal eine Art „Vermittlerrolle" zwischen Patienten und Ärzten inne. Vor dem Arzt besteht eine gewisse Scheu, auch Unverständnis, wenn dieser sich in medizinischer Fachsprache ausdrückt. Häufig gelten die Pflegepersonen auch als „Übersetzter", weil die Patienten sich bei der Visite kaum zutrauen, etwas zu fragen oder sich etwas erklären zu lassen. In dieser Situation sollten zwischen Stationsärzten und Pflegepersonal entsprechend klare Absprachen getroffen werden, inwieweit Auskunft erteilt werden darf. Ansonsten sollte entweder der Arzt darüber informiert werden, wenn der Patient sich ungenügend aufgeklärt fühlt und es zu Missverständnissen gekommen ist. Oder der Patient sollte dazu ermuntert werden, selbst den Arzt erneut daraufhin anzusprechen.

Klärung

Bei Klärungen geht es auch darum, die vielen Fragen des Patienten zu beantworten und dadurch Angst und Unsicherheit im Zusammenhang mit der Krankheit abzubauen. Wie bereits im *vierten Kapitel (der Patient und seine Sichtweise)* angesprochen, beschäftigt sich der Patient intensiv mit allem, was mit ihm oder seiner Krankheit zu tun hat, und überbewertet dadurch das Verhalten oder die Aussagen der anderen (egozentrische Reaktionen des Patienten) in zunehmenden Maße. Durch Grübeleien und Sorgen betreffs der Krankheit wird der Genesungsprozess meist negativ beeinträchtigt. Pflegekräfte können durch gezielte Gespräche, mit Verständnis und Offenheit gegenüber den Sorgen des Patienten, die Möglichkeit zur Klärung anbieten.

Instruieren

Das Instruieren umfasst:
- Praktisches Anleiten bei Pflegemaßnahmen
- Umlernprozesse während und nach der Krankheit
- Vermitteln von Fachkenntnissen an Patienten/Angehörige

Das Pflegepersonal arbeitet pflegepädagogisch mit Patienten und Angehörigen, indem es ihnen Hilfestellungen – wie praktische Anleitungen bei Pflegemaßnahmen oder pflege-medizinische Fachkenntnisse – vermittelt. Für das weitere Leben mit der Krankheit bedarf es einiger Umlernprozesse (Ernährungsumstellung, Tabletteneinnahmen). Ist der Patient so weit genesen, dass seine Entlassung bevor steht, bereiten Pfleger und Schwestern ihn auf seine Versorgung für zu

Hause vor. Der Patient soll zukünftig mit den möglichen Folgen seiner Krankheit auch außerhalb der Klinik und ohne die Hilfe des Pflegepersonals zurecht kommen (z. B. Blutzuckertests, Insulin spritzen, leichte Verbände anfertigen, mit Gehstützen laufen können).

Hierbei werden auch Angehörige über Pflegemaßnahmen informiert und entsprechend angeleitet, um den Patienten unterstützen zu können. Teilweise wird mit ambulanten Pflegediensten kooperiert, damit die optimale Patientenbetreuung und –versorgung auch im Alltag weiterhin gewährleistet ist. Das pflegepädagogische Ziel liegt in der Verbesserung und Förderung des Patienten in seiner krankheitsbedingten Situation – in der Klinik und zu Hause

Es geht darum, den Patienten in seinen Ressourcen zu stärken und zur Selbstständigkeit zu erziehen. Der Patient muss lernen, seine Krankheit und die Folgen oder Auswirkungen seiner Krankheit (nach Herzinfarkt, Apoplexie, Lähmungen) in sein weiteres Leben zu integrieren.	Wichtig

Für das Informieren und Instruieren sollten folgende Aspekte berücksichtigt werden:

<table>
<tr><td></td><td>Tipps</td></tr>
</table>

- Das Pflegepersonal sollte dem Patienten ein **Feedback** (Rückmeldung) anbieten um zu erfahren, ob das Gesagte wirklich korrekt beim Patienten angekommen ist beziehungsweise ob er es richtig verstanden hat.
- Es sollte nachgefragt werden, falls der Patient verstört oder verunsichert wirkt, z. B. nach einem Arztgespräch, nach Diagnose-/Prognosestellung, nach der Visite.
- Erklärungen, Anleitungen oder Informationen sollten für den Patienten allgemeinverständlich sein und nicht in der pflegemedizinischen Fachsprache durchgeführt werden.
- Gegebenenfalls sollten anschauliche Beispiele gegeben oder auch bereits „erfahrene" Mitpatienten zur Hilfe herangezogen werden
- Beim Informieren und Instruieren sollten die krankheitsrelevanten Kenntnisse des Patienten berücksichtigt und integriert werden. Viele Patienten verfügen über einen guten Informationsstand bezüglich ihrer Krankheit.
- In einigen Krankenhäusern wurden für Patienten hilfreiche Informationsblätter oder –broschüren entwickelt, die über Krankheiten aufklären und informieren. Diese können dem Patienten ausgehändigt werden. Anschließend sollte sich der Arzt oder das Pflegepersonal Zeit nehmen, um auf eventuelle Fragen eingehen zu können
- Für das Informieren und Instruieren ist genügend Zeit einzuplanen.
- Widerstände und Ängste des Patienten sollten auf Verständnis stoßen.

15 Krankenschwester und Krankenpfleger – Belastungen im Pflegeberuf

15.1 Einführung

Der Pflegeberuf bringt vielfältige Belastungen mit sich, ganz gleich ob man bereits mehrere Jahre in der Krankenpflege arbeitet oder sich noch in der Ausbildung befindet. Sicherlich ist das eine Tatsache, die auf jeden Beruf zutrifft. Dennoch zeigen sich in medizinischen, pflegenden oder psychosozialen Arbeitsgebieten spezifische Belastungsanforderungen. Es ist hilfreich diese typischen Belastungen zu (er)kennen und an sich wahrzunehmen, denn nur so hat man die Möglichkeit sich damit auseinander zu setzen oder präventiv davor zu schützen. Denn: Je massiver berufliche Belastungen sind, desto mehr sinkt die Lust an der Arbeit und die Motivation gute Pflege zu leisten (oder leisten zu können).

Insbesondere soziale Berufe erfordern eine gewisse psychische Gesundheit und Belastungsfähigkeit, um den enormen Anforderungen gerecht werden zu können. Krankenschwestern/Krankenpfleger sind ständig mit Grenzsituationen und Grenzerfahrungen des menschlichen Daseins konfrontiert. Krankheit, Leiden, Schmerzen, Sterben und Tod sind die „Schattenseiten" im Menschenleben, die wir meiden und verdrängen, weil sie Angst verursachen und unser Leben, unsere Gesundheit oder unseren Alltag bedrohen. Für die meisten Menschen stellen (schwere) Krankheiten oder Schmerzen Ausnahmesituation dar. Für die Pflegenden sind diese Situationen jedoch „Berufsroutine" oder „Stationsalltag", während die Gesellschaft diese Themen vermeidet und ausgrenzt.

Professioneller Umgang mit menschlichen Grenzsituationen

Der „normale Durchschnittsmensch" ist im Allgemeinen jung, gesund, fröhlich und nicht alt, krank, leidend und verzweifelt – und durch Krankheit, Leiden oder Sterben gezeichnet. Diese Seiten des Lebens werden in die Hände von Fachleuten (Pflegekräfte, Sozialarbeiter, Ärzte, Psychotherapeuten) gelegt oder in Fachkliniken verbannt. Während die Gesellschaft diesen Themen hilflos und abwehrend gegenübersteht, müssen Angehörige psychosozialer und medizinischer Berufsfelder lernen, professionell mit diesen schweren Themen umgehen zu können. Täglich Leid und Verzweiflung gegenüberzustehen und dadurch zwangsläufig irgendwann an eigene psychische und physische Ressourcen auf beruflicher und persönlicher Ebene zu gelangen, verwundert deshalb nicht.

15.2   Anforderungen im Pflegeberuf

15.2.1 Gefühls- und Beziehungsarbeit

Im psychosozialen Bereich geht es um die Arbeit mit Menschen in Extremsituationen, die von den „Profis" Hilfe erwarten. Insbesondere die enorme Erwartungshaltung von Patienten hinsichtlich Fürsorge, Trost, Zuwendung und Zuhören, Unterstützen, Schützen, Pflegen macht diese Tätigkeitsfelder und deren Mitarbeiter in ihrer Arbeit zu Gefühls- und Beziehungsarbeit(ern).

Das heißt, die emotionale Komponente dieser Berufe steht deutlich im Vordergrund. Die Berufsangehörigen müssen bereit sein, in einem hohen Maß emotional-vertrauenswürdige Kontakte und Beziehungen zu Menschen (Patienten) aufzubauen, für andere Menschen da zu sein und nicht allein durch spezifisches Fachwissen und -können (z. B. spezielle Pflegemaßnahmen) zu helfen. Nur durch Verständnis auf der Grundlage einer helfenden, unterstützenden Beziehung und indem Raum für Gefühle (Ängste, Scham, Verzweiflung, Not, Krisen) gegeben wird, entsteht die Bereitschaft und Möglichkeit, mit diesem Klientel zu arbeiten.

15.2.2 Spezielle Belastungen des Pflegeberufes

Auf der Grundlage Beziehungs- und Gefühlsarbeit zu leisten ergeben sich bestimmte Anforderungen an Pflegekräfte, die hier dargestellt werden sollen:
- Belastungen in Bezug auf die Berufsrolle „Krankenschwester/ Pfleger'
- Individuelle berufliche Ziele, Einstellungen und Verhaltensweisen
- Misserfolgserlebnisse, psychische Belastungen der Pflegetätigkeit
- Belastungen durch die Arbeit in der Pflege
- Belastungen durch zwischenmenschliche Beziehungen im Pflegealltag

Belastungen in Bezug auf die „Berufsrolle Krankenschwester/ Krankenpfleger"

Bereits in Kapitel 11, das sich mit soziologischen und psychologischen Aspekten menschlicher Rollen befasste, wurden die typischen Belastungen und Konflikte einer Pflegekraft ausführlich dargestellt, so dass sie hier – um Wiederholungen zu vermeiden – nur verkürzt erläutert werden.

Das Rollenbild des Pflegeberufes basiert auf historisch-traditionellen und humanitär-karitativen Vorstellungen der Gesellschaft, die sich aber dennoch auf die individuellen Einstellungen zum erlernten

Beruf übertragen können. Gesellschaftliche Vorstellungen und Erwartungen beeinflussen mich in meinen beruflichen Einstellungen und Verhaltensweisen. Das heißt, zum Teil erfülle ich die Erwartungen der Umwelt, z. B. wie eine Krankenschwester zu sein hat auch deshalb, weil mir diese Attribute innerhalb meiner Ausbildung vermittelt wurden und/oder weil ich sie selbst an mich stelle.

Darüber hinaus werden neben fachlichen Anforderungen eine Menge weiterer Eigenschaften und Verhaltensweisen vom Pflegepersonal gefordert. Dass dies zu Rollenkonflikten führt, ist verständlich. Den Bedürfnissen und Erwartungen der Krankenpflegeschüler, der Station, der Kollegen und der Patienten gerecht werden zu wollen ist objektiv betrachtet nicht zu verwirklichen und menschlich nicht leistbar. Dennoch versuchen die Mitarbeiter gerade in Tätigkeitsfeldern, deren Grundlage Gefühls- und Beziehungsarbeit ist, dies „irgendwie" zu schaffen. Einerseits führt dies früher oder später zu Frustration, zu Unlust oder Ohnmacht bzw. zu einem latent schlechtem Gewissen: Ich hätte bei dem Patienten mehr Geduld haben können; ich hätte noch die Apothekenbestellung schaffen müssen, ich sollte den Dienstplan schon fertig haben....". Andererseits kann kein Mensch diesen Dauerstress aushalten.

Innere Kündigung Irgendwann frustriert und ausgebrannt zu sein, ist nur verständlich. Auch zur „inneren Kündigung" kann es kommen, das heißt, wenn ich „meinen Dienst mache", weil es mein Beruf ist und ich Geld verdienen muss, ich aber keine Freude mehr dabei empfinde. Dann habe ich zwar nicht offiziell gekündigt, aber eben innerlich. Bestätigung und Befriedigung wird zunehmend in anderen Bereichen – Hobbys, Vereine, Sport – gesucht.

Tatsächlich sind diese Tendenzen in sozialen Berufen verstärkt anzutreffen. Aufgrund dieser Erkenntnisse und dem Gewahrwerden der oft „selbstverständlichen Erwartungen, die soziale Berufe mit sich bringen", wurde der Bereich der beruflichen Prävention und Psychohygiene immer bedeutsamer. Damit ist gemeint, dass es notwendig erscheint, sich vor beruflichen Überbelastungen und Rollenanforderungen zu schützen oder einen Ausgleich zu schaffen, um die beruflichen (Rollen)Anforderungen in einem gesunden Maß erfüllen zu können. Kenntnisse über Stress, Prävention und Psychohygiene werden deshalb immer dringender erforderlich.

Individuelle berufliche Einstellungen oder Verhaltensweisen

Eng verbunden mit Rollenerwartungen sind individuelle berufliche Ziele, Einstellungen und Verhaltensweisen. In Forschungsstudien zeigte sich, dass Personen in sozial-helfenden Berufen oft extrem hohe Erwartungen an sich selbst hinsichtlich ihrer Arbeitsleistungen stellen. Bitte prüfen Sie in diesem Zusammenhang:

- Wie sehen meine eigenen Erwartungen an mich als Kranken-schwester oder Pfleger aus? Was erwarte ich von mir?
- Wie will ich sein als Pflegekraft?
- Wie will ich gerne wirken gegenüber Kollegen und Patienten (kompetent, hilfsbereit, geduldig...)?
- Wie sehe ich mich selbst, welche Anforderungen stelle ich an mich oder welche Vorstellungen habe ich von qualifizierter Pflege?
- Wie sehen meine (weiteren) beruflichen Ziele aus, wann bin ich mit mir und meiner Arbeit zufrieden?

Anregungen zur Selbstreflexion

Die Helferpersönlichkeit

Durch den Psychologen SCHMIDBAUER (1978) wurde der Begriff der „Helferpersönlichkeit" geprägt, mit der ein häufig in psychosozialen und medizinischen Berufen anzutreffender Persönlichkeitstyp gemeint ist. Dieser Mitarbeitertyp ist dadurch gekennzeichnet, dass er den Beruf mit Überengagement und hoher Einsatzbereitschaft ausübt. Trotz erheblicher Frustrationsquellen, wie unregelmäßige Arbeitszeiten und Schichtdienst, des relativ niedrigen Gehalts, der geringen sozialen Anerkennung gegenüber ihrem beruflichen Ansehen (...„sie ist bloß eine kleine Krankenschwester, Arzthelferin..."), der oft beschränkten Mittel und Sparmaßnahmen (Personalmangel oder Unterbesetzung, Zeitdruck, Arbeitsanfall), lassen „Helferpersönlichkeiten" in ihrer Arbeitsqualität und Motivation selten nach.

Häufig nimmt der Beruf mehr Raum ein als das Privatleben und wird auf diese Weise zum Lebensinhalt. „Helfer" fühlen sich zu ihrer Aufgabe „berufen", es ist kein „Job", den sie machen, sondern Berufung (mit Leib und Seele Arzt oder Krankenschwester sein). Diese Einstellung ist an sich etwas sehr Wertvolles und kann für die Arbeit mit Menschen wichtig sein. Sinn-Erfüllung in seiner Arbeit zu finden kann eine hohe Lebenszufriedenheit mit sich bringen. Die so genannte Helferpersönlichkeit versucht jedoch unbewusst durch die enorme berufliche Leistungsbereitschaft und aus dem Helfen, der Fürsorge, dem Pflegen – **Anerkennung** und Selbstwert zu erlangen. Die überhöhten Anforderungen an sich selbst, die gesellschaftlichen und karitativen Rollenerwartungen an Gefühls- und Beziehungsarbeit geben bestimmten Persönlichkeitstypen die Möglichkeit „gebraucht" zu werden.

Psychodynamik

Es wird unbewusst versucht, durch soziales, helfendes Verhalten Anerkennung zu gewinnen. Auf diese Weise dient **Helfen als Ersatz**. In der asymmetrischen, durch ein Abhängigkeitsverhältnis geprägten Beziehungskonstellation von Helfendem und Hilfe suchendem (Krankenschwester – Patient; Arzt – Patient; Sozialarbeiter – Klient) kann dies aber nur gut gehen, solange man „gebraucht" wird und wichtig für den anderen ist. Sobald der Patient gesund und selbstständig ist, wird Hilfe überflüssig, man wird nicht mehr „gebraucht". Menschen mit einem Helfersyndrom fühlen sich dann dementsprechend wertlos. Das Gefühl, nur dann gemocht zu werden, solange ich helfe oder überdurchschnittlich viel leiste, wird hierdurch immer wieder bestätigt.

Praktisch mit jedem Schritt, mit dem Hilfsbedürftige aus der durch Krankheit oder Krisen entstandenen Abhängigkeitssituation zu entwachsen, wird der Helfer in seiner Persönlichkeit gekränkt. Die Ansprüche an die eigene Arbeit und Belastbarkeit sind so überhöht, dass die Helfer selbst beinahe nie zufrieden mit sich sind. Hierbei wird zu kompensieren versucht, was sie selbst in ihrer Sozialisation zu wenig erfahren haben: anerkannt und geliebt zu werden als Mensch um ihrer selbst willen, und nicht allein durch Leistung oder wenn sie etwas geben. Psychologisch gesehen liegt eine tiefe Kränkung des Selbstwertgefühls vor. Hat man in seiner Kindheit ausschließlich auf diese Weise (durch Leistung, Anpassung, Helfen) Annerkennung erhalten, so ist es verständlich, dieses vertraute, erlernte Verhaltensmuster in späteren Beziehungen zu anderen Menschen privat und beruflich zu wiederholen.

Helfersyndrom Diese versteckte Persönlichkeitsproblematik findet in helfenden Berufen geradezu ideale und darüber hinaus sozial anerkannte Möglichkeiten „gelebt" und sozusagen auf produktive Weise beruflich genutzt zu werden. Als das „Helfersyndrom" in den 1980er Jahren schließlich zum Modewort für Mitarbeiter sozialer Berufe wurde, erhielt es ungerechtfertigt einen bis heute beibehaltenen negativen Beigeschmack, sodass das „Helfen" oft belächelt wurde. Es ist sicherlich nicht generell so, dass soziale Berufe überwiegend von diesem Persönlichkeitstyp ausgeübt werden, es zeigt sich aber eine bestimmte statistische Häufung.

Misserfolgserlebnisse und psychische Belastungen der Pflegetätigkeit

Der Pflegeberuf mit seinen Arbeitsschwerpunkten Menschen in Krisen, Krankheit und Leid beizustehen, sie zu begleiten und zu unterstützen, um diese Situationen aushalten zu können, birgt viel Frustrations- und Misserfolgserlebnisse in sich. Menschen mit Schmerzen, in Trauer- oder Angstsituationen sind misstrauisch, ungeduldig, verschlossen – eben schwierig. In psychischen und physischen Krisen sind Menschen wesensverändert. In diesen Situationen positiven Kontakt und eine unterstützende, helfende Beziehung aufzubauen ist enorm schwer für die Pflegekraft.

Immer wieder gibt es Situationen, in denen Patienten nicht (mehr) geholfen werden kann – oder in denen sie nicht mehr bereit sind, sich helfen zu lassen. Unheilbare inoperable Krankheiten, langes Leiden oder qualvolles Sterben – führt beim Pflegepersonal ebenso wie bei Ärzten zu Hilflosigkeits- und Ohnmachtsgefühlen. Das Gefühl „versagt zu haben", nicht wirklich helfen zu können, wird oft genug als persönlicher Misserfolg gewertet. Obwohl die Medizin und Pflege irgendwann auch Grenzen hat, suchen sozial engagierte Personen dennoch das Versagen bei sich und empfinden Schuldgefühle. Der daraus resultierende unterschwellige psychische Dauerstress neben den ohnehin bestehenden Belastungsanforderungen sozialer Berufe kann ins Burn out-Syndrom führen.

Das Burn-out-Syndrom

> Burn out – ausgebrannt sein wird als ein Gefühl des Versagens, der Überforderung, des „Ausgepumptseins" nach übergroßen Anforderungen, die dauernd an die eigenen psychophysischen Energie- und Kraftreserven gestellt worden sind, bezeichnet.

Definition

Ursprünglich wurde mit „ausgebrannt" bildlich gesprochen ein ausgebranntes Haus assoziiert, von dem nur noch eine äußerliche Fassade steht, die früher oder später einstürzt. Geprägt wurde der aus den USA stammende Begriff (1970er Jahre; MASLACH/PINES) in Deutschland in den 1980er Jahren, da man dieses Phänomen vermehrt in psychosozialen und medizinischen Berufen entdeckte. Immer häufiger erkrankten Mitarbeiter dieser Berufskategorie und wiesen neben dem totalen psychophysischen Erschöpfungsgefühl erstaunlich ähnliche Krankheitssymptomatiken auf: Schlafstörungen, Verspannungen, Depressivität, Nervosität, starke Gereiztheit (bis Zynismus) sowie eine psychsomatische Erkrankungshäufigkeit (Kopfschmerzen, Magenschmerzen). Man konnte feststellen, dass Burn out einen phasenhaften, schleichenden Verlauf aufwies (FREUDENBERGER; CHERNISS, EDELWICH n. BURISCH 1989):

1. **Berufsbeginn/erste Berufsjahre:**
   Idealismus, Überengagement, beruflich hohe Einsatzbereitschaft, Identifikation mit den Patientenschicksalen und der Berufsrolle.

2. **Empfindendes Stadium/Stillstand**
   Emotionale Enttäuschungen durch die Berufsrolle, mit Patienten, Kollegen, Ohnmachtgefühle, Hilflosigkeit, erster Ärger über die Zentralstellung des Berufs – Wunsch nach Freizeit, Unzufriedenheit über Gehalt, Personalmangel, Hierarchie
   Symptome: chronische Müdigkeit, Erschöpfungsgefühl, Unlust.

3. **Empfindungsloses Stadium/Frustration**
   Emotionaler Rückzug, Gleichgültigkeit, Nörgeln, Zynismus über Arbeit/Patienten, Desillusionierung (Gegensatz zur anfänglichen Begeisterung und zum Überengagement)
   Versuch mit defensiven Techniken das Ungleichgewicht zwischen beruflichen Anforderungen und persönlichen Ressourcen durch Medikamente, Alkohol, Rauchen, Drogen, Süchte oder häufiges Krankschreiben auszugleichen, Depressivität, psychosomatische oder psychische Erkrankungen.

Abbildung 18: Die Burn-out-Phasen

Zur damaligen Zeit wurden verschiedene Testfragen entworfen, aus denen man erkennen konnte, in welcher Phase sich Betroffene befinden. Die Aussagen sollten Einschätzungen über arbeitsbezogene Gedanken und Gefühle vermitteln (Maslach Burnout Inventary; Überdrussskala Pines u. a.).

Hierzu einige Beispiele:

	nie	selten	manch-mal	täg-lich-
Ich fühle mich von meiner Arbeit ausgelaugt.	❑	❑	❑	❑
Am Ende des Arbeitstages fühle ich mich erledigt.	❑	❑	❑	❑
Von den Problemen meiner Patienten fühle ich mich persönlich berührt.	❑	❑	❑	❑
Ich habe Spaß an meiner Arbeit.	❑	❑	❑	❑
Es fällt mir leicht, eine entspannte Atmosphäre mit Patienten herzustellen.	❑	❑	❑	❑
Ich fühle mich voller Tatkraft.	❑	❑	❑	❑
Ich spüre, dass Patienten mich für ihre Krankheit verantwortlich machen.	❑	❑	❑	❑
Ich bin emotional erschöpft.	❑	❑	❑	❑
Ich bin meiner Arbeit überdrüssig.	❑	❑	❑	❑
Ich habe einen guten Tag.	❑	❑	❑	❑
Ich fühle mich meinen Patienten in vieler Hinsicht ähnlich.	❑	❑	❑	❑

Abbildung 19:
Selbsteinschätzung zum
Burn-out

Wichtig

In beiden Fällen, dem Helfer- oder Burnoutsyndrom, stehen anfangs emotional engagierte Menschen mit eigenen Idealen und hohen Erwartungen dem Beruf gegenüber und halten beständig an diesen fest. Durch Überkompensation versuchen sie die zunehmende Diskrepanz zwischen Anspruch und Berufsrealität auszugleichen und werden dabei „zermürbt". Dieser massive Dauerstress wird oftmals ohne Rücksicht auf gesunde Grenzen über lange Zeit ausgehalten.

Belastungen durch die Arbeit in der Pflege

Auch die Pflegetätigkeiten des Stationsalltags bringen hinsichtlich folgender Faktoren Belastungsanforderungen an Pflegepersonen mit sich:

* Art, Menge und Routine des Arbeitsaufwandes auf meiner Station
* Arbeitszeiten, Zeit- und Personalmangel
* Pflegekompetenz
* der Institution Krankenhaus.

Im weiteren Sinne sind die genannten Faktoren übertragbar auf jede Einrichtung wie ambulanter Pflegedienst, Altenheim u. a.

Art, Menge und anfallende Routinetätigkeiten im Stationsalltag können innerhalb einer Klinik stark variieren. Manche Stationen haben einen großen pflegerischen Aufwand aufgrund bestimmter Krankheitsbilder (Verbände, postoperative Pflege), andere haben mehr Betten pro Station (12-, 20-, 30-Betten-Station), wieder andere haben Belastungen durch Untersuchungen, lange Visiten, vorgegebene Labortermine u.s.f. Bei allen spielen jedoch übergeordnet die problematischen Schichtdienstzeiten und der Zeitdruck, mit dem man die anfallenden Arbeiten der Früh-, Spät- oder Nachtschicht entsprechend schaffen muss, sowie der allgemeine Personalmangel eine entscheidende Rolle. Alle genannten Aspekte können sowohl Ursache als auch Folge sein.

So entsteht beispielsweise Zeitdruck einmal durch die Menge der zu leistenden Arbeit oder/und als Folge von Personalmangel. Die beständige Personalunterbesetzung mit examinierten Kräften und den Versuch, einen Ausgleich durch Krankenpflegeschüler oder ungelernte Kräfte zu erwirken, erhöht den Stress und die Anforderungen aller Stationskräfte. Die examinierten Pflegepersonen müssen mehr Verantwortung übernehmen und Arbeiten erledigen, die Schüler noch nicht leisten können. Die Pflegeschüler verrichten schon früh selbstständig Pflegetätigkeiten, die sie noch nicht beherrschen, und fühlen sich permanent überfordert. Die Pflegekompetenz ist oftmals mangelhaft verteilt auf einer Station oder pro Schicht. Viele Mitarbeiter fühlen sich diesem Druck unbewusst nicht gewachsen und sind deshalb erheblich gestresst. Die 24-Stunden-Betreuung der Patienten macht den unregelmäßigen Schichtdienst (Tag und Nacht) in der Krankenpflege notwendig. Die Folgen dieser Umstände zeigen sich im Stationsstress und in der Krankenhaushektik. Die Arbeitsqualität und die Leistungsfähigkeit des Pflegepersonals nehmen erheblich ab.

Zeitdruck

Auf die Bedürfnisse der Patienten kann deswegen häufig nur wenig Rücksicht genommen werden. Hierunter leiden Patienten und Pflegekräfte gleichermaßen. Für die Krankenschwester/den Krankenpfleger ist es unbefriedigend, sich nicht angemessen um Patienten

Folgen

kümmern zu können. Die Pflegequalität sinkt, und die persönlichen Vorstellungen von qualifizierter Krankenpflege haben kaum Raum im Pflegealltag. Auf diese Weise entsteht dann eine gewisse Gefahr der Routine in der Pflege.

Die Patienten ihrerseits nehmen den Stress der Pflegekräfte sensibel wahr, versuchen Rücksicht zu nehmen, haben aber aufgrund ihrer Krankheit gerade emotionale Bedürfnisse nach Fürsorge, Gesprächen. Oder sie sind egozentrisch und wenig rücksichtsvoll, da sie mit der Krankheitssituation schlecht umgehen können oder hilflos sind *(s. Kapitel 4).*

Aufgrund von Patientenbefragungen wurde deutlich, dass die meisten Krankenhauspatienten sich gestresst fühlen. Sie würden permanent gestört werden (durch Pflegemaßnahmen, durch Reinigungspersonal, durch Untersuchungen, durch Besucher, durch frühe Weckzeiten) und hätten wenig Möglichkeiten zu schlafen, ungestört zu sein, Ruhe zu finden oder sich von ihrer Krankheit zu erholen (WILLIG 1986). So ist darüber hinaus die Institution Krankenhaus stark verantwortlich für die Arbeitssituation des Pflegepersonals (Stellenbesetzung/Pflegeschlüssel/Schülereinsätze/Dienstpläne), Pflegequalität und damit nicht zuletzt für die Versorgung und Zufriedenheit der Patienten.

Belastungen durch die Institution

Die Anforderungen der Institution, in der man arbeitet bringen immer Verpflichtungen und Erwartungen an die Leistungsbereitschaft des Arbeitnehmers mit sich. Die Hierarchie, die Vorgesetzten, die eigene berufliche Stellung und die damit verbundenen Arbeitsaufträge und Befugnisse bestimmen die Möglichkeiten und Grenzen des Berufes beziehungsweise des beruflichen Handelns. Spezielle bürokratische oder krankenhausinterne Regeln – wie tariflicher Lohn, Dienstpläne, Bereitschaft zur Flexibilität und Einsatzbereitschaft für die Station, Anpassungsfähigkeit, die Berufskleidung und sicherlich die mehrfach erwähnten Rollenerwartungen, und -attribute an Krankenschwestern/Krankenpfleger – all dies hat ebenfalls Einfluss darauf, wie sehr man sich belastet oder wohl fühlt in der Pflegetätigkeit, innerhalb der Organisation, für die man arbeitet.

Pflegepersonal und Ärzte

Als ein weiteres wichtiges Belastungsmoment in der Pflege wird die Zusammenarbeit, Kooperationsbereitschaft und Wert- oder Geringschätzung zwischen Pflegepersonal und Ärzten betrachtet. Hierin liegt eine Quelle zahlreicher Konflikte um Konkurrenz, Kompetenz und Verantwortlichkeiten. Auf der Seite des Pflegepersonals herrscht Unzufriedenheit mit der geringen Anerkennung der Pflegetätigkeit, der ärztlichen „Macht" zur Weisungsbefugnis gegenüber Krankenpflegepersonal und deren Aufgaben, der Geringschätzung der Pflege im Gegensatz zur allmächtigen Medizin sowie dem hohen Status des Arztes und dem niedrigen Ansehen der Pflegekraft. Krankenpflegepersonal fühlt sich häufig durch Auftreten, Verhalten und Erwartungshaltung der Ärzte in geringem Maße wertgeschätzt und „von oben herab behandelt".

Die Art und Intensität der Arbeitsbelastungen in der Pflege können also einmal bei den Pflegenden selbst liegen – Stress fördernde, ungünstige Einstellungen und Verhaltensweisen (Beruf als Lebenssinn, hohe Identifikation mit der Berufsrolle, Helferpersönlichkeit, psychische Belastungsfähigkeit) – ein anderes Mal in den berufsbedingten äußeren Umständen (Krankenhaus, Stationsarbeit, Pflegeschlüssel).

Wenn Personen sich eher von den Umständen am Arbeitsplatz zermürbt und „ausgebrannt" fühlen und nicht mehr genügend Kraft besitzen, sich dagegen zu wehren, spricht man von Wearout.

Definition

Die frustrierende Berufsrealität und die damit verknüpfte andauernde Unzufriedenheit führt zu Zweifeln an der eigenen Berufswahl. Die Arbeit wird wegen des Geldes, um den Lebensunterhalt zu verdienen, ausgeübt oder weil man diesen Beruf erlernt hat. Trotz der Lustlosigkeit und der geringen Arbeitsmotivation verbleiben deshalb erstaunlich viele Personen dennoch weiterhin über Jahre im Beruf. Daraus lässt sich eine gewisse Hoffnungslosigkeit („Was soll ich sonst machen, ich kann doch nichts anderes") aber auch Unflexibilität erkennen, denn Veränderungen sind zwar nicht immer leicht, aber für jedes Individuum möglich.

Die Fluktuationsrate in den Krankenhäusern (Kündigungen, Versetzungsgesuche), die zahlreichen Stellenanzeigen in den Zeitungen für Krankenpflegepersonal und die Häufung der Pflegekräfte (und anderer psychosozialer Berufe) in sozialen und/oder pädagogischen Studiengängen zeigt jedoch eine zunehmende Tendenz zu beruflichen Veränderungen.

15.2.3 Belastungen durch zwischenmenschliche Beziehungen im Pflegealltag

Die zwischenmenschlichen Beziehungen am Arbeitsplatz können ebenfalls zu Stress und psychischen Belastungen führen. Während Laien häufig meinen, der Beruf der Krankenschwester/des Krankenpflegers sei vor allem so schwer, weil die Pflege kranker Menschen und der Umgang mit Leid viel Kraft erfordere, so empfinden die Pflegenden selbst etwas ganz anderes als stressig: die Beziehungen zu Kollegen im Pflegeteam, zur Pflegedienstleitung oder zu den Ärzten.

Neben den bereits geschilderten beruflichen Belastungsmomenten in der Pflege führen insbesondere die zwischenmenschlichen Spannun-

Konflikte des Pflegepersonals

gen und Konflikte beim Personal zu Überforderung, zu Arbeitsunlust. Sie beeinträchtigen die Arbeitszufriedenheit im Allgemeinen und innerhalb des Stationsteams. So kann bereits der Weg zum Frühdienst von unguten Gefühlen, Ängsten oder Magenschmerzen begleitet sein.

Vier Beispiele aus der Pflegepraxis mögen dies verdeutlichen:

Beispiele:
Belastungsreaktionen

Schwester Kerstin, Stationsleitung der Onkologie, fühlt sich immer häufiger „irgendwie krank'', wenn sie zum Dienst muss. Sie kann die vielfältigen Spannungen auf Station bald nicht mehr aushalten. Die Konflikte mit den Ärzten, die oft nur ihren medizinisch-therapeutischen Standpunkt vertreten und die Situation des Patienten und auch häufig genug die des Pflegepersonals aus dem Blick verlieren, sind auf Dauer zermürbend. Während Sie sich für die Belange des Personals und der Patienten einsetzt, muss sie dennoch den Anordnungen der Ärzte gerecht werden. Hier verfolgt jeder sein Ziel, das aber unbewusst von beiden Seiten boykottiert wird. Die Ärzte wissen im Voraus, dass mit Kerstin „nicht leicht ist zusammenzuarbeiten'' ist, aber sie fragen sich vielleicht nicht, warum das so ist. Die Schwester ärgert sich über die Kompromisslosigkeit der Ärzte und weiß nicht, wie sie durch ihr Verhalten von ihnen wahrgenommen wird oder warum es stets Ärger gibt.

Das Stationsteam der inneren Intensivstation ist im Lauf der Jahre in zwei Gruppen zersplittert, die sich den Pflegealltag durch ungenügende Absprachen oder Teamarbeit erschweren. Aufgrund gegenseitiger Vorurteile bzgl. der Pflegekompetenz werden häufig genug Pflegearbeiten entweder doppelt oder völlig unterschiedlich praktiziert. Dies führt dazu, dass die gegenseitigen Vorurteile sich verfestigen, da keine offene Aufdeckung des Konflikts erfolgt. Das unbefriedigende Gefühl keine gute Pflege zu leisten, wenn gegeneinander statt miteinander gearbeitet wird, belastet das gesamte Stationsteam. Mehrere Kollegen, die sich jedoch nicht trauen, zu ihren unguten Gefühlen zu stehen, geschweige denn sie anzusprechen, leiden erheblich während ihres Dienstes.

Die Pflegedienstleitung der Hautklinik (in der Leitung von Pfleger Michael) ist zuständig für das Personal von vier Fachabteilungen des Hauses. Mit der neuen Stationsleitung der Abteilung C ist der Pfleger unzufrieden. Er empfindet die Art und Weise der Stationsführung, den Umgang mit dem Personal nicht autoritär genug und zu sehr an den Wünschen des Stationsteams orientiert. Aufgrund seiner hierarchisch bedingten Machtposition als Pflegedienstleitung versucht Michael, die Dienstpläne nach seinen Vorstellungen zu korrigieren – sehr zum Ärger der Stationsschwester und des Teams. Dennoch fühlen diese sich ohnmächtig, den Konflikt zu lösen. Die unfairen Dienste tragen nicht zur Arbeitsmotivation bei.

Pfleger Hans, Seitenpfleger der Station A, ist Vater von vier Kindern. Er versucht bereits über einen längeren Zeitraum seine persönlichen Wünsche betreffs des Dienstplanes durchzusetzen, oft auf Kosten seiner Kollegen. Er argumentiert damit, dass sie ja keine familiären Pflichten hätten keine Kinder und deshalb leichter Dienste übernehmen könnten als er. Da aufgrund seiner leitenden Position die Dienstplangestaltung ihm obliegt, setzt er sich über die Bedürfnisse und Wünsche seiner Kollegen hinweg. Das Stationsteam arbeitet ungern mit Hans zusammen, da es sein Verhalten unfair findet. In Stationsbesprechungen konnte jedoch keine Einigung erzielt werden.

Durch die Beispiele wird recht deutlich, wie die verdeckten Konflikte und die unterschwellige Unzufriedenheit die einzelnen Menschen und damit verbunden auch ihre Arbeitssituation belasten. Die Unstimmigkeiten basieren auf bestimmten Konfliktarten:
- Konflikte aufgrund unterschiedlicher Bedürfnisse und Interessen
- Konflikte über verschiedenartige Ziele/Vorstellungen
- Konflikte aufgrund von Machtpositionen oder Hierarchie, um persönliche Ziele durchzusetzen

Der Pflegealltag ist für Pflegepersonal, Patienten und Ärzte gefüllt mit einer Vielzahl meist unausgesprochener Konflikte. Diese äußern sich in gegenseitigen Verhaltensweisen, die den gemeinsamen Arbeitsbereich negativ beeinflussen oder sogar „zur Hölle" machen können. Dies kann sich in verstecktem oder offenem Protestverhalten zeigen wie Arbeitsverweigerung, Konkurrenzgefühle oder Konkurrenzgedanken, Trotz, Ironie, verweigerter oder verminderter Kooperationsbereitschaft. Auch gegenseitige offene oder verdeckte Sticheleien, aggressive Gefühle Wut, Beschuldigungen oder ungerechtfertigte Behauptungen über einen Kollegen beziehungsweise dessen Pflegekompetenz sind typisch. Das „in Frage stellen" des anderen, seiner Arbeitsweise und -qualität gehen jedoch tiefer: Man fühlt sich persönlich angegriffen, nicht respektiert und nimmt die Geringschätzung wahr. Man fühlt sich nicht akzeptiert. Diese unguten Gefühle (Inkompetenz, Unsicherheit, sich beobachtet fühlen, Angst vor Fehlern) beeinträchtigen den Stationsalltag, die Freude an der Arbeit und die Zusammenarbeit erheblich.

Zu den bestehenden Konflikten zwischen den Menschen kommen die eigenen unguten belastenden Gefühle und Gedanken hinzu. Das Ertragen und Aushalten dieser Situationen, die Abwehr dieser Angstgefühle und das Unvermögen Konflikte anzusprechen oder zu klären, führen auf Dauer zu Stress, Unlustgefühlen, Motivationslosigkeit, Ermüdung sowie zu psychosomatischen Erkrankungen. *In Kapitel 16* werden die *Bewältigungsstrategien* beruflicher Belastungen ausführlicher dargestellt.

15.2.4 Extremfall: Mobbing

Definition

> Eine immer häufiger auftretende Form zwischenmenschlicher Konflikte im Beruf ist Mobbing, der systematische Psychoterror am Arbeitsplatz. Das Wort stammt aus dem englischen „to mob" – jemanden attackieren, anpöbeln. Erschreckend, aber durchaus nicht unpassend ist das eng verwandte „to mob law" – Lynchjustiz üben.
>
> Bezeichnet werden damit verletzende Verhaltensweisen von subtiler Art bis zu systematischem Psychoterror am Arbeitsplatz, der darauf abzielt, einen bestimmten Kollegen „fertig zu machen". Die Feindseligkeiten spielen sich unterschwellig im Bereich zwischen erlaubten und verbotenen Handlungen ab, die oftmals schwer nachzuweisen sind.

Strategien

So werden Mobbingopfer von anderen Kollegen oder dem Team über einen längeren Zeitraum
- kritisiert oder angegriffen auf beruflicher und privater Ebene
- heimlich beobachtet und verunsichert, bis sie schließlich Fehler begehen
- als Sündenbock benutzt (zu Überstunden gezwungen, zu unliebsamen oder kränkenden Arbeiten eingeteilt sowie bei der Aufgabenverteilung/Arbeitseinteilung einfach „übersehen')
- durch kränkendes und destruktives kommunikatives Verhalten psychisch terrorisiert (abwertende Blicke und Gesten, Kontaktvermeidung, wie Luft behandelt werden, es wird gar nicht mehr mit dem Mobbingopfer gesprochen oder man lässt sich von ihm nicht mehr ansprechen)
- absichtsvoll generell nicht beachtet, ausgeschlossen, übersehen, übergangen, nicht informiert, auflaufen gelassen.

Solche aktiven Mobbingaktionen, unterstützt durch passive Kollegen, die nichts zum Schutz des Opfers unternehmen, können gezielt und systematisch durchgeführt zu schweren psychischen oder psychosomatischen Beschwerden führen. Insbesondere die subtile Art und die Dauer (Wochen, Monate, Jahre) dieser unmenschlichen, ausgrenzenden Handlungen treiben Kollegen im besten Fall bis zur Kündigung, im schlimmsten zum Selbstmord.

HEINZ LEYMANN (1993) erkannte das Phänomen Mobbing aufgrund arbeitsmedizinischer Untersuchungen bei Angestellten, bei denen keine der anerkannten medizinischen Ursachen, wie beispielsweise Arbeitsunfälle oder körperlicher Verschleiß, zutrafen. Vielmehr konnte eine Vielzahl der Betreffenden ihren Beruf aufgrund einer lang andauernden beruflichen Stresssituation oder besser Leidensgeschichte nicht mehr ausüben. Psychische und physische Erschöpfung waren durch die Schikane von Kollegen hervorgerufen worden, gegen die sich das Opfer nicht mehr wehren konnte. Bei seinen

Beobachtungen erkannte LEYMANN schließlich einen phasenhaften Mobbingprozess.

Der Mobbingprozess

Der typische Mobbingprozess wird in vier Phasen aufgegliedert:

1. Anfangsphase: Ein Konflikt bricht aus
2. Der Psychoterror beginnt
3. Das Mobbingopfer wird offiziell
4. Endphase: Ausgrenzung

Abbildung 20: Phasen des Mobbingprozesses

Anfangsphase

Am Anfang des Mobbings steht ein Konflikt in Form einer Meinungsverschiedenheit, eines Streits – meist ein an sich harmloser Vorfall zwischen Kollegen, der im Arbeitsalltag häufig auftritt. Bei Mobbing wurde dieser Konflikt jedoch nicht geklärt, zu lange verschoben und gärt unbewusst weiter. Ungelöste Konflikte können auf Dauer die Beziehung oder Zusammenarbeit zwischen Menschen angreifen und die Atmosphäre vergiften.

Beginn des Psychoterrors

In der zweiten Phase wird ein Mitarbeiter zum Sündenbock auserkoren. Erste Angriffe wie Beleidigungen, Sticheleien finden statt. Langsam werden Mobbinghandlungen systematisch und gezielt angewandt. Das Mobbingopfer wird nervös, unsicher und spürt, „dass etwas Ungutes im Gange ist".

Offiziellwerden des Mobbingopfers

Der Gemobbte nimmt sich jetzt als Opfer seiner Kollegen wahr. Seine seelische und körperliche Verfassung sind angegriffen. Sein Selbstvertrauen wandelt sich in Selbstunsicherheit; Angst vor der Arbeit und den Angriffen der Kollegen entsteht. Durch Fehlzeiten, Krankschreiben oder Urlaub versucht das Opfer den Qualen auf der Arbeit zu entgehen.

Das Bewältigungsvermögen nimmt ab. Die Mobber machen deutlich, dass der betreffende Kollege „nervt", dass er anstrengend ist und die Zusammenarbeit lästig wird. Schließlich wird der Fall offiziell, Stations- und Pflegedienstleitung werden aufmerksam. Leider tun sie dies meist nicht zum Schutz des Opfers, sondern zu seinem weiteren Leid. Die Mobber berichten „vertraulich" hinter dem Rücken des Gemobbten von Fehlern und schlechter Mitarbeit und solidarisieren sich mit den Leitungspersonen, so dass Absprachen ohne die Sichtweise des Opfers getroffen werden und hierdurch die gemobbte Person doppelt zum Sündenbock wird.

Massive Gerüchte und ungerechtfertigte Behauptungen zum Schaden des Opfers können auch durch die Personalleitung verstärkt werden. Unfaire Gespräche, Verhaltensmaßregeln und mögliche Androhungen von Versetzung oder Kündigung treiben das Opfer immer mehr in die Unglaubwürdigkeit. Kommt niemand dem Gemobbten zur Hilfe – weder Kollegen, noch Personal-, Betriebsrat oder Vertrauensarzt –, treten neben massiven Existenz- und Versagensängsten (Kündigung, Arbeitslosigkeit) anhaltende psychische und körperliche Beschwerden sowie lange Krankheitsausfälle auf. Das Opfer traut sich nicht mehr zur Arbeit, begeht Fehler, ist unsicher und unkonzentriert als Folge von Dauerstress und massivem Psychoterror durch Kollegen.

Endphase | Das Opfer wird von Kollegen überhaupt nicht mehr akzeptiert, eher gequält belächelt. Durch das „Offiziellmachen" des schwierigen Mitarbeiters und dem daraus resultierenden Stigma des Mobbingopfers gibt es kein Entrinnen mehr: Geht der Betreffende nicht freiwillig, so wird er gegangen.

Man will den lästigen Kollegen endlich los werden und sucht gezielt nach Möglichkeiten ihn auszugrenzen. Die Mobbinghandlungen werden massiv: Keiner arbeitet mehr mit dem Gemobbten zusammen, unwürdige und sinnlose Tätigkeiten werden ihm zugeteilt, er wird (straf)versetzt. Die Kündigung wird ihm nahe gelegt. Es werden zahlreiche Versuche unternommen, ihn zum Gehen zu bewegen.

In dieser Phase ist die Ausgrenzung perfekt, denn all die Gerüchte, Beobachtungen oder Behauptungen, die im Laufe der Zeit entstanden (besser: erfunden wurden!), werden nun zur selbsterfüllenden Prophezeiung: Die betroffene Person zeigt jetzt tatsächlich jene Fehler und Unzulänglichkeiten, die ihr in der vergangenen Zeit vorgeworfen wurden, da sie so verunsichert ist.

In diesem Spätstadium des Mobbingprozesses finden sich häufig Alkohol- oder Tablettensucht und eine erhöhte Selbstmordgefahr. Die Endfolgen sind:
• Schwere physische und psychische Erkrankungen
• Selbstmordgedanken, Selbstmordversuche, Selbstmord als Lösungsweg
• Einlieferung in die Psychiatrie
• Versetzung, Kündigung
• Abfindung oder Frührente – und damit auf jeden Fall: Vorübergehend oder für immer der Ausschluss aus dem Arbeitsleben

Ursachen von Mobbing

Als Ursachen für Mobbing gelten:
• Konkurrenzdenken
• Angst vor dem Verlust des (eigenen) Arbeitsplatzes
• Berufliche Ängste, Versagensängste, Kompetenzmangel
• Zunehmender Leistungsdruck, verbunden mit beruflichen Anforderungen; Überforderung
• Neidgefühle, Unterlegenheitsgefühle gegenüber Kollegen
• Profilierungssucht; persönliche Egoismen und Machtspiele
• Unterforderung, berufliche Unzufriedenheit

- Mangelnde Konfliktfähigkeit des Teams
- Ungenügende Teamentwicklung (kein „Wir-Gefühl" des Arbeits-
  teams)
- Schlechte Führung des Arbeitsteams
- Überforderung der Leitungsperson

Mobbing kann jeden von uns treffen!	Wichtig

Mobbing kann nur deshalb entstehen, weil alle Kollegen es zulassen
bzw. wegsehen, weil niemand sich darum kümmert, dass einem
Kollegen übel mitgespielt wird.

Keiner unternimmt etwas gegen das Mobbing oder bietet Unterstützung an. Vor diesem Hintergrund erhalten die Mobber genügend
Macht, dem Opfer Angst zu machen. Sie betreiben gezielt über einen
langen Zeitraum systematisch Psychoterror, um einen Kollegen zu
zermürben. So geschieht Mobbing durch **aktive Mobbingtäter**, die
handeln, und durch **passive Mitwisser**, die nicht handeln und so zu
Mittätern werden.

In der ersten und nur zum Teil in der zweiten Mobbingphase kann
sich das Mobbingopfer noch Hilfe suchen und versuchen, dem
systematischen Psychoterror der Kollegen zu entkommen. Später
ist ein Entkommen aus den subtilen Mobbingangriffen nicht mehr
möglich. Eine Chance besteht darin, so früh wie möglich Konflikte
mit der/den betreffenden Person(en) direkt anzusprechen und zu
klären. Gelingt dies nicht, sollte man sich Vertrauenspersonen zur
Hilfe zu holen, z. B. rechtzeitig Gespräche mit fairen Kollegen oder
der Stationsleitung führen, sich Unterstützung beim Betriebsrat/Per-
sonalrat oder der Pflegedienstleitung holen.

16   Berufliche Belastungen –
Stress und Stressbewältigung

Im Zusammenhang mit beruflichen Anforderungen fühlen Menschen sich zunehmend überfordert oder überlastet. Die heutigen Ansprüche an Arbeitnehmer (an qualifizierte Ausbildungen, hohe Leistungsfähigkeit, Flexibilität u. a.), die Angst vor dem Verlust des Arbeitsplatzes, der Konkurrenzkampf und die hohe Arbeitslosigkeit setzen viele unter einen andauernden Druck.

Die vielfältigen Belastungen des Pflegeberufs wie Personalmangel, Zeitdruck, Schichtdienst, Gefühls- und Beziehungsarbeit mit kranken Menschen, die Stress fördernden Einstellungen und persönlichen Überforderungen (Über-Engagement, Helferpersönlichkeitstyp, hohe idealistische Ziele), die Konflikte im zwischenmenschlichen Bereich führen zu einer Art Dauerbelastung, zum Berufsstress.

Stress – inzwischen ein Modewort – ist in aller Munde. Doch was verbirgt sich hinter diesem Trend?

16.1   Was ist Stress?

Ursprüngliche Funktion

In der Entwicklungsgeschichte des Menschen war Stress ursprünglich ein positives, nützliches Überlebensprogramm: Auf Bedrohungen aus der damaligen Umwelt, z. B. Angriffe von wilden Tieren oder Gewitter, wird eine **Alarmreaktion** im Körper ausgelöst. Der menschliche Organismus war nun auf zwei lebenswichtige Verhaltensweisen fokussiert: **Flucht oder Angriff**. Schnellstmöglich wird eine Entscheidung getroffen und danach gehandelt. Entweder „um sein Leben laufen" (Flucht) oder „ums Überleben kämpfen" (Angriff).

Physiologischer Stress läuft in zwei Phasen ab:
- Aktivierungsphase
- Erholungsphase.

Aktivierungsphase

Es ist egal, welche Reaktion erfolgt, sie ist nur mit körperlicher Höchstleistung zu schaffen: Durch die Sinnesorgane wird ein bedrohlicher Reiz wahrgenommen (ein Wolf wird gesehen, Feuer wird gerochen, Gewitter wird gehört...). Angst und Anspannung werden ausgelöst. Da jedes weitere Nachdenken Zeitverschwendung wäre, reagiert der Körper sekundenschnell, indem er den Organismus in Alarmbereitschaft versetzt.

Alles, was zum Überleben hilft, wird mobilisiert und verbraucht:
- Die Durchblutung wird gefördert, insbesondere in der Muskulatur (zum Weglaufen oder Kämpfen).
- Der Blutdruck wird gesteigert.
- Herzschlag und Atmung werden beschleunigt (wir beginnen zu schwitzen).
- Blutzucker und Fettreserven als Energielieferanten werden hormonell ebenso aktiviert.
- Präventive Produktion von Thrombozyten (Blutgerinnung) und Leukozyten (Infektionsabwehr) für Verletzungen und Wunden, die durch Kampf oder Flucht entstehen könnten, wird ausgelöst.
- Alles, was nur unnötige Energie verbrauchen würde, wird auf ein Minimalversorgungsprogramm gesetzt. Hierzu gehören die verminderte Verdauungs- und Sexualfunktion sowie typische Denkblockaden (es muss nicht gedacht, sondern schnellstmöglich gehandelt werden). Erst wenn die Gefahr vorüber ist, werden wir uns bewusst, was geschehen ist und erschrecken uns oftmals über unser kühnes Handeln (Schockreaktion, die auch zu Erstarrung oder Handlungsunfähigkeit führen kann).
- Nach der körperlichen Höchstleistung erfolgt eine Erschöpfungsphase.
- Erholung und Ruhe sind notwendig. Der Körper hat Zeit, seine Energiereserven wieder zu stabilisieren.

Nach Abklingen der Sofortreaktion werden die Stresshormone wieder abgebaut. Von der Höchstfunktion schaltet der Organismus auf „Normalbetrieb" zurück. Er reguliert Hormonsystem, Herz- und Kreislaufsystem in den Normbereich herunter. Ermüdung und Entspannung treten ein.

Erholungsphase

Hält die Stressreaktion jedoch dauerhaft an, verbleibt der Körper im Alarmzustand und läuft weiterhin auf Hochtouren. Der Körper gelangt in die unnatürliche Erschöpfungsphase. Eine normale Anpassungsleistung gelingt nicht mehr. Ohne sich genügend erholt zu haben, wird auf Dauerstress umgeschaltet. Stressbedingte körperliche und seelische Gesundheitsstörungen entwickeln sich. Die Energievorräte des Körpers erschöpfen sich allmählich und können im Extremfall zum Tod führen (z. B. Herzinfarkt).

Unphysiologische Erschöpfungsphase

Das ursprünglich existenziell notwendige Überlebensprogramm läuft heute noch genauso ab, nur die Bedrohungen haben sich verändert aus dem „Steinzeitstress" ist Berufs- oder Alltagsstress geworden.

Da wir nicht mehr flüchten oder kämpfen können, z. B. im Konflikt mit einem Kollegen einfach zuschlagen oder bei Prüfungen davon

Stresskrankheiten

laufen, entsteht durch gesellschaftliche Anpassungszwänge und Verhaltensnormen körperlicher und seelischer Druck. Da dieser kaum ein Ventil findet und täglich erneut auf uns einwirkt (**Alltagsstress**), entwickelt sich eine Art Dauerstress, der zu psychophysischer Überforderung und Erschöpfung führen muss – und damit zu den so genannten Stresskrankheiten, wie

- Herzerkrankungen, Herzkreislauferkrankungen, Angina pectoris und Herzinfarkt
- Bluthochdruck, Schlaganfälle
- Psychosomatische Erkrankungen; Gastritis, Reizdarm, Magengeschwür
- Kopfschmerzen (Spannungskopfschmerz und Migräne)
- Überempfindlichkeit bei Lärm, Nervosität, Unruhe, Schlafstörungen
- Verspannungen im Nacken- und Schulterbereich, Rückenschmerzen
- Psychisches und nervös bedingtes, allergisches Asthma, Asthmaanfälle
- Hauterkrankungen, Neurodermitis, Allergien, Ausschlag, Juckreiz.

Heute wird Stress deshalb nicht mehr unbedingt positiv bewertet. Die Definition von Stress im Bereich der Psychologie und Medizin geht auf den Stressforscher HANS SELYE (1950) zurück:

„Die Belastungen, Anstrengungen und Ärgernisse, denen ein Lebewesen täglich durch viele Umwelteinflüsse (durch Kollegen, durch Ereignisse auf der Arbeit, durch negative Gedanken u. v. a.) ausgesetzt ist (...) können einen aus dem persönlichen Gleichgewicht bringen und seelisch und körperlich unter Druck setzen. Stress ist ein psycho-physischer Hochspannungszustand, der auf Dauer zu gesundheitlichen Schäden führt.“

Wichtig | Nicht Stress macht krank, sondern dauernder Stress und mangelnde Erholungszeiten.

16.1.2 Zwischen Eustress und Distress – die richtige Stressdosis

Ausschlag gebend ist die Stressdosis. Denn ein gewisses Maß an Stress hat eine durchaus positive, motivations- und leistungssteigernde Wirkung beim Menschen. Stress kann zu Leistung anspornen im Sport, im Beruf, bei Prüfungen. Jede Herausforderung ist nur mit einem gewissen Maß an Stressenergie möglich, entscheidend ist die anschließende Erholungs- und Regenerationsphase.

Man unterscheidet deshalb auch zwischen dem durchaus gesundem Eustress und krank machenden Distress.
- **Eustress** ist ein normaler, auf Menschen positiv anregend wirkenden Stress, wie wir ihn durch das zufrieden stellende Lösen von schwierigen Aufgaben aller Art kennen, die uns Erfolgserlebnisse vermitteln, stimulierend und leistungsmotivierend wirken.
- **Distress** bezeichnet einen ungesunden, negativ wirkenden Dauerstress ohne Erholungsphasen.

Definition

In unserer heutigen Leistungsgesellschaft sind neben beruflichem und privatem Stress auch die enormen unterschwelligen Stressfaktoren, die unsere hoch entwickelte, aber relativ „unnatürliche" Lebensweise in Form von Reizüberflutung, Informationsfülle, Lärm, Hektik, Straßenverkehr zu einer gewissen Daueranspannung führt, so dass stressfreie Zeiten/Situationen oder Stressabbau immer seltener möglich werden.

Stressoren – die Auslöser für Stress

Die Ursache von Stress liegt in Stress auslösenden Faktoren (z. B. Zeitdruck), den so genannten Stressoren. Als Stressoren werden alle inneren und äußeren Anforderungen bezeichnet, die vom Menschen als unangenehm oder belastend erlebt werden.
Anders ausgedrückt ist Stress die Antwort oder Folge unserer Unfähigkeit/Unmöglichkeit, mit belastenden Situationen und Einflüssen aus unserer Umwelt (Stressoren) erfolgreich umgehen zu können.

Definition

Stress ist abhängig von
- der Stressdosis, also der Vielfalt der Stressoren (gleichzeitiges Vorhandensein mehrerer Stressauslöser; z. B. unter Zeitdruck bei Hitze Auto fahren und in einen Verkehrsstau geraten)
- der Intensität und der Einwirkungsdauer eines Stressors
- der individuellen Bewertung, was als stressig empfunden wird.

Bestimmungsgrößen der Stresswirkung

Im Folgenden sollen die häufigsten Stressoren anhand einer Liste dargestellt werden:

• Termindruck, Zeitnot, Hetze	• Schichtdienst	• Konflikte, Streit
• Hitze, Lärm	• Verantwortung oder neue Verantwortungsbereiche	• Trennung, Verlust
• Scheidung, Tod, Krankheit	• Kritik, Überforderung	• Umzug, neue Wohnung

• Misserfolge	• Heirat, Ehe	• Ärger privat (Partner, Freunde, Familie) oder beruflich mit Kollegen, Vorgesetzten
• Geburt, Sorgen mit Kindern (Schulschwierigkeiten, Erziehungsprobleme)	• Negative Stress erzeugende Gedanken (Schwarzmalerei)	• Kündigung
• Pensionierung	• Schlafdefizite, keine Pausen	• Arbeitslosigkeit
• Dauerndes Telefonklingeln	• Feiertage	• Reizüberflutung
• Informationsüberflutung	• Konkurrenzkampf	• Ehrgeiz, Perfektionismus
• Finanzielle Sorgen	• Berufsausbildung	• Schlechte Nachrichten
• Plötzliches Glück, Erfolg	• Arbeitsüberlastung	• Straßenverkehr

Abbildung 21:
Stressoren-Liste

Das individuelle Stressempfinden

Die individuelle Stressempfindung ist abhängig von erlernten Bewältigungsstrategien, Erfahrungswerten, der psychischen Stabilität, der körperlichen Verfassung, dem Alter, der allgemeinen Belastungsfähigkeit und Veranlagung eines Menschen.

Beispiele: Eustress und Distress

Hierzu zwei Beispiele:

Schwesternschülerin Maren tritt morgen ihren Dienst auf einer neuen Station an. Sie ist positiv gestresst; ein bisschen nervös, nein eher aufgeregt über das Neue. Sie empfindet die Pflegepraxis auf einer Intensivstation als Herausforderung und freut sich auf die berufliche Weiterentwicklung.

Pflegeschüler Michael steht der neue Schülereinsatz im OP schwer bevor. Er ist ängstlich und hat seit einigen Tagen Schweißausbrüche und Durchfall. Er fühlt sich mit der Situation und in seiner Schülerrolle überfordert. Er findet die Krankenpflegeausbildung mit den diversen Einsätzen in den verschiedenen Fachbereichen stressig.

Selbstüberprüfung

Für das individuelle Stressempfinden sind folgende Fragestellungen von Bedeutung:

- Kann ich die Situation steuern, suche ich die Stress auslösende Situation freiwillig auf? Kostet sie mich Mut (positiven Stress) und sind Erfolge oder Lösungen kontrollierbar?
- Oder fühle ich mich fremdbestimmt, überfordert mit der Situation? Üben die inneren oder äußeren Anforderungen Druck auf mich aus, so dass ich mich hilflos und ausgeliefert fühle?

> Die obigen Beispiele und die ergänzenden Fragen zeigen, dass ähnliche Situationen individuell vollkommen unterschiedlich bewertet werden können. Was für den einen noch zum gesunden und gewollten Eustress gehört, kann für einen anderen bereits ungesunden Distress bedeuten.

Wichtig

Stress, so erforschte man, kann durchaus auch bei positiven Lebensereignissen auftreten. In der danach benannten Life-event-Forschung (HOLMES, RAHE 1967) wiesen Ereignisse wie Heirat, Geburt, neuer Partner, Umzug und Erfolg eine unerwartet hohe Stressbelastung auf – eben weil Situationen, die Stress induzierend sein können, individuell verschieden bewertet werden.

Stresstypen

In der Stressforschung unterscheidet man zwischen Typ-A- und Typ-B-Verhalten bei Menschen.

Menschen vom Typ A sind hochgradig stressanfällig und besitzen eine hohe Disposition für Stresserkrankungen. Das Verhaltensmuster setzt sich aus einer Kombination von Leistungsstreben, Konkurrenzdenken, Ehrgeiz, Ungeduld, Perfektionismus, Hektik, Aggressionsbereitschaft, ausgeprägtem Verantwortungsbewusstsein und Zielstrebigkeit zusammen. Schwäche, Ängste und Gefühle werden verborgen und unterdruckt.

Typ A

Die charakteristischen Typ-A-Verhaltensweisen entsprechen stark den gesellschaftlichen Vorstellungen vom erfolgreichem Menschen. Auf Dauer erzeugen sie jedoch ständige „Kampfbereitschaft" im Beruf und lassen diesen Menschentyp beinahe ununterbrochen unter Anspannung und Druck stehen.

Bei Typ-A-Persönlichkeiten treten vermehrt die typischen Stresssymptome und Stresskrankheiten auf.

Menschen, die das Gegenteil verkörpern, zählt man zum Typ B. Es sind eher ruhige, konzentrierte, kompromissbereite, geduldige und verständnisvolle Personen, ohne deswegen weniger erfolgreich oder leistungsfähig zu sein. Sie gehen die Dinge nur ruhiger, positiver und gelassener an. Zwänge, Hektik, Stress und Kampfbereitschaft entsprechen nicht ihrem Verhaltensmuster.

Typ B

16.1.2 Typische Stress-Symptomatik

Zur häufigsten körperlichen und seelischen Stress-Symptomatik zählen:
- Ermüdung
- Erschöpfungsgefühle, Erschöpfungszustände, Burn-out-Syndrom
- depressive Stimmungen, Ängste, Nervosität, Schwitzen, Unruhe
- Schlaflosigkeit, Schlafstörungen, belastende Träume
- anhaltende Unzufriedenheitsgefühle
- Psychosomatische Symptome: Atemnot, Zittern, Augenliderflattern, Durchfall, Verspannungen, Bluthochdruck, Kopfschmerzen sowie die als mittlerweile charakteristisch bezeichneten Stresskrankheiten: Herzinfarkt, Magengeschwür u. a.

Die vier Ebenen der Stress-Reaktion

Stress kann sich kognitiv, emotional, vegetativ-hormonell und muskulär auf den menschlichen Organismus auswirken.

Neben diesen grundsätzlichen Stressfolgen gibt es aber immer individuelle Dispositionen. Damit ist gemeint: Manche Menschen haben bestimmte sensible Bereiche, an denen sich Belastungen vorrangig bei ihnen bemerkbar machen. Einigen schlägt immer alles auf den Magen, andere neigen zu Kopfschmerzen. Je besser man sich und seinen Körper kennt und wahrnehmen kann, desto schneller vermag man Anzeichen für Stress oder Krankheit an sich zu bemerken. Dementsprechend können sie als „Warnsignale" erkannt werden und auf die gefährdete Gesundheit frühzeitig aufmerksam werden lassen.

So kann man die folgenden Anzeichen typischer Stressreaktionen für eine Selbsteinschätzung nutzen, um individuelle Stressoren ausfindig zu machen.

Kognitive Reaktionen

Der kognitive Bereich umfasst alle geistig-gedanklichen Prozess, wie Denken und Wahrnehmen.
Durch Dauerstress kommt es zu einer nervlichen Über-Reizung; der Kopf ist überlastet.
Die Wahrnehmung ist eingeengt, Informationen können nur noch begrenzt verarbeitet werden. Lernfähigkeit und Gedächtnisleistungen nehmen spürbar ab.

Als Folge von Stress kommt es zu:
- Konzentrationsstörungen
- Denkblockaden (black out)
- Im Kreis drehen mit den Gedanken, keine sinnvollen Lösungen finden können
- Negative gedankliche Bewertungen, Stress auslösende Gedanken treten vermehrt auf *(„Ich kann das nicht, das geht sowieso schief,*

ich kann daran nichts ändern, ich schaff's einfach nicht, ich stelle mich immer dumm an, natürlich passiert mir das")
* Entscheidungsschwierigkeiten
* Gedächtnislücken: Die Merkfähigkeit nimmt ab, man wird vergesslich
* Man neigt zu Tagträumen, Realitätsflucht, Gedanken schweifen ab
* Die gedankliche Überlastung zeigt sich in nächtlichen Alpträumen.

Beantworten Sie für sich die nachstehenden Fragen für den Bereich „Stresskognitionen/Stress erzeugende Gedankenmuster. Entscheiden Sie sich bei der Antwort jeweils zwischen den beiden Möglichkeiten: das denke ich „fast nie" oder „immer" – was trifft für Sie überwiegend zu?

	Das denke ich		
	selten	nie	oft
Ich kann das ja doch nicht	❏	❏	❏
Das halte ich nicht durch	❏	❏	❏
Ich kann sowie so nicht ändern	❏	❏	❏
Ob ich das nun mache, oder nicht...	❏	❏	❏
Ich bin so blöd	❏	❏	❏
Ich bin ungeschickt, habe zwei linke Hände	❏	❏	❏
Bei mir geht immer alles schief	❏	❏	❏
Ich stelle mich so dumm an	❏	❏	❏
Mir muss man immer alles zweimal erklären	❏	❏	❏
Ich bin nicht gut genug	❏	❏	❏
Das passiert mir immer	❏	❏	❏
Wenn einer Pech hat dann ich	❏	❏	❏
Ich schaffe das bestimmt nicht	❏	❏	❏

Abbildung 22:
Selbsteinschätzung zum Bereich Selbstzweifel/ Selbstverurteilung

Das denke ich	selten	nie	oft
Ich muss auf der Arbeit 150-prozentig sein	❏	❏	❏
Ich mache keine Fehler	❏	❏	❏
Ich darf mir keine Fehler erlauben	❏	❏	❏
Ich muss mich für meine Arbeit aufopfern, darf keine Schwäche zeigen	❏	❏	❏
Ich muss immer gleich bleibend freundlich und hilfsbereit sein bei der Arbeit mit Patienten	❏	❏	❏
Ich darf gegenüber Kranken nicht ungeduldig und unfreundlich sein	❏	❏	❏
Ich muss eine gute Pflegekraft sein	❏	❏	❏
Auf mich muss 100 Prozent Verlass sein	❏	❏	❏
Ich muss mich auf der Arbeit und gegenüber den Patienten zusammenreißen	❏	❏	❏
Ich muss stark, geduldig und gütig auftreten	❏	❏	❏
Ich muss korrekt sein	❏	❏	❏
Ich muss meine Bedürfnisse hinter die der Patienten stellen	❏	❏	❏
Ich muss den Erwartungen der Kollegen und der Patienten entsprechen	❏	❏	❏
Ich darf nie krank werden	❏	❏	❏
Krankheit ist kein Grund, nicht zur Arbeit zu kommen	❏	❏	❏
Ich kann meine Kollegen nicht im Stich lassen	❏	❏	❏
Ich versuche, es möglichst allen recht zu machen	❏	❏	❏

Abbildung 23:
Selbsteinschätzung zum Bereich individuelle Ansprüche/überhöhte Forderungen an sich selbst

Das kenne ich	selten	nie	oft
Wenn ich mich aufrege, bekomme ich schweißnasse Hände	❏	❏	❏
Wenn ich mich aufrege, werde ich rot	❏	❏	❏
Vor Aufregung bin ich ganz zittrig	❏	❏	❏
Ich schwitze, wenn ich an... denke	❏	❏	❏
Ich bekomme Durchfall	❏	❏	❏
Das schlägt mir sicher auf den Magen	❏	❏	❏

Abbildung 24:
Selbsteinschätzung zum Bereich Ärger über sich selbst – sich schämen über körperlich-seelische Anzeichen

Dauerstress führt zu einer Reihe von belastenden Gefühlen, die letztlich dem ursprünglichen Grundmuster: Aggression (Angriff/Kämpfen) oder Angst (Flucht) sowie Hilflosigkeit im Sinne von Ausgeliefertsein entsprechen.

Emotionale Reaktionen

Folgende Gefühle sind dafür charakteristisch:
- Ärger, Wut, Aggressionsneigung, Aufbrausen, Aufregen
- Unausgeglichenheit
- Gereiztheit
- Nervosität
- Angstgefühle
- Extreme Angst bis Panikattacken
- Unsicherheit
- Gefühlstauungen, Gefühle sind wie unter Korkenverschluss
- Weinen.

In diesen Bereich gehören alle Auswirkungen des vegetativen Nervensystems und der Stimulation durch Hormonausschüttungen, die physiologische Körperreaktionen hervorrufen.

Vegetativ-hormonelle Reaktionen

Hier finden sich auch die psychosomatischen Folgeerscheinungen von Dauerstress wieder:
- Herzklopfen, Herzrasen, hoher Blutdruck, Schwindel, Blutdruckschwankungen
- Gastritis, Reizdarm, Darm- und Magengeschwüre, Durchfälle, Verdauungsbeschwerden
- Übelkeit, Erbrechen
- Gefühle, es liege ein Stein im Magen; Bauchschmerzen, flauer Magen
- Schlafstörungen, schlechte Träume oder Müdigkeit
- Zyklusstörungen, sexuelle Funktionsstörungen, verminderte Libido
- Zittrig, weiche Knie, nervöse Finger

- Mundtrockenheit, Kloß im Hals
- Schwitzen, Schweißausbrüche
- Atemlosigkeit, keine Luft mehr kriegen
- Kopfschmerzen, Migräne.

Muskuläre Reaktionen   Ständige Anspannung wirkt sich auf den Muskeltonus aus. Es wird enorm viel Energie verfügbar gemacht, da der Körper auf Alarmbereitschaft eingestellt ist.

Auf Dauer wird man immer schneller erschöpft sein und ermüden. Chronische Verspannungen sind bereits eine Spätfolge:
- Nackenverspannungen, Spannungskopfschmerz
- Rückenschmerzen, Bandscheibenvorfall
- Schulterverspannungen
- Muskelzittern, Krämpfe, Zuckungen
- NervösesTrommeln mit Fingern, Fußwippen, Faust ballen
- Nächtliches Zähneknirschen, Beißmuskulatur, Kieferklemme.

Alle Bereiche mit den entsprechenden Stressreaktionen und -symptomen können als hilfreiche Stressanzeiger dienen. **Finden Sie einige Symptome bei sich wieder, dann erforschen Sie ihre Stresssituationen oder suchen nach Stressoren.**

16.2   Stressbewältigung

Mit Stress umgehen zu lernen ist für unser Leben ziemlich wichtig geworden. Das heutige Leben ist ein stressiges Leben, heißt es. Wie bereits erwähnt, ist Stress inzwischen so vielfältig in allen Lebensbereichen vertreten, dass man neben Berufsstress nun auch von Alltags-, Beziehungs-, und sogar Freizeitstress spricht. Es ist notwendig geworden – gerade in Anbetracht der zunehmenden Stresskrankheiten und Stresssymptome – dass jeder für sich selbst etwas tut, um zu entspannen, um Energien aufzutanken, um Ausgleich für die Daueranspannung in seinem Leben zu schaffen.

Stressbewältigungs-strategien   Genau so, wie Menschen über eine unterschiedliche Stresstoleranz verfügen und auf diese Weise Stresssituationen und Stressoren ganz individuell bewerten, treffen dementsprechend auch die nachfolgend dargestellten Stressbewältigungsstrategien nicht für jeden gleichermaßen zu. Die Methoden, die hier vorgestellt werden, stellen **Vorschläge oder Möglichkeiten** dar, um mit Stress besser umgehen zu können. Je nach Persönlichkeit, Vorlieben, Interessen und besonders auch in Bezug zur jeweiligen Stresssituation und den spezifischen Stressoren, müssen sie den individuellen Bedürfnissen angepasst werden. Insbesondere, weil sie nur dann wirksam sind, wenn ich davon überzeugt bin, dass sie zu mir passen: Ich wende sie an, weil sie bei mir eine Stress mindernde Wirkung erzielen.

> Es kann nicht angehen, dass ich mich beim Autogenen Training quäle, dass ich beim Atmen nervös werde oder dass ich Joggen eigentlich hasse – dennoch praktiziere, weil mein Arzt es mir geraten hat. Oder dass ich meine, ich muss doch etwas gegen Stress tun, was bei anderen so gut funktioniert. Vorsicht! Ich kann und sollte sogar beobachten, wie andere versuchen, sich zu entspannen, z. B. indem sie Sport treiben, aber es muss nicht meine optimale Stressbewältigungsstrategie sein. Vielleicht erhole ich mich beim Krimilesen wesentlich leichter.

Wichtig

Jede Stresssituation und jeder Mensch verlangt also nach einer „maßgeschneiderten" Methode, deshalb gibt es bei der Bewältigung von Stress keine Patentrezepte. In engem Zusammenhang mit Stressbewältigung, das heißt Möglichkeiten und Methoden für mich zu finden, die mir Entlastung und Entspannung bieten, steht die einfache Psycho-Hygiene.

16.4.1 Psycho-Hygiene

> Psychohygiene ist „seelischer Gesundheitsschutz". Hierunter werden alle präventiven Maßnahmen zusammengefasst, die einer Person helfen, mit den aktuellen Belastungen des Alltags besser umzugehen, und die damit der Förderung der seelisch-körperlichen Gesundheit dienen.

Definition

In ähnlichem Sinn, wie allgemeine Hygiene im 19. Jahrhundert dazu verhalf, dass Krankheiten durch hygienische Maßnahmen besiegt und verhindert wurden, um den Körper gesund zu erhalten, wird heute die „Hygiene für die Seele" immer bedeutender.

Psychohygiene verfolgt damit das Ziel, die seelische Gesundheit zu schützen und zu *stärken*. Dies geschieht beispielsweise ganz einfach durch den Austausch von Ärger, Problemen, Wut, Angst oder Frustrationen durch Gespräche mit anderen Menschen. Indem ich über „Ventile"/Möglichkeiten verfüge, um „Dampf abzulassen" bei Nachbarn, Bekannten, Kollegen, Freunden oder Partnern, kann ich meinem Ärger Raum geben und schlucke ihn nicht hinunter. Kleine Pausengespräche, Witze, Telefonanrufe, der Austausch beim Mittagessen oder einer Tasse Kaffee – diese einfachen Alltagsgespräche besitzen eine enorme Entlastungsfunktion, um angestautem Ärger Luft zu machen.

Die körperliche und die seelisch-geistige Gesundheit muss gleichermaßen „gepflegt" werden. Der Abschnitt über die Stressebenen zeigte recht deutlich, dass Stressbelastungen sich nicht nur körperlich, vegetativ oder hormonell äußern, sondern auch seelisch und gedanklich (Stressgedanken) niederschlagen und sich auf diesen Ebenen manifestieren können. Dementsprechend sollten auch Bewältigungsstrategien möglichst beide Seiten – Körper und Seele – berücksichtigen.

16.4.2 Stressanalyse

Wie kann man lernen mit Stress umzugehen ?

Grundsätzlich sollte man sich bei allen Methoden seine persönlichen Stressoren und Stresssituation(en) vor Augen halten. Erst wenn einem klar ist,
- wann man gestresst ist, wo man unter Strom steht (Stresssituation erkennen),
- was für Stressoren einen unter Druck setzen und „Stress auslösen" (Ursachen erkennen)

kann man entscheiden, wie man seinem Stress am besten begegnen kann/will.

Zur Erforschung der eigenen Stresssituation soll der folgende Fragebogen eine Anregung darstellen.

Selbstevaluierung: Meine Stress-Situationen

- Wie reagiere ich meiner typischen Stress-Situation?
- Was tue ich? Was sage ich?
- Welche Gedanken beschäftigen mich, lassen mich nicht mehr los?
- Wie reagiert mein Körper (Schwitzen, Atmung, Herzrasen, Zittern, Anspannung)
- Wie fühle ich mich (unter Druck, unsicher, angespannt)?
- Was passiert?
- Gibt es besondere Anlässe?
- Kenne ich diese Situation und die damit verbundenen Gefühle und Gedanken?
- Wie sieht diese Situation genau aus? Was passiert dabei?
- Was lösen diese Reaktionen bei mir aus?
- Bin ich allein, ist jemand bestimmtes da?
- Löst eine bestimmte Person bei mir Stress aus?

16.4.3 Strategien zur Stressbewältigung

Um Stress erfolgreich zu bewältigen und dadurch Entspannung, Entlastung für Körper und Psyche zu erreichen, bedarf es gezielter Vorgehensweisen. Es wird daher grundsätzlich unterschieden zwischen kurz- und langfristiger Stressbewältigung. Zum anderen geht es um die möglichen Ansatzmöglichkeiten der Bewältigungsstrategien.

Kurzfristige Stressbewältigung

Bei der kurzfristigen Stressbewältigung handelt es sich um Methoden, die das Ziel verfolgen, möglichst schnell und kurzfristig zu entspannen. Zum Beispiel in einer kleinen Pause, bevor etwas Anstrengendes auf einen zukommt (Vortrag, Besprechung, wichtiges Gespräch, Prüfung). Hierbei geht es nicht darum, die tatsächliche Ursache des Stresses zu beheben. Vielmehr gibt es Stresssituationen, die man momentan nicht ändern kann oder will. Dann kommt es vorrangig darauf an, dennoch diese Situationen vielleicht etwas entspannter angehen zu können. Im Berufsalltag gibt es zunehmend mehr Situationen, in denen man „einen kühlen und klaren Kopf bewahren muss". Man bemerkt die Anspannung, muss ihrer aber Herr werden (Notfälle auf Station, Reanimation, Mitarbeitergespräche).

Ziel

Schnelle, kurzfristige Entlastung kann erzielt werden durch Atemübungen, Wahrnehmungslenkung u. a.m.

Maßnahmen

* Konzentration auf den eigenen Atem
  – Tiefes Ein- und Ausatmen, Zählen von Atemzügen
  – durch die Nase einatmen – durch den geöffneten Mund ausatmen; Seufzen, Stöhnen
* Wahrnehmungslenkung
  Gezielt und bewusst die eigene Aufmerksamkeit von der Stress auslösenden Situation wegführen und intensiv auf anderes umlenken, sich selbst bewusst ablenken.
  – Hierzu kann man sich einen Gegenstand in der unmittelbaren Nähe auswählen; eine Lampe, ein Fenster, ein Bild, Blumen
  – Man kann bewusst an etwas Schönes oder für sich Positives denken, etwas, das gute Gedanken und Gefühle bei einem auslöst
  – Wohlfühlbilder anvisieren
  Stellen Sie sich beruhigende Bilder vor, die Entspannungsgefühle bei ihnen auslösen: Meer, See, Wiese, Blumen, Strand, Garten, Gott, liebe Menschen, Hobbys, Tiere.
* Kurzfristige Ablenkungen und Unterbrechungen schaffen
  Eine kleine Pause einlegen, zur Toilette gehen, nach draußen gehen vor die Tür, etwas aufräumen, Blumen gießen, etwas essen oder trinken gehen, telefonieren, etwas einkaufen, ein kleines Gespräch führen, sich zurücklehnen – seufzen und atmen, die Augen für einen Moment schließen, lächeln, kurz bewegen, einen Gang erledigen (zum Labor, zur Apotheke, zur Küche, zur Verwaltung, zur Poststelle), sich räkeln, strecken, gähnen.
* Körperliches Abreagieren
  – mit dem Fuß aufstampfen, gegen etwas treten
  – mit der Faust/Hand auf den Tisch hauen
  – gehen, laufen, sich körperlich bewegen, Treppen steigen
  – laut schreien, schimpfen, stöhnen (wo man sich unbeobachtet/ nicht gehört fühlt)

    – nach der Arbeit körperlich bewegen/betätigen, z. B. Garten-
      arbeit, Fahrrad fahren
    – Sport treiben
    – eine Ventilmöglichkeit zum Dampf ablassen finden, um den
      angestauten Gefühlen Luft zu machen.

Gezielte Ansatzmöglichkeiten zur langfristigen Stressbewältigung

Langfristige Strategien zur Stressbewältigung setzen bei den Ursa-chen – und nicht erst bei den Folgen (Stresssymptomen) – des Stresses an. Es geht darum, das Problem an den Wurzeln zu packen:

So müssen entweder die Stressauslöser oder die Stresssituation(en) verändert werden, oder aber der betreffende Mensch selbst muss dazu bereit sein, bei sich und seinem Umgang mit Stress etwas ändern zu wollen (langfristige Änderung der Einstellungs- oder Verhaltens-weisen einer Person; Mut zur Persönlichkeitsveränderung).

Nur wenn die Stressauslöser direkt angegangen werden, wird eine langfristige und dauerhafte Stressentlastung möglich. Diese ist (drin-gend) angebracht, wenn permanenter Dauerstress nicht abreißt, die damit verbundenen Belastungen zu deutlichen Stresssymptomen führen und schließlich drohen, in Krankheit überzugehen.

Auslöser verändern – bei den Stressoren ansetzen

Man kann die Stressdosis reduzieren, indem man Stressauslöser
• ausschaltet
• verringert
• vermeidet.

Beispiel: Ist Lärm ein Stressor – welche Möglichkeiten gibt es, den Lärm auszuschalten, zu verringern oder zu vermeiden?
Ideen: Ohropax, anderer ruhigerer Arbeitsort, Lärmschutz. Woher kommt der Lärmpegel? Kann ich an der Lärmursache etwas ändern? Z. B. Kollegen, die dauernd Radio hören, bei der Arbeit daraufhin ansprechen, eine konstruktive Lösung oder einen Kompromiss fin-den.

Stresssituation beeinflussen – den Stress kontrollieren lernen

Tritt eine typische Stresssituation auf, sollte folgendes bedacht wer-den:
• Wie kann ich die Anspannung verringern oder ihr ruhiger, ge-fasster und deshalb gelassener begegnen?
• Was kann ich tun, damit ich mich nicht noch mehr hineinstei-gere?

Beispiel: Gerate ich immer unter enormen Stress, wenn es auf Station einen Notfall gibt, so kann ich mir bewusst sagen: „Stopp! Das ist jetzt wieder eine typische Stresssituation". – Ich kann innehalten, kurz atmen – das wäre kurzfristig eine Strategie.

Langfristig gesehen, stellt sich die Frage: „Warum löst das bei mir Stress aus?"

Bin ich vielleicht nicht gut genug ausgebildet, um mit dem Notfallwagen und Notfallmaßnahmen sicher umgehen zu können? Dann kann ich bei der Ursache ansetzen und mich anleiten lassen, es lernen und so Sicherheit gewinnen – die Situation kann dann keinen Stress mehr erzeugen. Möglicherweise muss ich erkennen, dass mich die dauernden Notfallsituationen auf einer Intensivstation zu sehr belasten. Dann ist die Arbeit auf einer Normalstation für mich sinnvoller und weniger aufreibend. Ich kann mich neu orientieren, welche Pflegebereiche mir eher liegen oder Spaß machen. Langfristig kann ich dann durch meine selbstinduzierte Versetzung oder Kündigung die Stresssituation maßgeblich beeinflussen und verändern.

Da das Stressempfinden individuell unterschiedlich stark bei Menschen ausgeprägt ist und deshalb Stresssituationen oder Stressoren einer ganz persönlichen Bewertung unterliegen, hat man die Möglichkeit, auch bei sich selbst zu gucken, was man evtl. bei sich verändern muss.

Änderungen der Persönlichkeit

Durch bestimmte Methoden kann man lernen, z. B. eine Situation neu oder anders zu betrachten/zu bewerten. Ich kann meine alte, negative Einstellung in eine positivere verändern. Man kann sein Verhalten und Bewerten „neu konstruieren" und sich dazu verhelfen, Stresssituationen in einem anderen Licht zu betrachten. Darüber hinaus kann die eigene psychophysische Belastbarkeit durch Stress mindernde Methoden gezielt gestärkt und aufgebaut werden.

Im Folgenden soll eine Liste ausgewählter Stressbewältigungsstrategien als Gedankenanstoß und zur Ideenentwicklung dienen, eigene Möglichkeiten zum Stressabbau zu finden. Hauptgebiete zum Entspannen sind:
- Allgemeine und spezielle Entspannungsverfahren
- Ausgleich durch körperliche Aktivitäten
- Zufriedenheitserlebnisse schaffen
- Soziale Geborgenheit/Soziale Kontakte.

Darüber hinaus bieten Beratung, Selbsthilfegruppen oder Psychotherapien spezielle und/oder professionelle Hilfestellungen an:
- **Beratung** in Form von kurzfristigen, zeitlich begrenzten Beratungsterminen zur Begleitung und Unterstützung in speziellen Situationen/Fragestellungen/Krisen
- **Selbsthilfegruppen** (teilweise anfangs professionell begleitet), der Zusammenschluss von Personen mit ähnlichen Problematiken, die sich untereinander selbstverantwortlich unterstützen
- **Psychotherapien**, in denen langfristige psycho-therapeutische Hilfe, Begleitung und Unterstützung durch Psychotherapeuten erfolgt *(siehe hierzu Kapitel 5 unter psychotherapeutischen Richtungen)*

**Ausgewählte Möglichkeiten von
Stressbewältigungsstrategien**

Entspannung

- Seine Favoriten zum Entspannen herausfinden
  (Musik hören, Kino, Lesen, Sport, Schlafen usf.)
- Natur (Spaziergänge)
- Progressive Muskelentspannung
- Autogenes Training
- Atemübungen
- Fantasiereisen
- Entsprechende Entspannungscassetten/CDs
- Wohlfühlmomente, Wohlfühlfantasien, Innere Bilder, Visualisieren
- Schlafen
- Positive Affirmationen
- Meditation

Ausgleich durch
körperliche Aktivität

- Sport, Fitness aller Art
  Was liegt mir? Was könnte ich schaffen? Wozu hätte ich Lust?
- Will ich alleine oder mit anderen Sport treiben?
- Tanzen
- Yoga; fernöstliche Entspannungs- und Kampfmethoden
- Spaziergänge, Wanderungen

Zufriedenheitserlebnisse
schaffen

- Reisen, Urlaub
- Natur, Spaziergänge, am Strand sein, draußen sein, in der Sonne
  sein
- Neue Hobbys, Freizeitgestaltung
- Lachen, Spaß machen
- Essen, Kochen, Essen gehen
- Theater, Kino, Restaurants, Kneipen, Konzerte

Soziale Geborgenheit/
Soziale Kontakte

- Zeit mit Freunden, Partnern, Kinder haben
- Gespräche; sich die Belastungen von der Seele reden, sein Herz
  ausschütten, Dampf ablassen, Lästern, Schimpfen, sich verständnisvolle Zuhörer suchen
- Umgang mit Zeit, über Zeitdruck, Zeitdiebe nachdenken, sich
  Zeit nehmen!
- Einstellung ändern; die Welt mit anderen Augen betrachten
- Alte Verhaltensweisen ändern, neue lernen und ausprobieren
- Neue Handlungsmöglichkeiten und Kompetenzen entwickeln,
  lernen
- Seminare, Fortbildungen besuchen
- Fähigkeiten ausbauen, die mir Sicherheit geben, sodass ich nicht
  mehr unter Druck gerate
- Sich trauen, seine Gewohnheiten zu verlassen und neues auszuprobieren: Essen gehen, Theater, Kino, Restaurants, Kneipen,
  Konzerte

Buchtipps

*besonders lesenswert

Belastungen und Stress (Kapitel 15, 16)

ARONSON, C.: Die Kunst, sich helfen zu lassen. Econ, Düsseldorf/ Wien 1993
*BASSETT, L.: Angstfrei leben. campus concret, Frankfurt 1998
BENNER, P.: Pflege, Stress und Bewältigung. Hans Huber, Göttingen 1997
*BUIJISSEN, H.: Wenn der Beruf zum Alptraum wird. Beltz, Weinheim 1997
ERDMANN, E.: Momentaufnahmen. Das bewusste Erleben der Krankenpflege heute mit Blick auf morgen. Fischer, Frankfurt 1993
*HAY, L.: Gesundheit für Körper und Seele. Heyne TB, München 1989
KLITZING-NAUJOKS, W.v.: Belastungen in der Krankenpflege. Vandenhoeck u. Ruprecht, Göttingen 1995
*LEYMANN, H.: Der neue Mobbingbericht. Rowohlt TB, Reinbek b. Hamburg 1995
MEYER, E.: Burnout und Stress. Schneider, Baltmannsweiler 1994
*MÜLLER, E.: Du spürst unter deine Füßen das Gras. Autogenes Training in Fantasie- und Märchenreisen. Fischer, Frankfurt/M. 1996
*OVERLÄNDER, G.: Die Last des Mitfühlens. Mabuse, Frankfurt 1994
SCHNIEDERS, B.: Krankenpflege. Ein Berufsbild im Wandel. Frankfurt 1994 Mabuse
SCHMIDBAUER, W.: Die hilflosen Helfer. Über die seelische Problematik helfender Berufe. Rowohlt TB, Reinbek b. Hamburg 1977
SCHMIDBAUER, W.: Helfen als Beruf. Die Ware Nächstenliebe. Rowohlt, Reinbek b. Hamburg 1992
ZUSCHLAG, B.: Schikane am Arbeitsplatz. Verlag angewandte Psychologie, Göttingen 1997

Erziehung (Kapitel 14)

*BRAUNMÜHL, E.: Antipädagogik. Studien zur Abschaffung der Erziehung. Weinheim/Basel 1975
BRIESKORN-ZINKE, M.: Gesundheitsförderung in der Pflege. Kohlhammer, Stuttgart 1996
FALTERMAIER, T.: Gesundheitsbewusstsein und Gesundheitshandeln. Psychologie Verlags Union, Weinheim 1994
*FLITNER, A.: Konrad sprach die Frau Mama. Serie Piper, München 1985
*GEUE, B.: Therapieziel: Gesundheit. Springer, Berlin 1990

Gesundheit/Krankheit (Kapitel 2, 3)

v. FERBER, C.; BADURA, B.: Laienpotenzial, Patientenaktivierung und Gesundheitshilfe. München 1983

*GEUE, B.: Therapieziel: Gesundheit. Springer, Berlin 1990

*GÖPEL, E. u. a.: Provokationen zur Gesundheit. Mabuse, Frankfurt/M. 1994

*OVERBECK, G.: Krankheit als Anpassung. Suhrkamp, Frankfurt/M. 1984

*TEEGEN, F.: Ganzheitliche Gesundheit. Rowohlt, Reinbek 1986

*WALLER, H.: Gesundheitswissenschaft. Kohlhammer, Stuttgart 1995.

Gesprächsführung (Kapitel 9)

*BACHMAIR, S.: Beraten will gelernt sein. Weinheim, Basel 1985 3. Aufl.

CRISAND, E.: Psychologie der Gesprächsführung. Heidelberg 1982

JAEGGI, E.: Andere verstehen. Ein Trainingskurs für psychosoziale Berufe. Weinheim, Basel 1983

*PALLASCH, W.: Pädagogisches Gesprächtraining. Lern- und Trainingsprogramm. Juventa Weinheim, München: 3. Aufl. 1993

ROGERS, C. R.: Therapeut und Klient. Grundlagen der Gesprächspsychotherapie. Frankfurt/M. 1983

WEINBERGER, S.: Klientenzentrierte Gesprächsführung. Lern- und Trainingsprogramm. Weinheim, Basel 1980

WEISBACH, C.: Zuhören und Verstehen. Praktische Anleitungen. Rowohlt, Reinbek b. Hamburg, 4. Auflage 1984

Kommunikation (Kapitel 8)

*SCHULZ von THUN, F.: Miteinander reden. Band 1-3, Rowohlt, Reinbek b. Hamburg 1987

*TANNEN, D.: Du kannst mich einfach nicht verstehen. Goldmann, 1991

Krankenpflege *und* Psychologie, Soziologie und Pädagogik (Kapitel 1)

BRENNER, R.: Krankenpflegeausbildung. Berufsausbildung im Abseits. Mabuse, Frankfurt/M. 1994

HANISCH, L.: Berufswunsch Krankenpflege? Von der Schule auf Station. Melsungen, Bibliomed o.A.

MEYER, C.: Die Veränderung der Arbeitssituation in der Krankenpflege. Interesse und Bereitschaft Pflegender an Mitgestaltung. Mabuse, Frankfurt 1996

WILLIG, W.: Arbeitstexte für Psychologie, Soziologie und Pädagogik an Pflegeschulen, Selbstverlag, Balingen 1986

Psychologie (Kapitel 5)

BACHMANN, A.: Der neue Therapieführer. Heyne, München 1992
*KRIZ, J.: Grundkonzepte der Psychotherapie. Psychologie Verlags Union, Weinheim 1994
*OSTERMANN, B. M.: Psychologie für Krankenpflegeberufe. Beltz, Weinheim/Basel 1997
*RIEMANN, F.: Grundformen der Angst. Reinhardt, Basel 1991
SCHEIDT, J.: Psychologie für Krankenpflege. Medizin Verlag. 2. Aufl., 1997
SCHWERTFEGER, B./KOCH, K.: Der Therapieführer. Heyne, München 1993
STAHLMANN, R.: Psychosomatik. Fischer TB, Frankfurt/M. 1994

Sichtweise des Patienten (Kapitel 4)

BUSCH, J.: was der Patient sagt...! Reflexion der Krankenpflege in der Autobiografie von Patienten. BVS Verlag 1996
ENGELHARDT, K.: Kranke im Krankenhaus. Enke, Stuttgart 1973.
HEIM, E.: Krankheitsverarbeitung. Hogrefe, Göttingen 1994
HERZLICH, C.: Kranke gestern, Kranke heute. Die Gesellschaft und das Leiden. Beck, München 1991
HORN, K. u. a.: Gesundheitsverhalten und Krankheitsgewinn. Westdeutscher Verlag, Opladen
SCHWARZER, R.: Gesundheitspsychologie. Hogrefe, Göttingen 1990
SCHWARZER, R.: Psychologie des Gesundheitsverhaltens. Hogrefe, Göttingen1992
*SIEGEL, B.: Prognose Hoffnung. Econ TB, Düsseldorf/Wien 1997
*SIMONTON/SIMONTON: Wieder gesund werden. Rowohlt, Reinbek b. Hamburg 1982

Wahrnehmung und Wirklichkeit (Kapitel 7)

JECKLIN, E.: Arbeitsbuch Krankenbeobachtung. Fischer, Stuttgart 1992
*WATZLAWICK, P.: Anleitung zum Unglücklichsein. dtv, München 1993
WATZLAWICK, P.: Wie wirklich ist die Wirklichkeit? Serie Piper, 1976

Literaturverzeichnis

ABHOLZ In: WALLER, H.: Gesundheitswissenschaft. Eine Einführung in Grundlagen und Praxis. Kohlhammer, Stuttgart 1995

AHRENS In: HEIM, E. & WILLI, J.: Psychosoziale Medizin. Gesundheit und Krankheit in biopsychosozialer Sicht. Springer, Berlin, Heidelberg, Tokyo, New York 1986

ANTONOVSKY, A.: Health, stress and coping. New perspectives on mental and physical well-being. San Francisco: Jossey-Bass Publishers etc. 1979. In: WALLER, H. Gesundheitswissenschaft. Eine Einführung in Grundlagen und Praxis. Kohlhammer, Stuttgart 1995

ANTONOVSKY, A.: Unreabeling the mystery of health. How people manage stress and stay well. Jossey-Bass Publishers etc., San Francisco 1979. In: WALLER, H. Gesundheitswissenschaft. Eine Einführung in Grundlagen und Praxis. Kohlhammer, Stuttgart 1995

BADURA, B.: Soziologische Grundlagen der Gesundheitswissenschaften. In: HURRELMANN, K. & LAASER, U. (Hrsg.): Gesundheitswissenschaften. Handbuch für Lehre, Forschung und Praxis. Beltz, Weinheim, Basel1993

BADURA, B.: In: WALLER, H.: Gesundheitswissenschaft. Eine Einführung in Grundlagen und Praxis. Kohlhammer, Stuttgart 1995

BADURA, B. (Hg.): Soziale Unterstützung und chronische Krankheit. Suhrkamp, Frankfurt/M. 1981

BECK, U.: Risikogesellschaft. Auf dem Weg in eine andere Moderne. Suhrkamp, Frankfurt/M. 1986

BLOHMKE, M. etal. (Hrsg.): Handbuch der Sozialmedizin, Bd. I; II. Enke, Stuttgart 1977

BROCKHAUS 1969 und 1986: BROCKHAUS ENZYKLOPÄDIE Mannheim: Brockhaus 1969/1981

CAPLAN, G.: Support systems and comunity mental health. New York: Academic Press 1974

DÖRNER, K.: Wie werde ich Patient oder Sozialisation zum Patienten. In: Diagnosen der Psychiatrie. Campus, Frankfurt/M. 1975

FALTERMAIER, T.: Gesundheitsbewusstsein und Gesundheitshandeln. Psychologie Verlags Union Weinheim 1994

FALTERMAIER, T.: Subjektive Theorien von Gesundheit. In: FLICK, U. (Hrsg.): Alltagswissen über Gesundheit und Krankheit. Asanger, Heidelberg 1991

FLICK, U.: Alltagswissen über Gesundheit und Krankheit. Asanger, Heidelberg 1991

FRANKE, A.: Die Unschärfe des Begriffs „Gesundheit" und seine gesundheitspolitischen Auswirkungen. In: FRANKE, A. & BRODA, M. (Hrsg.): Psycho-somatische Gesundheit. dgtv-Verlag, Tübingen 1993

GERHARD In: WALLER, H. : Gesundheitswissenschaft. Eine Einführung in Grundlagen und Praxis. Kohlhammer, Stuttgart 1995

GEUE, B.: Therapieziel: Gesundheit. Springer, Berlin 1990

GÖCKENJAN, G.: Stichwort Gesundheit In: DEPPE, H. U. & FRIEDRICH, H. & MÜLLER, R. (Hrsg.): Öffentliche Gesundheit – Public Health. Campus, Frankfurt/M., New York 1991

GÖPEL, E. & SCHNEIDER-WOHLFART, U. (Hrsg.): Provokationen zur Gesundheit. Beiträge zu einem reflexiven Verständnis von Gesundheit und Krankheit. Mabuse, Frankfurt/M. 1994

GEACE & GRAHAM In: TEEGEN, F.: Ganzheitliche Gesundheit. Der sanfte Umgang mit uns selbst. Rowohlt, Reinbek 1987

HAUBL In: HEIM, E. & WILLI, J.: Psychosoziale Medizin. Gesundheit und Krankheit in biopsychosozialer Sicht. Springer, Berlin, Heidelberg, New York, Tokyo 1986

HEIM, E. & WILLI, J.: Psychosoziale Medizin. Klinik und Praxis. Bd.2. Springer, Berlin, Heidelberg, New York, Tokyo 1980

HEIM, E. & WILLI, J.: Psychosoziale Medizin. Gesundheit und Krankheit in biopsychosozialer Sicht. Springer, Berlin, Heidelberg, New York, Tokyo 1986

HEIM, E. (Hrsg): Krankheitsverarbeitung. Hogrefe, Göttingen 1994

HERZLICH, C. In: FLICK, U. (Hg.): Alltagswissen über Gesundheit und Krankheit. Asanger, Heidelberg 1991

HERZLICH, C.: Health and illness. A socialpsychological analysis. Academic Press, London 1973

HILLMANN, K. H.: Wörterbuch der Soziologie. Kröner, Stuttgart 1994

HOLMES, T. H. & RAHE, R. H.: The social readjustment rating scale. Psychosom, Rearch 1967

HOLMES, T. H. & RAHE , R. H. In: TEEGEN, F.: Ganzheitliche Gesundheit. Der sanfte Umgang mit uns selbst. Rowohlt, Reinbek 1986

HORN, K., BEIER, C. & KRAFT-KRUMM, D. (Hrsg.): Gesundheitsverhalten und Krankheitsgewinn. Westdeutscher Verlag, Opladen 1984

HURRELMANN, K. & LAASER, U.: Gesundheitswissenschaften. Handbuch für Lehre, Forschung und Praxis. Beltz, Weinheim; Basel 1993; 2. Auflage

HURRELMANN, K. & LAASER, U.: Gesundheitswissenschaften als interdisziplinäre Herausforderung: Zur Entwicklung eines neuen wissenschaftlichen Arbeitsgebietes. In: HURRELMANN, K. & LAASER, U.: Handbuch für Lehre, Forschung und Praxis. Beltz, Weinheim, Basel 1993; 2. Auflage

ILLICH, I. : Die Nemesis der Medizin. Von den Grenzen unseres Gesundheitssystems. Rowohlt, Reinbek 1977

JUCHLI, L.: Heilen durch Wieder entdecken der Ganzheit. Kreuz Verlag, Stuttgart 1990; 4. Auflage

KRIZ, J.: Grundkonzepte der Psychotherapie. Psychologie Verlags Union, Weinheim 1994

LOHAUS, A.: Gesundheitheitsförderung und Krankheitsprävention im Kindes und Jugendalter. Hogrefe, Göttingen 1993

MATURANA, H. & VARELA, F.: Der Baum der Erkenntnis. Die biologischen Wurzeln des Erkennens. Scherz, Bern, München 1987

MILZ, H.: Ganzheitliche Medizin: Neue Wege zur Gesundheit. Rowohlt, München 1985

MISEK-SCHNEIDER In: Internes Script für Studenten der FH Kiel für Sozialwesen 1995

NEDELMANN In: SACHTLEBEN, S.: Der Begriff „Gesundheit" und sein Zusammenhang mit der zeitgenössischen Medizin. Roderer, Regensburg 1992

OTTAWA-CHARTA zur Gesundheitsförderung. Einzelziele für Gesundheit 2000. In: GÖPEL, E. & SCHNEIDER-WOHLFAHRT, U. (Hrsg): Provokationen zur Gesundheit. Beiträge zu einem reflexiven Verständnis von Gesundheit und Krankheit. Mabuse, Frankfurt/M. 1994

OVERBECK, G.: Krankheit als Anpassung. Suhrkamp, Frankfurt/M. 1984

PALLASCH, W. u. a.: Maturana Coctail. Internes Arbeitspapier zur Systemtheorie. Kiel 1997

PARSONS, T.: On theory and metatheory. In: HUMBOLDT JOURNAL OF SOCIAL RELATIONS 1979/1980

PARSONS, T.: Social systems and the evolution of action theory. New York 1977 (keine weiteren Angaben)

PARSONS, T.: The social system. Free Press of Glencoe, New York 1951

PARSONS In: WALLER, H.: Gesundheitswissenschaft. Eine Einführung in Grundlagen und Praxis. Kohlhammer, Stuttgart 1995

PELLETIER, K. R.: Gesund leben – gesund sein. Grundlagen einer ganzheitlichen Medizin. Rowohlt, Reinbek 1987

REYE, I.: Risikofaktor „Gesundheit". In: FRANKE, A. & BRODA, B.: Psychosomatische Gesundheit. dgtv-Verlag, Tübingen 1993

PILL, R. M. & STOTT, N. C.: Concepts of illness. Causation and responsibility. Soc. Sci. Med. 16; 1986

SACHTLEBEN, S.: Der Begriff „Gesundheit" und sein Zusammenhang mit der zeitgenössischen Medizin. Roderer, Regensburg 1992

SCHÄFER, H.: Plädoyer für eine neue Medizin. Piper, München 1979

SCHÄFER, H. & BLOHMKE, M.: Herzkrank durch psychosozialen Stress. Hüthig, Heidelberg 1978

SCHIPPERGES, H.: Die Vernunft des Leibes. Gesundheit und Krankheit im Wandel. Styria, Graz 1984

SCHLEMMER, J.: Rehumanisierung der Medizin. Neue Auflagen zu einem alten Thema. Verlag für Medizin Fischer, Heidelberg 1991

SCHMIDBAUER, W.: Die hilflosen Helfer. Rowohlt, Reinbek b. Hamburg 1977

SCHOTT, H.: Chronik der Medizin. Kommunikation Verlags- und Mediengesellschaft , Dortmund 1993

SCHWARZER, R. (Hrsg.): Gesundheitspsychologie. Ein Lehrbuch. Hogrefe, Göttingen 1990

SCHWARZER, R.: Psychologie des Gesundheitsverhaltens. Hogrefe, Göttingen 1992

SEIDLER, E.: Geschichte der Medizin und der Krankenpflege. Kohlhammer, Stuttgart, Berlin, Köln 1996

SIMONTON, C. O.& MATTHEWS-SIMONTON, S. & CREIGHTON, J.: Wieder gesund werden. Rowohlt, Reinbek 1982

STOTT, N. C. & PILL, R. M.: Health beliefs in an urban community. Department of General Practice. Welsh National School of Medicine 1980

TEEGEN, F.: Ganzheitliche Gesundheit. Der sanfte Umgang mit uns selbst. Rowohlt, Reinbek 1987

TIMM, W.: Gesundheit und Krankheit In: THIRSCH, H., EYFERT, H. & OTTO, H. U. : Handbuch zur Sozialarbeit/Sozialpädagogik. Neuwied, Darmstadt: Luchterhand 1984

TROSCHKE, J. v.: Gesundheits- und Krankheitsverhalten. In: HURRELMANN, K. & LAASER, U. (Hrsg.): Gesundheitswissenschaften. Handbuch für Lehre, Forschung und Praxis. Beltz, Weinheim 1993

TUCKMAN, B.: Development sequence in smal groups. Psychological Bulletin no. 63; 1965

UEXKÜLL, T. v.: Grundfragen der Psychosomatischen Medizin. Rowohlt, Reinbek 1963

UEXKÜLL, T. v.: Lehrbuch der Psychosomatischen Medizin. Urban & Schwarzenberg, München 1986

WALLER, H.: Sozialmedizin. Kohlhammer, Stuttgart 1991

WALLER, H.: Gesundheitswissenschaft. Kohlhammer, Stuttgart 1995

WHO: Einzelziele für Gesundheit 2000. Kopenhagen 1984

WHO: Europäische Charta zu Umwelt und Gesundheit. Kopenhagen 1986

WILLIG, W.: Arbeitstexte für Psychologie, Soziologie Pädagogik an Pflegeschulen. Selbstverlag, Balingen 1986

Stichwortverzeichnis